② a.m.

③ act

④ activity

⑤ actor

⑥ after

⑦ again

⑧ against

⑨ age

⑩ album

⑪ along

⑫ also

⑬ another

⑭ anyone

⑮ anyway

⑯ area

⑰ art

⑱ ask

⑲ away

⑳ back

㉑ bad

㉒ band

1 副 少し

音声を聞きながら発音の練習をしよう。

音声アプリの「重要単語チェック」から
音声を聞いて，聞きとり，発音の練習をすることができます。
アプリの使い方は，表紙裏をご覧ください。

4 名 活動

3 動 行動する

2 副 午前

7 副 もう一度，再び

6 前 ～のあとに［で］

5 名 （女性を含む）俳優

10 名 アルバム

9 名 年齢

8 前 ～に対抗して，反対して

13 形 ほかの，別の，ちがった

12 副 ～もまた，そのうえ

11 前 ～に沿って

16 名 区域，場所，地域

15 副 とにかく

14 代 ［疑問文・否定文で］だれか，だれも（～ない）

19 副 はなれて

18 動 たずねる，質問する

17 名 芸術，美術

22 名 バンド，楽団

21 形 悪い，よくない，ひどい

20 副 戻って，返して

㉓ beach 	㉔ bean	㉕ beautiful
㉖ become	㉗ before	㉘ behind
㉙ bench	㉚ blind	㉛ borrow
㉜ bottle	㉝ break	㉞ bring
㉟ brother	㊱ brush	㊲ build
㊳ busy	㊴ but	㊵ bye
㊶ candy	㊷ care	㊸ careful
㊹ children	㊺ choose	㊻ climb

㉕ 形 美しい

㉔ 名 豆

㉓ 名 浜辺

㉘ 前 〜の後ろに

㉗ 前 〜の前に［の］

㉖ 動 〜になる

㉛ 動 〜を借りる

㉚ 形 目の不自由な

㉙ 名 ベンチ

㉞ 動 〜を持ってくる

㉝ 名 休憩

㉜ 名 びん，ボトル

㊲ 動 〜を建てる

㊱ 動 〜をみがく

㉟ 名 兄弟

㊵ 間 さよなら，バイバイ

㊴ 接 しかし，けれども

㊳ 形 忙しい

㊸ 形 注意深い

㊷ 名 世話

㊶ 名 キャンディー，砂糖菓子

㊻ 動 〜に［を］のぼる

㊺ 動 〜を選ぶ

㊹ 名 子供たち

㊼ coach	㊽ cold	㊾ collect
㊿ color	51 come	52 comic
53 concert	54 cool	55 count
56 cousin	57 crowded	58 dad
59 dancing	60 date	61 dear
62 decorate	63 dollar	64 door
65 drop	66 drum	67 during
68 each	69 early	70 easily

7/21   8/31

1+1=

㊼ (名) コーチ

㊽ (形) 冷たい，寒い

㊾ (動) ～を集める

㊿ (名) 色

(51) (動) 来る

(52) (名) マンガ

(53) (名) 演奏会，コンサート

(54) (形) かっこいい

(55) (動) 数を数える

(56) (名) いとこ

(57) (形) こみ合った，満員の

(58) (名) お父さん

(59) (名) おどり，ダンス

(60) (名) 日，日付

(61) (形) 親愛なる～（様）

(62) (動) ～を飾る

(63) (名) ドル

(64) (名) ドア，戸

(65) (動) ～を落とす

(66) (名) たいこ

(67) (前) ～の間ずっと～の間に

(68) (形) それぞれの，各自の

(69) (副) 早く

(70) (副) 簡単に，楽に，すぐに

71 end

72 enjoy

73 every

every cat

74 excited

75 famous

76 fan

NIPPON!

77 favorite

78 feel

79 festival

80 fever

81 foot

82 foreign

Hello!

83 forever

84 forget

記念日

85 free

86 front

87 fruit

88 full

89 funny

90 future

91 give

92 globally

93 grandfather

94 grandmother

(71) (名)終わり，最後

(72) (動)～を楽しむ

(73) (形)毎～，～ごとに

(74) (形)わくわくした

(75) (形)有名な

(76) (名)ファン

(77) (形)お気に入りの

(78) (動)～と感じる，気持ちがする

(79) (形)祭り，催し物

(80) (名)熱

(81) (名)足

(82) (形)外国の

(83) (副)永久に，永遠に

(84) (動)～を忘れる

(85) (形)ひまな

(86) (名)前，正面

(87) (名)果物

(88) (形)いっぱいの，満腹の

(89) (形)おかしな

(90) (形)未来の，将来の

(91) (動)～を与える，渡す

(92) (副)世界的に

(93) (名)祖父

(94) (名)祖母

⑨⑤ guess	⑨⑥ hair	⑨⑦ half
⑨⑧ hall	⑨⑨ hand	⑩⓪ happen
⑩① headache	⑩② help	⑩③ here
⑩④ history	⑩⑤ homework	⑩⑥ hope
⑩⑦ hotel	⑩⑧ hour	⑩⑨ hungry
⑪⓪ ice	⑪① idea	⑪② important
⑪③ information	⑪④ interested	⑪⑤ join
⑪⑥ junior	⑪⑦ kitchen	⑪⑧ language

97	96	95
名 半分，2分の1	名 髪	動 ～を推測する

100	99	98
動 起こる，生じる	名 手	名 会館，ホール

103	102	101
副 ここに［で，へ］	動 ～を手伝う，助ける	名 頭痛

106	105	104
動 ～を望む，～だとよいと思う	名 宿題	名 歴史

109	108	107
形 空腹の	名 1時間	名 ホテル，旅館

112	111	110
形 重要な，大切な	名 考え，アイディア	名 氷

115	114	113
動 ～に加わる，参加する	形 興味を持っている	名 情報

118	117	116
名 言語，言葉	名 台所	形 年下の，下級の

教科書ぴったりトレーニング 英語1年 教育出版版 付録 ⑤裏

119 last

120 late

121 later

122 light

123 line

124 listen

125 local

126 lonely

127 lose

128 lot(s)

129 main

130 man

131 market

132 maybe

133 mean

134 memory

135 midnight

136 mine

137 minute

138 miss

139 mix

140 mom

141 moment

142 money

⑫	⑫	⑪
⑳ もっと遅く，あとで	⑰ おくれた，遅刻した	⑰ この前の，昨〜，先〜

⑫	⑫	⑫
⑩ 聞く，耳を傾ける	⑧ 列	⑧ 明かり，電灯

⑫	⑫	⑫
⑩ 負ける	⑰ ひとりぼっちの，さびしい	⑰ 地元の

⑬	⑫	⑫
⑧ 男性	⑰ 主な	⑧ たくさん

⑬	⑬	⑬
⑩ 〜を意味する	⑳ たぶん，もしかすると	⑧ 市場

⑬	⑬	⑬
⑰ 私のもの	⑧ 夜の 12 時，真夜中	⑧ 思い出

⑬	⑬	⑬
⑧ 混合	⑩ …がいないのをさびしく思う	⑧ 分

⑭	⑭	⑭
⑧ 金，通貨	⑧ 瞬間，ちょっとの間	⑧ お母さん

143 month

144 movie

145 museum

146 musical

147 nature

148 near

149 need

150 nervous

151 next

152 night

153 noon

154 nothing

155 now

156 o'clock

157 of course

158 often

159 only

160 open

161 or

162 original

163 other

164 outside

165 over

166 p.m.

145	144	143
图 博物館, 美術館	图 映画	图 月

148	147	146
前 ～の近くに	图 自然	图 ミュージカル

151	150	149
形 次の, 今度の, となりの	形 緊張して	動 ～を必要とする

154	153	152
代 何も～ない	图 正午, 真昼	图 夜

157	156	155
图 もちろん	副 ～時	副 今

160	159	158
動 (…を) 開く, あく, あける	副 ただ～だけ	副 しばしば, よく

163	162	161
代 別の人 [もの], ほかの人 [もの]	形 独創的な, 独自の	接 …かまたは～

166	165	164
副 午後	副 向こうへ, あちらへ	副 外で

教科書ぴったりトレーニング 英語1年 教育出版版 付録 ⑦裏

167 Pardon me?

168 parent

169 part

170 party

171 pass

172 perform

173 people

174 performance

175 period

176 photo

177 pick

178 picnic

179 piece

180 plan

181 pleasure

182 poor

183 popular

184 poster

185 prepare

186 present

187 probably

188 problem

189 put

190 question

⑯⑨ 名 役，役目	⑯⑧ 名 親	⑯⑦ 動 もう一度おっしゃってください。
⑰② 動 演じる，演奏する	⑰① 動 ～を通り過ぎる	⑰⓪ 名 パーティー
⑰⑤ 名 （授業の）時間，時限	⑰④ 名 演技，演奏，公演	⑰③ 名 人々
⑰⑧ 名 ピクニック，遠足	⑰⑦ 動 ～をつむ	⑰⑥ 名 写真
⑱① 名 楽しみ，喜び	⑱⓪ 動 ～を計画する	⑰⑨ 名 作品
⑱④ 名 ポスター，広告	⑱③ 形 人気のある	⑱② 形 貧しい，かわいそうな
⑱⑦ 副 たぶん	⑱⑥ 名 プレゼント	⑱⑤ 動 ～の準備をする，備える
⑲⓪ 名 質問	⑱⑨ 動 ～を置く	⑱⑧ 名 問題

⑲ quickly	⑲ quiet	⑲ relax
⑲ relay	⑲ remember	⑲ rest
⑲ rich	⑲ right $13+8=21$	⑲ role
⑳ round	㉑ runner	㉒ say Hello!
㉓ season	㉔ sell	㉕ server
㉖ set	㉗ ship	㉘ shoe
㉙ show	㉚ shower	㉛ shy
㉜ sister	㉝ smile	㉞ snow

⑲③ 動 くつろぐ	⑲② 形 静かな	⑲① 副 速く，すぐに，急いで
⑲⑥ 名 休み，休息	⑲⑤ 動 思い出す	⑲④ 名 リレー競技
⑲⑨ 名 役，役割	⑲⑧ 形 正しい，正確な	⑲⑦ 形 金持ちの，裕福な
②② 動 （…を）言う	②① 名 走者	②⓪ 形 丸い，球形の
②⑤ 名 ウェイター　給仕	②④ 動 ～を売る	②③ 名 季節
②⑧ 名 くつ	②⑦ 名 船	②⑥ 動 ～を準備する
②①① 形 内気な，恥ずかしがりの	②①⓪ 名 シャワー	②⓪⑨ 名 ショー
②①④ 動 雪が降る	②①③ 動 ほほえむ，微笑する	②①② 名 姉妹

教科書ぴったりトレーニング　英語1年　教育出版版　付録　⑨裏

㉕ some

㉖ someday

㉗ something

㉘ song

㉙ soon

㉚ sound

㉑ special

㉒ spend

㉓ stadium

㉔ stage

㉕ stay

㉖ steak

㉗ still

㉘ stomachache

㉙ street

㉚ student

㉛ subway

㉜ suddenly

㉝ sunrise

㉞ sure

㉟ surprise

㊱ symbol

㊲ tell

㊳ temple

215
(形)いくつかの

216
(副)いつか

217
(代)何か，あるもの

218
(名)歌

219
(副)すぐに，まもなく

220
(動)～に聞こえる，思える

221
(形)特別の

222
(動)～を過ごす

223
(名)スタジアム，球技場

224
(名)舞台，ステージ

225
(動)滞在する，泊まる

226
(名)ステーキ

227
(副)まだ，今でも

228
(名)胃痛，腹痛

229
(名)通り，街路

230
(名)学生，生徒

231
(名)地下鉄

232
(副)突然，急に

233
(名)日の出

234
(副)もちろん，いいとも

235
(名)驚くべきこと，驚き

236
(名)シンボル，象徴，記号

237
(動)…に（～を）話す，教える

238
(名)寺

239 theater	240 then	241 there
242 thing	243 think	244 thirsty
245 thousand	246 ticket	247 tired
248 toast	249 today	250 together
251 tommorow	252 toothache	253 touch
254 towel	255 traditional	256 trash
257 travel	258 trip	259 under
260 understand	261 useful	262 vacation

㉛ ⓐ そこに［で・へ］	㉚ ⓐ そのとき	㉙ ⓝ 劇場，映画館
㉞ ⓕ のどのかわいた	㉝ ⓥ 考える，思う	㉜ ⓝ もの，こと
㉟ ⓕ 疲れた	㉞ ⓝ 切符，チケット	㉟ ⓝ ⓕ 1000（の）
㉟ ⓐ いっしょに	㉟ ⓝ 今日，現在	㉟ ⓝ トースト
㉟ ⓥ ～にふれる	㉟ ⓝ 歯痛	㉟ ⓝ ⓐ 明日（は）
㉟ ⓝ ごみ	㉟ ⓕ 伝統的な	㉟ ⓝ タオル
㉟ ⓟ ～の下に	㉟ ⓝ 旅行	㉟ ⓥ 旅行する
㉟ ⓝ 休暇	㉟ ⓕ 役に立つ	㉟ ⓥ 理解する，わかる

教科書ぴったりトレーニング　英語1年　教育出版版　付録　⑪裏

263 vegetable

264 video

265 village

266 voice

267 volunteer

268 wait

269 waste

270 weather

271 week

272 weekday

273 weekend

274 which

275 win

276 wish

277 without

278 woman

279 word

280 work

281 worry

282 write

283 wrong

284 yesterday

285 yogurt

286 yourself

㉖㊄ 名 村	㉖㊃ 名 映像，動画	㉖㊂ 名 野菜
㉖㊇ 動 待つ	㉖㊆ 名 ボランティア	㉖㊅ 名 声
㉗① 名 週	㉗⓪ 名 天気	㉖㊈ 動 ～をむだにする
㉗④ 代 どちら, どれ, どちらの人 [もの]	㉗③ 名 週末	㉗② 名 平日
㉗⑦ 前 ～なしに	㉗⑥ 名 祈り	㉗⑤ 動 ～に勝つ
㉘⓪ 動 働く	㉗⑨ 名 歌詞	㉗⑧ 名 女性
㉘③ 形 ぐあいが悪い	㉘② 動 (…を) 書く	㉘① 動 心配する，悩む
㉘⑥ 代 あなた自身を [に]	㉘⑤ 名 ヨーグルト	㉘④ 名 副 昨日（は）

教科書ぴったりトレーニング 英語1年 教育出版版 付録 ⑫裏

目次

成績アップのための学習メソッド

ぴたトレ1
要点チェック

教科書の基礎内容についての理解を深め, 基礎学力を定着させます。

- 教科書で扱われている文法事項の解説をしています。
- 新出単語を和訳・英訳ともに掲載しています。
- 重要文をもとにした基礎的な問題を解きます。

問題を解くペース
英語は問題を解く時間が足りなくなりやすい教科。普段の学習から解く時間を常に意識しよう!

「ナルホド!」で文法を復習
最初に取り組むときは必ず読もう!

Words & Phrases
単語や熟語のチェックをしよう。
ここに載っている単語は必ず押さえよう!

注目!
⚠ミスに注意
テストによく出る!
テストで狙われやすい, ミスしやすい箇所が一目でわかるよ!

学習メソッド

STEP0 学校の授業を受ける

STEP1 ぴたトレ1を解く
ナルホド!も読んで, 基礎をおさらいしよう。

STEP2 解答解説で丸付け
間違えた問題にはチェックをつけて, 何度もやり直そう。

STEP3 別冊mini bookで確認
単語や基本文を繰り返し読んで覚えよう。

STEP4 得点UPポイントを確認
「注目!」「ミスに注意!」「テストによく出る!」を確認してから, ぴたトレ2に進もう。

時間のないときは「ナルホド」を読んでから, 「注目!」「ミスに注意!」「テストによく出る!」を確認しよう!これだけで最低限のポイントが抑えられるよ!

リー子

ぴたトレ2 練習

より実践的な内容に取り組みます。
また, 専用アプリを使ってスピーキングの練習をします。

- 教科書の文章を読み, 内容をしっかり把握します。
- スピーキング問題を解いて, 答え合わせをし, 文章と解答を音声アプリに吹き込みます。
  (アプリは「おんトレ」で検索し, インストールしてご利用ください。ご利用に必要なコードはカバーの折り返しにあります)

読む📖
教科書の本文と, 対応する問題は, テスト本番でもよく狙われるよ。

ヒント
解答に迷ったときは, 問題を解く手助けとなるヒントを読もう。

英語の音やアクセントを聞き分けたり, 発音する基礎練習問題も一緒にやってみよう。

アプリマークのある問題は, 付属のアプリを使って, スピーキングに挑戦！テスト前に取り組むのがおすすめ。

スピーキングアプリの使い方

❶ アプリマークのある問題を解く。
❷ 答え合わせをする。
❸ アプリの指示に従って, 読解文を1文ずつアプリに吹き込む。
❹ 質問文と, 答え合わせをした解答の音声をアプリに吹き込む。
❺ 音声が適切か判定される。

学習メソッド

STEP1 ぴたトレ2を解く

STEP2 解答・解説を見て答え合わせをする

STEP3 アプリを使って, スピーキング問題を解く

わからない単語や知らない単語があるときはお手本を聞いてまねしてみよう！

ター坊

3

成績アップのための 学習メソッド

ぴたトレ3
確認テスト

テストで出題されやすい文法事項，教科書の内容をさらに深める
オリジナルの読解問題を掲載しています。

● 学習した文法や単語の入ったオリジナルの文章を載せています。
初めて読む文章に対応することで，テスト本番に強くなります。

● 「よく出る」「差がつく」「点UP」で，重要問題が一目でわかります。

**発音問題も
チェック！**

発音・アクセント
問題も掲載！
何度も声に出し
て読んで発音を
意識しよう。

**オリジナル長文に
挑戦！**

ぴたトレ1や2で学習
した文法を基にした
長文が出題されるよ。
初めて見る文章にも
強くなろう。

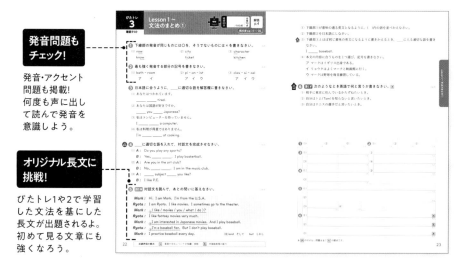

4技能マークに注目！

4技能に対応！
このマークがついている
問題は要チェック！

※「聞く」問題は，巻末のリ
スニングに掲載していま
す。

よく出る　差がつく　点UP

繰り返し練習しよう！

ポイントとなる問題は繰り
返し練習して，テストでも
解けるようにしよう！

学習メソッド

STEP1 ぴたトレ3を解く
テスト本番3日前になったら時間を計って解いてみよう。

STEP2 解答解説を読む
英作文には採点ポイントが示されているよ。
できなかった部分をもう一度見直そう。

STEP3 定期テスト予想問題を解く
巻末にあるテスト対策問題を解いて最後のおさらいをしよう。

STEP4 出題傾向を読んで，苦手な箇所をおさらいしよう
定期テスト予想問題の解答解説には出題傾向が載っているよ。
テストでねらわれやすい箇所をもう一度チェックしよう。

> ぴたトレ3には
> 「観点別評価」
> も示されてるよ！
> これなら内申点
> も意識できるね！

ピー助

● 長文問題を解くことを通して, 解答にかかる時間のペースを意識しましょう。

観点別評価

本書では,

「言語や文化についての知識・技能」
「外国語表現の能力」

の2つの観点を取り上げ, 成績に結び付く
ようにしています。

リスニング	文法ごとにその学年で扱われやすい リスニング問題を掲載しています。 どこでも聞けるアプリに対応!

● リスニング問題はくりかえし
聞いて, 耳に慣れるようにして
おきましょう。

※一部標準的な問題を出題している箇所
があります(教科書非準拠)。
※リスニングには「ポケットリスニング」の
アプリが必要です。
(使い方は表紙の裏をご確認ください。)

英作文	やや難易度の高い英作文や, 表やグラフなどを見て必要な情報を 英文で説明する問題を掲載しています。

● 学年末や, 入試前の対策に
ぴったりです。

● 難しいと感じる場合は, 解答解説
の 英作力 UP♪ を読んでから挑戦して
みましょう。

［ ぴたトレが支持される**3**つの理由!! ］

1
**35年以上続く
超ロングセラー商品**

昭和59年の発刊以降, 教科
書改訂にあわせて教材の質
を高め, 多くの中学生に使用
されてきた実績があります。

2
**教科書会社が制作する
唯一の教科書準拠問題集**

教科書会社の編集部が問題
集を作成しているので, 授業
の進度にあわせた予習・復習
にもぴったり対応しています。

3
**日常学習～定期テスト
対策まで完全サポート**

部活などで忙しくても効率的
に取り組むことで, テストの点
数はもちろん, 成績・内申点
アップも期待できます。

| 教科書の 重要ポイント | アルファベット/英語の書き方のルール | 教科書 p.10 |

▼ アルファベット

・英語のアルファベットは26文字あり,
　AからZまで並ぶ順序が決まっている。

・アルファベットには, Aとaのように大文字と小文字がある。

大文字は, すべて「2階建て」(基本線より上)に書くよ。

大文字
A B C D E F G H I J K L M

N O P Q R S T U V W X Y Z

小文字
a b c d e f g h i j k l m

n o p q r s t u v w x y z

▼ 英語の書き方のルール

① 英文の最初の単語は必ず大文字で始める。

② 単語と単語の間はスペースをあける。

③ 人や国の名前は, 英文の途中でも最初の文字を大文字で書く。

④ 英文の終わりにはピリオド「.」, クエスチョン・マーク「?」などの記号をつける。

⑤ 「私は」を表す「I」は, 英文の途中でも大文字で書く。

①英文の最初の単語は必ず大文字で始める。　④疑問文の終わりには, クエスチョン・マーク(?)をつける。

Are you from America?

②単語と単語の間は小文字1字分くらいスペースをあける。

⑤Iは英文の途中でも大文字で書く。　③国の名前は英文の途中でも最初の文字を大文字で書く。

No, I'm not. I'm from Brazil.

文字を省略するときはアポストロフィ(')をつける。　④文の終わりにはピリオド(.)をつける。

YesやNoのあとにはカンマ(,)をつけ, そのあとは小文字1字分くらいあけるよ。

1 大文字は小文字，小文字は大文字に直しなさい。

- □(1) B ＿＿＿＿
- □(2) D ＿＿＿＿
- □(3) Q ＿＿＿＿
- □(4) T ＿＿＿＿
- □(5) a ＿＿＿＿
- □(6) g ＿＿＿＿
- □(7) h ＿＿＿＿
- □(8) r ＿＿＿＿

2 アルファベットを，大文字や小文字で順番に書くとき，
——にあてはまるアルファベットを書きなさい。

- □(1) A ＿＿ C D ＿＿ ＿＿ G
- □(2) H ＿＿ ＿＿ K L ＿＿ N
- □(3) m ＿＿ o ＿＿ ＿＿ r s
- □(4) t ＿＿ v ＿＿ x ＿＿ z

3 次の英文を，——に正しく書きなさい。

- □(1) I'm Ono Ayaka.

- □(2) Do you like sports?

4 次の英文が（ ）内の意味になるように英文の誤りを正して，
——に全文を書きなさい。

- □(1) are you from japan. （あなたは日本の出身ですか。）

- □(2) no Im not. （いいえ，違います。）

⚠ミスに注意

小文字は，gやjのように
「地下1階つき」（基本線
より下）のものもあるの
で気をつけてね。
特に，bとd，mとn，
pとq，uとvはまちがえ
やすいから注意しよう。

Springboard

テストによく出る！

アルファベットの順序
英語のアルファベットは，
A(a)からZ(z)までの26
文字の並ぶ順序が決まっ
ている。並ぶ順序をきち
んと覚えておこう。

注目！

書き方のルール
英語には書き方のルール
がある。
文の最初の単語は大文字
で始まっているか，文の
終わりにはピリオドやク
エスチョン・マークがつ
いているかなどに注意。
(1)文の最初の単語や国名
　は大文字で始める。
　疑問文の終わりにはク
　エスチョン・マーク。
(2)文の最初の単語は大文
　字で始める。Noのあと
　にはカンマ(,)，省略す
　るときはアポストロ
　フィ(')をつける。

7

Springboard
Classroom English

| 教科書の 重要ポイント | 先生が使う表現／役に立つ表現 | 教科書 pp.10～11 |

▼ 先生が使う表現

教室で使ういろいろな表現を覚えよう。

① Stand up, please. 〔起立してください。〕

② Sit down, please. 〔席についてください。〕

③ Please raise your hand. 〔手をあげてください。〕

④ Open your textbooks to page five. 〔教科書の5ページを開きなさい。〕
　└「教科書の〜ページを開きなさい」と指示する言い方

⑤ Close your textbooks. 〔教科書を閉じなさい。〕
　└「〜を閉じなさい」と指示する言い方

⑥ Repeat after me. 〔私の言うことをくり返しなさい。〕
　└「〜をくり返しなさい」と指示する言い方

⑦ Listen to the CD. 〔CDを聞きなさい。〕　←「〜を聞きなさい」と指示する言い方

⑧ Look at the blackboard. 〔黒板を見なさい。〕　←「〜を見なさい」と指示する言い方

⑨ Come up to the front. 〔前に出てきなさい。〕

⑩ Go back to your seat. 〔席に戻りなさい。〕

⑪ Get into pairs. 〔2人一組になりなさい。〕

⑫ Make a group of four. 〔4人グループをつくりなさい。〕

ナルホド！

▼ 役に立つ表現

① 聞き返す　　Pardon? 〔何とおっしゃいましたか？（もう一度お願いします。）〕
　　　　　　　└相手の言ったことが聞き取れなかったときに使う。

② 質問する　　I have a question. 〔質問があります。〕

③ 話しかける　Excuse me. 〔すみません。〕
　　　　　　　└知らない人に話しかけたり，聞き返すときに使う。

④ ものを渡す　Here you are. 〔はい，どうぞ。〕　←相手にものを渡すときに使う。

⑤ お礼を言う　Thank you (very much). 〔ありがとう（ございます）。〕

⑥ 謝る　　　　I'm sorry. 〔ごめんなさい。〕

⑦ 英語で何と言うか聞く

　How do you say "seifuku" in English? 〔「制服」は英語で何と言いますか。〕

⑧ 英語のつづりを聞く

　How do you spell that word? 〔その単語は，どのようにつづりますか。〕

ナルホド！

1 次の動作を表す絵を下から選び，絵の記号で答えなさい。

注目!
先生が使う表現

☐(1) Look at the blackboard. （　　）

☐(2) Stand up, please. （　　）

☐(3) Sit down, please. （　　）

☐(4) Please raise your hand. （　　）

先生が使う表現は指示する言い方なので，動詞で始まっている。
主な表現は，動作と関連させて覚えよう。

2 次のようなとき，英語で何と言いますか。
　　　の中から選び，記号で答えなさい。

テストによく出る!
役に立つ表現

☐(1) 聞き返すとき （　　）

☐(2) 話しかけるとき （　　）

☐(3) 質問するとき （　　）

☐(4) 謝るとき （　　）

☐(5) お礼を言うとき （　　）

Pardon?やExcuse me.などは，それぞれの場面での決まり文句である。
場面ごとでの表現をセットで覚えよう。

ア I'm sorry.　　イ Thank you.
ウ Pardon?　　エ Excuse me.
オ I have a question.

3 日本語に合うように，＿＿に適切な語を書きなさい。

⚠ミスに注意

☐(1) CDを聞きなさい。

＿＿＿＿＿ ＿＿＿＿＿ the CD.

☐(2) その単語は，どのようにつづりますか。

＿＿＿＿＿ do you ＿＿＿＿＿ that word?

☐(3) 「黒板」は英語で何と言いますか。

＿＿＿＿＿ do you say "kokuban"

＿＿＿＿＿ English?

文の最初の語は大文字で始めてね。
(1)指示するときは，文を動詞で始めるよ。
「～を聞く」は，listen to ～。
(2)「どのように」とたずねる疑問詞はhow。
(3)「英語で」というときは，inを使うよ。

ぴたトレ
1
要点チェック

**Lesson 1
Hello, New Friends (Activity 1)**

時間 **15分**

解答 p.1

〈新出語・熟語 別冊p.6〉

教科書の
重要ポイント 　**英語の文の語順／「何はどんなだ」を表す文** 　教科書 pp.12〜13

▼ 英語の文は, 主語 → 動詞 → その他 の順序をとる。

> 日本語の語順は比較的
> 自由だけど, 英語では
> 語順が大切だよ。

日本語	私は	日本の出身	です 。
	主語	その他	動詞

	私は	理科が	好きです 。
	主語	その他	動詞

英　語	I	am	from Japan .	〔私は日本の出身です。〕
	主語	動詞	その他	

	I	like	science .	〔私は理科が好きです。〕
	主語	動詞	その他	

ナルホド!

▼ 「何は何だ」「何はどんなだ」を表す文は,「主語＋動詞 〜.」の形で表す。

「私は〜です」はI am 〜.で表し, I amはI'mと短縮される。

「あなたは〜です」はYou are 〜.で表す。

> 主語によってam／
> are／isがかわるの
> で注意しよう。

主語がI 　　I am Bob. 〔私はボブです。〕
　　　　　　主語 動詞 　←主語がIのときの「〜です」はamを使う。

主語がyou 　You are kind. 〔あなたは親切です。〕
　　　　　　　主語 動詞 　←主語がyouのときの「〜です」はareを使う。

主語がI, you以外

My favorite subject is English. 〔私の大好きな教科は英語です。〕
　　　　主語　　　　　　動詞 　←主語がI, you以外のときの「〜です」はisを使う。

ナルホド!

▼ 人に何かをお願いするときは, pleaseをつける。

Please call me Aya. 〔私をアヤと呼んでください。〕

Coffee, please. 〔コーヒーをください。〕

> pleaseは, 話し手が自分のために
> なること, 自分の利益になること
> をしてもらうときにつけるよ。

ナルホド!

1 日本語に合うように，（　）内から適切なものを選び，記号を〇で囲みなさい。

☐(1) 私はキャシーです。

I（ア am　イ are）Cathy.

☐(2) 私はオーストラリアの出身です。

（ア I　イ I'm）from Australia.

☐(3) 体育はわくわくさせられます。

P.E.（ア is　イ are）exciting.

テストによく出る!

「何は何だ」を表す文

「何は何だ」「何はどんなだ」を表す文は，主語によって動詞がかわる。

主語	動詞
I	am
you	are
I, you以外	is

Lesson 1

2 絵を見て，例にならい，「～は…です」の文を書きなさい。

例 I	(1) you	(2) Ms. King
from America	from Japan	our English teacher

例 **I am from America.**

☐(1) You ＿＿＿＿＿＿ ＿＿＿＿＿＿ Japan.

☐(2) ＿＿＿＿＿＿＿＿＿＿＿＿＿＿＿＿＿＿＿

3 日本語に合うように，＿＿に適切な語を書きなさい。

☐(1) 私の大好きな教科は理科です。

My favorite subject ＿＿＿＿＿＿ science.

☐(2) (私を)リズと呼んでください。

＿＿＿＿＿＿ ＿＿＿＿＿＿ me Liz.

⚠ミスに注意

(1)My favorite subject
(私の大好きな教科)までが主語だよ。

(2)pleaseは，文の最初か最後に置くよ。

4 日本語に合うように，（　）内の語句を並べかえなさい。

☐(1) 私はカナダの出身です。（ Canada / I / from / am ）．

＿＿＿＿＿＿＿＿＿＿＿＿＿＿＿＿＿＿＿．

☐(2) 私は日本食が好きです。（ like / Japanese food / I ）．

＿＿＿＿＿＿＿＿＿＿＿＿＿＿＿＿＿＿＿．

注目!

英語の文の語順

英語の文は，主語→動詞→その他の順序をとる。日本語の語順との違いを確認しよう。

ぴたトレ
1
要点チェック

Lesson 1
Hello, New Friends(Activity 2−①)

時 間 **15**分

解答 p.2

〈新出語・熟語 別冊p.6〉

教科書の重要ポイント 「何は〜する」を表す文（一般動詞の文） 教科書 pp.14〜17

▼ 主語の動作を表すときや，気持ちや心の動きを表すときは，それを表す動詞を使う。
「〜です」を表すamやareを「be動詞」というのに対し，このような動詞を「一般動詞」という。

be動詞

I am a baseball player.
〔私は野球選手です。〕

一般動詞

I like playing baseball.
〔私は野球をするのが好きです。〕

▼ 「何は〜する」を表す文は，「主語＋一般動詞 〜.」の形で表す。
主語がI（私は）でもyou（あなたは）でも，同じ一般動詞を使う。

主語 動詞
I like music. 〔私は音楽が好きです。〕
「〜が好きである」←気持ちを表す動詞

You play the guitar. 〔あなたはギターを弾きます。〕
「（楽器）を演奏する」←動作を表す動詞

「（楽器）を演奏する」というときは，「play the＋楽器」と楽器の前にtheをつけるよ。

Words & Phrases 次の日本語は英語に，英語は日本語にしなさい。

☐(1) Any questions? （   ）

☐(2) おもしろい ＿＿＿＿＿＿＿＿＿＿

☐(3) マンガ ＿＿＿＿＿＿＿＿＿＿

☐(4) 作家 ＿＿＿＿＿＿＿＿＿＿

1 日本語に合うように，（ ）内から適切なものを選び，記号を○で囲みなさい。

☐(1) 私は英語が好きです。

I（ ア am　イ like ）English.

☐(2) 私は英語を話します。

I（ ア like　イ speak ）English.

☐(3) 私はピアノを弾きます。

I（ ア play　イ speak ）the piano.

2 絵を見て，例にならい，「私は～が好きです」の文を書きなさい。

例 **I like music.**

☐(1) I _____ animals.

☐(2) I _____ _____ .

☐(3) _____

3 日本語に合うように，——に適切な語を書きなさい。

☐(1) 私はテレビ・ゲームをするのが好きです。

I _____ _____ video games.

☐(2) 私は野球部に入りたいです。

I _____ to join the baseball team.

☐(3) これは私の飼いネコのタマです。

_____ _____ my cat, Tama.

テストによく出る！

一般動詞の意味

一般動詞は，それぞれの動詞で意味が違う。

１つ１つ覚えよう。

意味	動詞
～を好む	like
(楽器)を演奏する (スポーツ)をする	play
(～を)話す	speak

注目！

be動詞と一般動詞

１つの文の中で，be動詞と一般動詞がいっしょに使われることはないので注意しよう。

I am like sports.　×

I like sports.　○

〔私はスポーツが好きです。〕

⚠ミスに注意

(1)「(スポーツ・ゲーム)をするのが好きだ」は，likeのあとにplaying～を続けるよ。

(2)「～したい」は，want to ～を使ってね。

(3)「これは～です」と紹介するときは，This is ～.の文で表すよ。

Lesson 1

ぴたトレ
1
要点チェック

Lesson 1
Hello, New Friends（Activity 2−②）

時間 **15**分
解答 p.2

〈新出語・熟語 別冊p.6〉

| 教科書の 重要ポイント | be動詞と一般動詞の文（疑問文・否定文） | 教科書 pp.14〜17 |

▼ be動詞の疑問文の語順は，「Be動詞＋主語 〜?」になる。

否定文の語順は，「主語＋be動詞＋not 〜.」になる。

肯定文 I am from China.〔私は中国の出身です。〕 ←「主語＋be動詞 〜.」の語順。

疑問文 Are you from China?〔あなたは中国の出身ですか。〕
　　　　└─主語の前に置く。

　　　　—Yes, I am. / No, I'm not.〔はい，そうです。／いいえ，違います。〕
　　　　　　　　　　　　 ＝I am

否定文 I am not from China.〔私は中国の出身ではありません。〕
　　　　　　　└─be動詞のあとにnotを置く。

ふつうの文を「肯定文」，質問する文を「疑問文」，否定する文を「否定文」というよ。

ナルホド!

▼ 一般動詞の疑問文の語順は，「Do＋主語＋一般動詞 〜?」になる。

否定文の語順は，「主語＋don't［do not］＋一般動詞 〜.」になる。

肯定文 　　I play tennis.〔私はテニスをします。〕 ←「主語＋一般動詞 〜.」の語順。

疑問文 Do you play tennis?〔あなたはテニスをしますか。〕
　　　　└─主語の前にDoを置く。

　　　　—Yes, I do. / No, I don't.〔はい，します。／いいえ，しません。〕
　　　　　　　　└─ doで答える。 └─ ＝ do not

否定文 I don't play tennis.〔私はテニスをしません。〕
　　　　　└─動詞の前にdon't［do not］を置く。

ナルホド!

Words & Phrases　次の日本語は英語に，英語は日本語にしなさい。

☐(1) get up （　　　　　　　　　）　　☐(3) 自由にできる　＿＿＿＿＿＿＿＿

☐(2) go to bed （　　　　　　　　　）

1 日本語に合うように，（ ）内から適切なものを選び，記号を〇で囲みなさい。

注目!

疑問文の形の違い

be動詞と一般動詞では，疑問文の形が違う。文の形に注目して判断しよう。

(1)be動詞の疑問文。

(2)(3)一般動詞の疑問文。

☐(1) あなたはアメリカの出身ですか。

（ ア Do イ Are ）you from America?

☐(2) あなたは本を読むのが好きですか。

（ ア Do イ Are ）you like reading books?

☐(3) あなたは野球をしますか。

Do you（ ア play イ playing ）baseball?

2 絵を見て，例にならい，「あなたは～しますか」の文と，Yes / Noで答える文を書きなさい。

⚠ ミスに注意

一般動詞の疑問文は Do を主語の前に置いて表し，疑問文に答えるときはdo や don't を使うよ。

　Do you like sushi?

　—Yes, I do.

　—No, I don't.

また，play の意味の違いにも注意しよう。

(1)「(スポーツ)をする」

(2)「(楽器)を演奏する」

例 play soccer　(1) play basketball　(2) play the guitar

例 **Do you play soccer? —Yes, I do.**

☐(1) ＿＿＿＿＿＿＿ you ＿＿＿＿＿＿＿ basketball?

—Yes, ＿＿＿＿＿＿＿ ＿＿＿＿＿＿＿.

☐(2) ＿＿＿＿＿＿＿＿＿＿＿＿＿＿＿＿＿＿＿＿

—No, ＿＿＿＿＿＿＿ ＿＿＿＿＿＿＿.

3 日本語に合うように，（ ）内の語句を並べかえなさい。

テストによく出る!

疑問文の語順

(1)be動詞の疑問文は，「Be動詞＋主語～?」の語順になる。

(2)一般動詞の疑問文は，「Do＋主語＋一般動詞～?」の語順になる。

☐(1) あなたはオーストラリアの出身ですか。

(you / Australia / from / are)?

＿＿＿＿＿＿＿＿＿＿＿＿＿＿＿＿＿＿＿＿？

☐(2) あなたはテレビ・ゲームをしますか。

(play / you / video games / do)?

＿＿＿＿＿＿＿＿＿＿＿＿＿＿＿＿＿＿＿＿？

Lesson 1

15

Lesson 1
Hello, New Friends (Activity 3−①)

教科書の重要ポイント **what, whoなどを用いた疑問文** 教科書 pp.18〜21

▼ 「何」「だれ」などをたずねる場合は，whatやwhoなどの疑問詞を用いる。

① What is your favorite subject? 〔あなたのいちばん好きな教科は何ですか。〕
どんなもの・何　　　　　　主語

　—It's social studies. 〔社会です。〕

　What do you do in your free time? 〔あなたは自由な時間に何をしますか。〕
どんなもの・何　主語

　—I read manga. 〔私はマンガを読みます。〕

② Who is your favorite soccer player? 〔あなたのいちばん好きなサッカー選手はだれですか。〕
どんな人・だれ　　　　　　　　主語

　—I like Kubo Takefusa. 〔私は久保建英が好きです。〕

疑問詞の基本的意味
what:「どんなもの・何」
who:「どんな人・だれ」
where:「どんな場所・どこ」
when:「どんなとき・いつ」
how:「どんな方法・様子」

③ Where do you live? 〔あなたはどこに住んでいますか。〕
どんな場所・どこ　主語

　—I live in Tokyo. 〔私は東京に住んでいます。〕

④ When is your birthday? 〔あなたの誕生日はいつですか。〕
どんなとき・いつ　　　　主語

　—It's November 4th. 〔11月4日です。〕

⑤ How do you spell your name? 〔あなたの名前はどのようにつづりますか。〕
どんな方法・様子 主語

　—C-a-t-h-y spells "Cathy."
　〔C, a, t, h, yとつづって，"Cathy"という語になります。〕

ナルホド!

Words & Phrases **次の日本語は英語に，英語は日本語にしなさい。**

☐(1) dear 〜 (　　　　　　　　　　)

☐(2) surfing (　　　　　　　　　　)

☐(3) しかし _____

☐(4) シドニー _____

1 日本語に合うように，（　）内から適切なものを選び，記号を○で囲みなさい。

☐(1) あなたの大好きな食べものは何ですか。

（ ア　What　イ　Who ） is your favorite food?

☐(2) あなたはどこに住んでいますか。

（ ア　When　イ　Where ） do you live?

☐(3) ごきげんいかがですか。

（ ア　How　イ　What ） are you?

2 日本語に合うように，＿＿に適切な語を書きなさい。

☐(1) あなたのお気に入りのマンガは何ですか。

＿＿＿＿＿＿＿＿＿ your favorite manga?

☐(2) あなたのお気に入りの作家はだれですか。

＿＿＿＿＿＿＿＿＿ is your favorite writer?

☐(3) あなたは土曜日にどこへ行きますか。

＿＿＿＿＿＿＿＿＿ do you go on Saturday?

☐(4) ケンタの誕生日はいつですか。

＿＿＿＿＿＿＿＿＿ is Kenta's birthday?

3 日本語に合うように，（　）内の語を並べかえなさい。

☐(1) あなたのお気に入りの歌手はだれですか。

(your / who / singer / is / favorite)?

＿＿＿＿＿＿＿＿＿＿＿＿＿＿＿＿＿＿？

☐(2) あなたの飼い犬の名前は何ですか。

(is / name / your / what / dog's)?

＿＿＿＿＿＿＿＿＿＿＿＿＿＿＿＿＿＿？

☐(3) あなたは次の休暇にどこへ行きたいですか。

(you / to / where / go / want / do) next vacation?

＿＿＿＿＿＿＿＿＿＿＿＿ next vacation?

テストによく出る!

疑問詞の使い分け

たずねる内容によって，疑問詞を使い分けよう。

what:「どんなもの・何」

who:「どんな人・だれ」

where:

　「どんな場所・どこ」

when:

　「どんなとき・いつ」

how:

　「どんな方法・様子」

Lesson 1

注目!

いろいろな疑問詞

(1)「何」→ what

　空所が1つなので，短縮した形を使う。

(2)「だれ」→ who

　人をたずねるとき。

(3)「どこへ」→ where

　場所をたずねるとき。

(4)「いつ」→ when

　時をたずねるとき。

⚠ミスに注意

疑問詞は，必ず文の最初に置くよ。そのあとは，疑問文の語順が続くので覚えておこう。

(2)「～の」と所有を表すときは，名前や名詞に（'s）をつけて表すよ。

　Miki's「ミキの」

(3)「～したい」は，「want to＋動詞」で表すよ。

Lesson 1
Hello, New Friends（Activity 3－②）

| 教科書の重要ポイント | 「what＋名詞」や「how＋形容詞」で始まる疑問文 | 教科書 pp.18～21 |

▼ 「何の～」「どのくらいの～」のようにたずねる場合は，「what＋名詞」や「how＋形容詞」で文を始める。

① What sport do you like? 〔あなたはどんなスポーツが好きですか。〕
　　何のスポーツ　　　　主語

　—I like baseball.
　　〔私は野球が好きです。〕

sportのかわりにfoodやmusicなどを入れると，種類を限定して好きなものを質問できるよ。

② What time do you have dinner? 〔あなたは何時に夕食を食べますか。〕
　　何時(に)　　　　主語

　—I have dinner at 7:30.
　　〔私は夕食を7時30分に食べます。〕

have dinnerのかわりにget upやgo to bedなどを入れると，「何時に何をするか」を質問できるね。

③ How old is your father? 〔あなたのお父さんは何歳ですか。〕
　　どれくらいの年齢　　主語

　—He is 40 years old.
　　〔彼は40歳です。〕

Howのあとには形容詞が続くから注意してね。

④ How many books do you have? 〔あなたは何冊の本を持っていますか。〕
　　どれくらい多くの本　　　主語

　—I have 50 books.
　　〔私は50冊の本を持っています。〕

How manyのあとに続く名詞は複数形にするよ。

ナルホド!!

| Words & Phrases | 次の日本語は英語に，英語は日本語にしなさい。

□(1) octopus（　　　　　　　　　）　　□(3) 人気がある ＿＿＿＿＿＿＿

□(2) a little（　　　　　　　　　）　　□(4) あなた自身 ＿＿＿＿＿＿＿

1 日本語に合うように，（　）内から適切なものを選び，記号を○で囲みなさい。

□(1) あなたはどんな食べものが好きですか。

（ ア What　イ How) food do you like?

□(2) あなたのお母さんは何歳_{なんさい}ですか。

How (ア long　イ old) is your mother?

□(3) あなたは何個のバッグを持っていますか。

How many (ア bag　イ bags) do you have?

注目!

「what＋名詞」と
「how＋形容詞」

(1)「どんな食べもの」
　→「what＋名詞(food)」

(2)「何歳」
　→「how＋形容詞(old)」

(3)「何個の〜」→「how
　many＋名詞の複数形」

2 絵を見て，例にならい「あなたは，どんな〜が好きですか」の文と，答えの文を書きなさい。

例 **What sport do you like?　—I like basketball.**

□(1) ＿＿＿＿＿＿ ＿＿＿＿＿＿ do you like?

—I ＿＿＿＿＿＿ pop music.

□(2) ＿＿＿＿＿＿＿＿＿＿＿＿＿＿＿＿＿＿＿＿

—I ＿＿＿＿＿＿ ＿＿＿＿＿＿ .

テストによく出る!

「what＋名詞」
の疑問文

「あなたは，どんな〜が
好きか」という疑問文は，
「What＋名詞
＋do you like?」
の形で表す。
疑問詞を使った疑問文に
は，Yes / Noでは答え
ない。「何」や「どんな〜」
とたずねているので，具
体的なものの名前などを
答える。

3 日本語に合うように，＿＿に適切な語を書きなさい。

□(1) あなたは何歳ですか。

＿＿＿＿＿＿ ＿＿＿＿＿＿ are you?

□(2) あなたは何時に起きますか。

＿＿＿＿＿＿ ＿＿＿＿＿＿ do you get up?

□(3) あなたには何人の姉妹がいますか。

＿＿＿＿＿＿ ＿＿＿＿＿＿ sisters do you have?

⚠ミスに注意

(1)「何歳」は，how oldで
　たずねるよ。

(2)「何時に」は，what
　timeでたずねるよ。

(3)数をたずねるときは，
　「how many＋名詞の
　複数形」でたずねるよ。
　「(姉妹)がいる」という
　ときの動詞はhaveを
　使うから覚えておいて
　ね。

Lesson 1

1 （ ）に入る最も適切なものを1つ選び，記号を○で囲みなさい。

☐(1) My favorite word （　） "Arigato."

　ア am　　　イ are　　　ウ is

☐(2) Sushi is very popular （　） Australia.

　ア in　　　イ from　　　ウ at

☐(3) How （　） classes do you have today?

　ア about　　イ many　　ウ much

> 問題文をきちんと読もう！

2 日本語に合うように，＿＿に適切な語を書きなさい。

☐(1) 私は魚が好きですが，タコは好きではありません。

　I like fish, ＿＿＿＿＿＿＿＿ I ＿＿＿＿＿＿＿＿ like octopus.

☐(2) 私は英語が少し話せます。

　I ＿＿＿＿＿＿＿＿ speak English ＿＿＿＿＿＿＿＿ ＿＿＿＿＿＿＿＿.

3 （ ）内の指示に従って，英文を書きかえなさい。

☐(1) You love playing sports. （疑問文に）

☐(2) Your birthday is June 15th. （下線部をたずねる疑問文に）

4 日本語に合うように，（ ）内の語を並べかえなさい。

☐(1) あなたは自由な時間に何をしますか。

　(you / in / what / do / do) your free time?

　＿＿＿＿＿＿＿＿＿＿＿＿＿＿＿＿＿ your free time?

☐(2) 私はときどき，日本料理店ですしを食べます。

　(sushi / sometimes / I / at / eat) a Japanese restaurant.

　＿＿＿＿＿＿＿＿＿＿＿＿＿＿＿＿＿ a Japanese restaurant.

ヒント　**1**(1)主語がI, you以外。(3)授業の数をたずねる文に。　**2**(1)一般動詞の否定文。(2)「〜できる」の助動詞を使う。
　　　　3(1)主語の前にDoを置く。(2)時をたずねる疑問文に。　**4**(1)疑問詞で始まる疑問文。(2)sometimesの位置に注意。

20

⑤ 読む📖 **次のケンタのスピーチを読んで，あとの問いに答えなさい。**

Hello. I am Tani Kentaro. Please call me Kenta.

①(Are / Do) you like baseball? I like playing baseball.

②I want (　　) join the baseball team. My favorite subject is P. E. It's exciting.
Thank you. Any questions?

☐(1) 下線部①の(　)内から適切なほうを選び，全文を日本語にしなさい。

　　　――――――――――　(　　　　　　　　　　　　　　　　　　　　　　　)

☐(2) 下線部②の(　)に適切な語を入れて，全文を日本語にしなさい。

　　　――――――――――　(　　　　　　　　　　　　　　　　　　　　　　　)

☐(3) 本文の内容に合うように，次の質問に日本語で答えなさい。

　　1．ケンタが好きなスポーツは何ですか。　(　　　　　　　　　　　　　　　)

　　2．ケンタが大好きな教科は何ですか。　　(　　　　　　　　　　　　　　　)

⑥ 話す🔊 **次の対話文を声に出して読み，問題に答え，答えを声に出して読んでみましょう。** 📱アプリ

Chen :　Look at this picture.

　　　　　This is chicken rice. It's a popular food in Singapore.

Sora :　Oh, I like chicken very much.

Chen :　Let's make it together someday.

Sora :　But I'm not good at cooking.

Chen :　Don't worry. I'm a good cook.

　　　　　　　(注)　Chen　チェン(男の子の名前)　　Sora　ソラ(男の子の名前)　　someday　いつか

☐(1) What is chicken rice?　　――――――――――――――――――――

☐(2) Is Sora good at cooking?　――――――――――――――――――――

☐(3) Is Chen good at cooking?　――――――――――――――――――――

ヒント　⑤(1)一般動詞の疑問文。(2)「～したい」という意味になるように前置詞を入れる。
　　　　(3)1．本文2行目に着目。2．本文3行目に着目。

❶ 各組で下線部の発音が同じものには○を，そうでないものには×を書きなさい。

9点

(1) f<u>a</u>vorite
　　 c<u>a</u>ll

(2) st<u>u</u>dent
　　 s<u>u</u>bject

(3) p<u>o</u>pular
　　 <u>o</u>ctopus

❷ 次の語で，最も強く発音する部分の記号を答えなさい。

9点

(1) pop-u-lar
　　 ア　イ　ウ

(2) in-ter-est-ing
　　 ア　イ　ウ　エ

(3) your-self
　　 ア　イ

❸ 日本語に合うように，＿＿＿に適切な語を答えなさい。

18点

(1) 英語の授業で会いましょう。

＿＿＿＿ you ＿＿＿＿ our English class.

(2) あなたには何人の兄弟がいますか。―私には兄弟がひとりもいません。

＿＿＿＿ many brothers do you have?　―I have ＿＿＿＿ brothers.

(3) あなた自身について書いてください。

＿＿＿＿ write about ＿＿＿＿.

❹ 日本語に合うように，（　）内の語句を並べかえなさい。

18点

(1) キング先生は私たちの英語の先生です。

(our / Ms. King / teacher / is / English).

(2) あなたのお気に入りのコメディアンはだれですか。

(your / is / comedian / who / favorite)?

(3) あなたは何時に寝ますか。

(do / to / time / go / what / bed / you)?

❺ 次の対話文を読んで，あとの問いに答えなさい。

34点

Miki :　What do you usually do ①(on / at) Sunday?

Tom :　I usually play soccer.　How about you?

Miki :　I listen to music.　I have many CDs.

Tom :　②How many (CD) do you have?

Miki :　I have about fifty CDs.　Do you like music?

Tom :　Yes, I ③(am / do).　④(guitar / play / I / the / sometimes).

22　　成績評価の観点　知…言語や文化についての知識・技能　表…外国語表現の能力

(1) 下線部①③の（　）内から適切なほうを選びなさい。

(2) 下線部②の（　）内の語を適切な形にして，全文を日本語にしなさい。

(3) 下線部④の（　）内の語を，次の意味になるように並べかえなさい。

「私はときどきギターを弾きます。」

(4) 本文の内容に合うように，（　）に適切な日本語や数字を書きなさい。表

1．トムは日曜日にふつう（　　）をする。

2．ミキはCDをおよそ（　　）枚持っている。

⑥ 書く 次のユウタのメモの内容に合うように，自己紹介する文を，次の文に続けて3文以上で書きなさい。表　　　　　　12点

Hello. I'm Yuta. ...

〈自己紹介メモ〉

・大阪の出身　　・数学が好き　　・マンガを読むのが好き

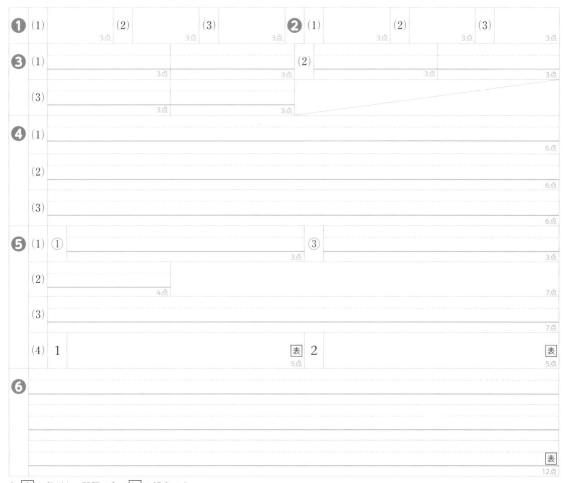

▶ 表 の印がない問題は全て 知 の観点です。

Lesson 2
Talking with Friends (Activity 1)

教科書の 重要ポイント	疑問文と答え方(一般動詞／be動詞／can)	教科書 pp.22〜23

▼ 一般動詞の疑問文とその答え

① Do you like sports? 〔あなたはスポーツが好きですか。〕
　 └主語の前にDoを置く。

—Yes, I do. I'm on the basketball team.
〔はい, 好きです。私はバスケットボール部に入っています。〕

話がはずむように, 質問に対しては2文以上で答えようね。

② Do you play video games? 〔あなたはテレビ・ゲームをしますか。〕

—No, I don't. I don't like video games.
〔いいえ, しません。私はテレビ・ゲームが好きではありません。〕

③ Do you get up early? 〔あなたは早く起きますか。〕

—Yes, I do. I usually get up at 6:30.
〔はい, 起きます。私はふつうは6時30分に起きます。〕

▼ be動詞やcanを使った疑問文とその答え

① Are you good at cooking? 〔あなたは料理がじょうずですか。〕
　 └主語の前にbe動詞を置く。

—Yes, I am. I sometimes cook for my family.
〔はい, そうです。私はときどき, 家族のために料理をします。〕

② Can you ski? 〔あなたはスキーができますか。〕
　 └主語の前にCanを置く。

—No, I can't. But I watch winter sports on TV.
〔いいえ, できません。ですが, 私はテレビで冬のスポーツを見ます。〕

Words & Phrases 次の日本語は英語に, 英語は日本語にしなさい。

☐(1) smartphone (　　　　　　　　)

☐(2) TV drama (　　　　　　　　)

☐(3) cooking (　　　　　　　　)

☐(4) every day (　　　　　　　　)

☐(5) 早く _____

☐(6) 家族 _____

☐(7) メートル _____

1 日本語に合うように，（ ）内から適切なものを選び，記号を〇で囲みなさい。

いろいろな質問文
(1)一般動詞の疑問文。
「Do＋主語
＋一般動詞〜？」
(2)be動詞の疑問文。
「Be動詞＋主語〜？」
(3)canの疑問文。
「Can＋主語＋動詞〜？」

☐(1) あなたは毎日マンガ本を読みますか。

（ ア Are　イ Do ）you read comic books every day?

☐(2) あなたは水泳がじょうずですか。

（ ア Are　イ Do ）you good at swimming?

☐(3) あなたは100メートル泳ぐことができますか。

（ ア Do　イ Can ）you swim 100 meters?

2 絵を見て，例にならい，「あなたは〜が好きですか」の文と，その答えの文を書きなさい。

注目！
質問の答え方
Do 〜？の疑問文には，まずdoを使ってYes / Noで答える。会話を続けるためには，そのあとにもう１文続けることが大切になる。
(1)Yesで答えたあと，「私はポップ・ミュージックが好きです」と述べている。
(2)Noで答えたあと，「ですが，私はマンガ本は好きです」と述べている。

例 **Do you like sports?**

—Yes, I do. I play baseball with my friends.

☐(1) Do you ＿＿＿＿＿＿ ＿＿＿＿＿＿?

—Yes, I ＿＿＿＿＿＿. I like pop music.

☐(2) ＿＿＿＿＿＿＿＿＿＿＿＿＿＿＿＿＿＿＿

—No, I ＿＿＿＿＿＿. But I like comic books.

3 日本語に合うように，＿＿＿に適切な語を書きなさい。

⚠ミスに注意
(1)「何」とたずねるときはwhatを使ってね。
(2)「〜を聞く」は，listen to 〜で表すよ。
(3)「(野球部などのチームに)入っている」は，「be動詞＋on」を使って表すよ。

☐(1) あなたの大好きな教科は何ですか。

＿＿＿＿＿＿＿＿ your favorite subject?

☐(2) あなたは音楽を聞きますか。

Do you ＿＿＿＿＿＿＿＿ ＿＿＿＿＿＿ music?

☐(3) 私は野球部に入っています。

＿＿＿＿＿＿ ＿＿＿＿＿＿ the baseball team.

ぴたトレ
1
要点チェック

Lesson 2
Talking with Friends（Activity 2−①）

時間 **15**分 ┃ 解答 p.5

〈新出語・熟語 別冊p.7〉

教科書の
重要ポイント ┃ **canの意味と用法** ┃ 教科書 pp.24 ～ 25

▼ canは主語に関係なく，canのあとには必ず動詞の原形がくる。

一般動詞の文 ┃ Miki plays the piano. 〔ミキはピアノを弾きます。〕
　　　　　　　　　　　　　　動詞は原形を使う。

canの文 ┃ Miki can play □ the piano. 〔ミキはピアノを弾くことができます。〕
　　　　　　　「〜できる」←動詞の前に置く。

> canのあとの動詞は原形（s, esが
> つかない形）を使うよ。

▼ canの2つの用法

Miki can play the piano.
〔ミキはピアノを弾くことができます。〕

〔能力があるので〕
〜することができる

We can see stars tonight.
〔私たちは今夜，星を見ることができます。〕

〔条件が整っているので〕
〜することができる

▼ 疑問文はcanを主語の前に置き，否定文はcan't［cannot］を動詞の前に置く。

肯定文 ┃ Miki can play the piano.
　　　　　　　　主語の前に置く。

疑問文 ┃ Can Miki play the piano? 〔ミキはピアノを弾くことができますか。〕

否定文 ┃ Miki can't play the piano. 〔ミキはピアノを弾くことができません。〕
　　　　　＝cannot　＊2語で書く形はふつう使わない。

ナルホド!

Words & Phrases ┃ 次の日本語は英語に，英語は日本語にしなさい。

☐ (1) frozen （　　　　　　　　　）　　　☐ (4) しばしば ＿＿＿＿＿＿＿＿＿

☐ (2) fridge （　　　　　　　　　）　　　☐ (5) または ＿＿＿＿＿＿＿＿＿

☐ (3) cereal （　　　　　　　　　）　　　☐ (6) いつでも ＿＿＿＿＿＿＿＿＿

1 日本語に合うように，（　）内から適切なものを選び，記号を○で囲みなさい。

☐(1) 私は英語を話します。

I（ア speak　イ can speak）English.

☐(2) あなたはスパゲッティを料理することができます。

You（ア cook　イ can cook）spaghetti.

☐(3) リズはじょうずに踊_{おど}ることができます。

Liz can（ア dance　イ dances）well.

2 絵を見て，例にならい「～は…できます」の文を書きなさい。

例 **I can play the guitar.**

☐(1) You ＿＿＿＿＿＿＿ ＿＿＿＿＿＿＿ a cake.

☐(2) ＿＿＿＿＿＿＿＿＿＿＿＿＿＿＿＿＿＿＿＿＿

3 日本語に合うように，＿＿＿に適切な語を書きなさい。

☐(1) 私は朝食にカレーを食べることができません。

I ＿＿＿＿＿＿ eat curry ＿＿＿＿＿＿ breakfast.

☐(2) 私たちは今夜，星を見ることができますか。

＿＿＿＿＿＿ we ＿＿＿＿＿＿ stars tonight?

4 （　）内の指示に従って，英文を書きかえなさい。

☐(1) Dan plays the violin.（canを使って「～できる」の文に）

＿＿＿＿＿＿＿＿＿＿＿＿＿＿＿＿＿＿＿＿＿

☐(2) You can eat curry anytime.（疑問文に）

＿＿＿＿＿＿＿＿＿＿＿＿＿＿＿＿＿＿＿＿＿

テストによく出る！

canのあとの動詞の形
canのあとの動詞は，主語が何であっても，原形（s, esがつかない形）を使う。

Ken can swim.
（○）

Ken can swims.
（×）

〔ケンは泳ぐことができます。〕

注目！

主語とcanの形
canを使った文では，主語が何であっても，canの形はかわらないので覚えておこう。

Miyu can play tennis.
（○）

Miyu cans play tennis.
（×）

〔ミユはテニスをすることができます。〕

⚠ミスに注意

(1)「～することができる」という文にするには，動詞の前にcanを置いて，動詞は原形を使うよ。注意してね。

(2)疑問文は，主語の前にCanを置いてね。文の終わりに？を忘れずに。

ぴたトレ
1
要点チェック

Lesson 2
Talking with Friends (Activity 2−②)

時間 **15**分

解答 p.5

〈新出語・熟語 別冊p.7〉

教科書の 重要ポイント	he, she, it の使い方	教科書 pp.26 〜 27

▼ 1人の女性について「彼女は」というときはshe，1人の男性について「彼は」というときはheで表す。どちらも次に同じ人を表す場合に用いる。

sheの文 That is Ms. King . She is a teacher.
1人の女性 → 「彼女は」 Ms. Kingの代わりに使う。
〔あちらはキング先生です。彼女は教師です。〕

heの文 Bob is my brother. He likes baseball.
1人の男性 → 「彼は」 Bobの代わりに使う。
〔ボブは私の兄です。彼は野球が好きです。〕

▼ 人以外の1つのものについて「それは」というときはitで表す。
次に同じものを表す場合に用いる。

itの文 Look at the cat under the tree. It is Ken's cat.
1つのもの → 「それは」 the catの代わりに使う。
〔木の下にいるネコを見て。それはケンのネコです。〕

▼ 主語がhe[she]やitのとき，「〜です」を表すbe動詞はisを使う。
疑問文はisを主語の前に置き，否定文はnotをisのあとに置く。

肯定文 She is from Australia. 〔彼女はオーストラリアの出身です。〕
主語の前に置く。

疑問文 Is she from Australia? 〔彼女はオーストラリアの出身ですか。〕

否定文 She is not from Australia. 〔彼女はオーストラリアの出身ではありません。〕
=isn't isのあとにnotを置く。

Words & Phrases 次の日本語は英語に，英語は日本語にしなさい。

(1) those （　　　　　　　　）

(2) after 〜 （　　　　　　　　）

(3) story （　　　　　　　　）

(4) main character （　　　　　　）

(5) comic book （　　　　　　）

(6) 彼らは，彼女らは ＿＿＿＿＿＿＿

(7) それらを ＿＿＿＿＿＿＿

(8) 〜のような ＿＿＿＿＿＿＿

(9) 種類 ＿＿＿＿＿＿＿

(10) そんなに ＿＿＿＿＿＿＿

1 日本語に合うように，（　）内から適切なものを選び，記号を〇で囲みなさい。

☐(1) こちらはユキです。彼女は私の姉です。

This is Yuki. （ ア He　イ She ） is my sister.

☐(2) あちらはケイです。彼はテニスの選手です。

That is Kei. （ ア He　イ She ） is a tennis player.

☐(3) あのイヌを見て。それはとてもかわいいです。

Look at that dog. （ ア It　イ They ） is so cute.

テストによく出る！

he, she, it の使い方
すでに話題にのぼった人について「彼は[彼女は]〜です」というときは，He[She] is 〜.で表す。同様に，「それは〜です」というときはIt is 〜.で表す。

2 絵を見て，例にならい，友達を紹介する文を完成させなさい。

例 Kenta	(1) Miyu	(2) Makoto
a baseball player	a tennis player	my brother

例 **This is Kenta. He is a baseball player.**

☐(1) This is Miyu. ＿＿＿＿＿＿ is a tennis player.

☐(2) This is Makoto. ＿＿＿＿＿＿＿＿＿＿＿＿

⚠ミスに注意

「彼は[彼女は]〜です」と紹介するときは，
　He[She] is 〜.
を使うよ。
(1)ミユは女の子なので，sheを使うよ。
(2)マコトは男の子なので，heを使うよ。

3 日本語に合うように，＿＿に適切な語を書きなさい。

☐(1) ツバサってだれですか。

＿＿＿＿＿＿ ＿＿＿＿＿＿ Tsubasa?

☐(2) 彼はサッカー選手ではありません。

He ＿＿＿＿＿＿ ＿＿＿＿＿＿ a soccer player.

4 （　）内の指示に従って，英文を書きかえなさい。

☐(1) He is our English teacher. （疑問文に）

＿＿＿＿＿＿＿＿＿＿＿＿＿＿＿＿＿＿＿＿

☐(2) She is my favorite writer. （否定文に）

＿＿＿＿＿＿＿＿＿＿＿＿＿＿＿＿＿＿＿＿

注目！

疑問文と否定文
He[She] is 〜.の疑問文はisを主語 (he[she]) の前に置き，否定文はisのあとにnotを置く。
[疑問文]
例 Is he a teacher?
〔彼は教師ですか。〕
[否定文]
例 He is not a teacher.
〔彼は教師ではありません。〕

ぴたトレ
1
要点チェック

Lesson 2
Talking with Friends（Activity 2−③）

時間 **15**分　解答 p.5

〈新出語・熟語 別冊p.7〉

| 教科書の重要ポイント | someとanyの用法／we, you, theyの使い方 | 教科書 pp.28〜29 |

▼ some：「いくつか」「いくらか」

① some＋数えられる名詞：「いくつか(ある程度の数)の〜」
　　　　sをつけて複数形で使う。

　I have some hamsters. 〔私はハムスターを何匹か飼っています。〕

② some＋数えられない名詞：「いくらか(適量)の〜」
　　　　複数形にしない・できない。

　I want some water. 〔私にはいくらかの水がほしいです。〕

▼ any：「(数に関係なく)どんな〜(でも)」

① Do you have any books about soccer? 〔あなたはサッカーについての本を持っていますか。〕
　　　　anyは「いくつかの」という意味ではない。

② I don't have any pets. 〔私はペットを1匹も飼っていない。〕
　　「どんな〜も…ない」

ナルホド！

▼ weは自分を含めた複数の人を表す主語，theyはすでに述べた複数の人・ものを表す主語，youは「(1人の)あなた」や「(複数の)あなたたち」を表す場合に用いる。

weの文 Taro and I are on the tennis team. We love tennis.

〔タロウと私はテニス部に入っています。私たちはテニスが大好きです。〕

youの文 Good morning, everyone. How are you?

〔おはよう，皆さん。あなたたちはごきげんいかがですか。〕

theyの文 Look at those boys. They are my classmates.

〔あの少年たちを見て。彼らは私のクラスメートです。〕

ナルホド！

Words & Phrases 次の日本語は英語に，英語は日本語にしなさい。

☐(1) chess （　　　　　　　　）　　☐(4) 〜を飼う _____

☐(2) envy （　　　　　　　　）　　☐(5) 住む _____

☐(3) hamster （　　　　　　　）　　☐(6) ペット _____

1 日本語に合うように，（　）内から適切なものを選び，記号を〇で囲みなさい。

☐(1) 私は何匹かイヌを飼っています。

I have （ ア some　イ any) dogs.

☐(2) あなたには兄弟がいますか。

Do you have （ ア some　イ any) brothers?

☐(3) 私はマンガ本を1冊も持っていません。

I don't have （ ア some　イ any) comic books.

2 絵を見て，例にならい，「あなたは〜を持っていますか」の文と，その答えの文を書きなさい。

例	(1)	(2)
pen	book	CD

例 **Do you have any pens?　—Yes.　I have some pens.**

☐(1) Do you have ＿＿＿＿＿ ＿＿＿＿＿?

　　—Yes.　I have some ＿＿＿＿＿.

☐(2) ＿＿＿＿＿＿＿＿＿＿＿＿＿＿＿＿

　　—No.　I don't have ＿＿＿＿＿ ＿＿＿＿＿.

3 日本語に合うように，＿＿＿＿に適切な語を書きなさい。

☐(1) あなたたちはペットを飼っていますか。

Do ＿＿＿＿ have ＿＿＿＿ pets?

☐(2) はい。私たちはネコを何匹か飼っています。（(1)の答え）

Yes.　＿＿＿＿ have ＿＿＿＿ cats.

☐(3) それらはとてもかわいいです。

＿＿＿＿ are ＿＿＿＿ cute.

テストによく出る!

some と any
(1)肯定文で「いくつか」というときはsomeを使う。
(2)疑問文では，ふつうanyを使う。
(3)否定文で「1つも〜ない」というときは，not 〜 anyを使う。

Lesson 2

⚠ミスに注意

someやanyのあとに続く名詞は，ふつう複数形にするよ。
（名詞の複数形のつくり方はLesson 3で説明。）
(1)someやanyのあとに続く名詞は複数形に。
(2)答えは「1枚も持っていない」という否定文なので，not 〜 anyを使ってね。

注目!

we, you, theyの使い方
(1)「あなたたちは」
　→ 複数のyou
(2)「私たちは」→ we
(3)「それらは」→ they
「とても〜」と程度を表すときは，「so＋形容詞」で表す。

Lesson 2
Talking with Friends（Activity 3）

教科書の重要ポイント ｜ **this と that の使い方**　教科書 pp.30〜33

▼ thisは自分の近くにいる人やものについて「これ［こちら，この人］」というとき，
thatは自分から離れたところにいる人やものについて「あれ，それ」というときに用いる。

近くの人やもの

This is your bag.
〔これはあなたのバッグです。〕

遠くの人やもの

That is my bag.
〔あれは私のバッグです。〕

ナルホド！

▼ 「これは［あれは］〜です」というときは，This［That］is 〜.で表す。
疑問文はisを主語の前に置き，否定文はnotをisのあとに置く。

肯定文　This ｜is｜ my book.　〔これは私の本です。〕
　　　　　　　主語（this［that］）の前に置く。

疑問文　｜Is｜ this your book?　〔これはあなたの本ですか。〕
　　　　　—Yes, it is. / No, it isn't.　〔はい，そうです。／いいえ，違います。〕
　　　　　　　 itで受ける　　 ＝is not

否定文　This is ｜not｜ my book.　〔これは私の本ではありません。〕
　　　　　　　　　isのあとに置く。

ナルホド！

Words & Phrases 　次の日本語は英語に，英語は日本語にしなさい。

☐(1) wow（　　　　　　　　　　）　　☐(4) スノーボードをする ＿＿＿＿＿＿＿

☐(2) penguin（　　　　　　　　　）　　☐(5) 登場人物 ＿＿＿＿＿＿＿

☐(3) daytime（　　　　　　　　　）

1 日本語に合うように，（ ）内から適切なものを選び，記号を○で囲みなさい。

☐(1) これは私の飼い犬のハッピーです。

（ ア This　イ That) is my dog, Happy.

☐(2) あれはあなたのアパートですか。

（ ア Are　イ Is) that your apartment?

☐(3) これは私の自転車ではありません。

This (ア not　イ is not) my bicycle.

テストによく出る!

This[That] is 〜.の文
「これは[あれは]〜です」
は，This[That] is 〜.で
表す。疑問文はisを
this[that]の前に置いて
表し，否定文はisのあと
にnotを置いて表す。

Lesson 2

2 絵を見て，例にならい「これは[あれは]あなたの〜ですか」の文と，その答えの文を書きなさい。

例	(1)	(2)	(3)
Yes	No	Yes	No

注目!

thisとthat
近くにいる人やものにつ
いて述べるときはthis,
遠くにいる人やものにつ
いて述べるときはthat
を使う。
答えるときは，thisも
thatもitで受けるので
覚えておこう。

例 **Is this your book?　—Yes, it is.**

☐(1) Is ＿＿＿＿＿＿ your dog?　—No, it isn't.

☐(2) ＿＿＿＿＿ ＿＿＿＿＿ your hat?

—Yes, ＿＿＿＿＿ ＿＿＿＿＿.

☐(3) ＿＿＿＿＿ ＿＿＿＿＿ your guitar?

—No, ＿＿＿＿＿ ＿＿＿＿＿.

3 （ ）内の指示に従って，英文を書きかえなさい。

☐(1) This is your favorite comic book.　（疑問文に）

☐(2) That is my sister, Rika.　（否定文に）

⚠ミスに注意

This[That] is 〜.の疑
問文は，isを主語（This
[That]）の前に置くよ。
否定文はisのあとにnot
を置いてね。
[疑問文]
例 Is this your cap?
　〔これはあなたの
　　　　帽子ですか。〕
[否定文]
例 This is not my cap.
　〔これは私の帽子
　　　ではありません。〕

① （ ）に入る最も適切なものを１つ選び，記号を〇で囲みなさい。

☐(1) That is Ms. Saito. （ 　 ） is our Japanese teacher.

　　ア He　　　イ She　　　ウ It

☐(2) Look at those girls. （ 　 ） are my classmates.

　　ア They　　イ We　　ウ You

☐(3) We don't have （ 　 ） pets.

　　ア a　　　　イ some　　ウ any

> 問題文をきちんと
> 読んでね！

② 日本語に合うように，＿＿＿に適切な語を書きなさい。

☐(1) 鳥は飛ぶことができますが，ペンギンは飛ぶことができません。

　　Birds ＿＿＿＿＿＿＿＿＿ fly, but penguins ＿＿＿＿＿＿＿＿＿ fly.

☐(2) あなたは動物についての本を持っていますか。

　　Do you have ＿＿＿＿＿＿＿＿＿ books ＿＿＿＿＿＿＿＿＿ animals?

③ （ ）内の指示に従って，英文を書きかえなさい。

☐(1) Your father can speak four languages. （疑問文に）

＿＿＿＿＿＿＿＿＿＿＿＿＿＿＿＿＿＿＿＿＿＿＿＿＿＿＿＿＿＿＿＿＿

☐(2) That is your cat. （疑問文にして，Noで答える）

＿＿＿＿＿＿＿＿＿＿＿＿＿＿＿＿＿＿＿＿＿＿＿＿＿＿＿＿＿＿＿＿＿

　　＿＿＿＿＿＿＿＿＿＿＿＿＿＿＿＿＿＿＿＿＿＿＿＿＿＿＿

④ 日本語に合うように，（ ）内の語句を並べかえなさい。

☐(1) 私は家で読書をするのが好きです。(like / at / I / home / reading).

＿＿＿＿＿＿＿＿＿＿＿＿＿＿＿＿＿＿＿＿＿＿＿＿＿＿＿＿＿＿＿＿＿.

☐(2) あなたはテニス部に入っていますか。(on / are / the tennis team / you)?

＿＿＿＿＿＿＿＿＿＿＿＿＿＿＿＿＿＿＿＿＿＿＿＿＿＿＿＿＿＿＿＿＿?

ヒント **①**(1)(2)適切な代名詞を選ぶ。(3)not 〜 anyで「１つも〜ない」。　**②**(1)「〜することができる」はcanを使って表す。
③(1)canを主語の前に。(2)isを主語の前に。　**④**(1)「家で」を表す語句は文末に。(2)be動詞の疑問文。

5 読む 次の対話文を読んで，あとの問いに答えなさい。

Aya : What do you do in your free time?

Mei : I play chess. It's exciting.

Aya : Oh, you play chess. Do you play with your family?

Mei : No. ①I play it (　　　) the Internet. I don't have chess pieces.

Oh, that dog is so cute! ②(any / you / pets / do / have)?

Aya : Yes. I have some hamsters.

(1) 下線部①の(　)に適切な語を入れ，it を具体的にして，全文を日本語にしなさい。

（　　　　　　　　　　　　　　　　　　　　　　　　　　　　）

(2) 下線部②の(　)内の語を，次の意味になるように並べかえなさい。

「あなたはペットを飼っていますか。」

_____ ?

(3) 本文の内容に合うように，次の質問に日本語で答えなさい。

1. メイは自分の自由な時間に何をしますか。（　　　　　　　　　　　　）

2. アヤはどんなペットを飼っていますか。 （　　　　　　　　　　　　）

6 話す 次の対話文を声に出して読み，問題に答え，答えを声に出して読んでみましょう。 ［アプリ］

Aoi : Oh, you have a guitar. Can you play it?

Emily : Yes, I can. How about you, Aoi?

Aoi : I can't play the guitar, but I can play the sax.

Emily : Great. Let's play music together. （注）sax サックス　together いっしょに

(1) Can Aoi play the guitar?

— _____

(2) Can you play music?

— _____

ヒント **5** (1)「インターネットで」というときの前置詞を入れる。it の内容は，前文のアヤの発言に着目。

(2) any が入る位置に注意。 (3) 1. 本文 2 行目に着目。 2. 本文最終行に着目。

Lesson 2

❶ 各組で下線部の発音が同じものには〇を，そうでないものには×を書きなさい。

9点

(1) s<u>o</u>me
th<u>o</u>se

(2) <u>e</u>nvy
c<u>e</u>real

(3) h<u>a</u>mster
<u>a</u>fter

❷ 次の語で，最も強く発音する部分の記号を答えなさい。

9点

(1) de-tec-tive
ア　イ　ウ

(2) In-ter-net
ア　イ　ウ

(3) snow-board
ア　　イ

❸ 日本語に合うように，＿＿に適切な語を答えなさい。

18点

(1) ケンタはいつでもカレーを食べることができます。

Kenta _____ eat curry _____.

(2) 私はチェスのこまを1個も持っていません。

I _____ have _____ chess pieces.

(3) 私はじょうずなバスケットボールの選手になりたいです。

I _____ to _____ a good basketball player.

❹ 日本語に合うように，（　）内の語句を並べかえなさい。

18点

(1) 私たちはいつも昼食のあとに野球をします。

(baseball / we / after / play / lunch / always).

(2) あなたは朝食に，ふつうは何を食べますか。

(eat / do / for / what / breakfast / usually / you)?

(3) あなたの妹はじょうずに絵が描けますか。

(your sister / well / can / a picture / draw)?

❺ 次の対話文を読んで，あとの問いに答えなさい。

32点

Kumi :　Do you read Japanese comic books?

Sam :　Yes, I love ①<u>them</u>. The stories are interesting.

Kumi :　②<u>(you / comic books / what / of / like / do / kind)</u>?

Sam :　I like detective stories. I like *Detective Conan* very much.

Kumi :　Me, too. ③<u>You can watch it (on / at) TV.</u>

（注）*Detective Conan* 『名探偵コナン』

成績評価の観点　知…言語や文化についての知識・技能　表…外国語表現の能力

(1) 下線部①が指すものを文中の英語3語で答えなさい。表

(2) 下線部②の（ ）内の語句を，次の意味になるように並べかえなさい。

「あなたはどんな種類のマンガ本が好きですか。」

(3) 下線部③の（ ）内から適切な語を選び，itを具体的にして，全文を日本語にしなさい。表

(4) 本文の内容に合うように，（ ）に適切な日本語を書きなさい。表

1．サムは日本のマンガ本のストーリーを（　　　）と思っている。

2．サムもクミも（　　　）がとても好きだ。

点UP ⑥ 書く✐ 次のようなとき英語で何と言うか，（　）内の語数で答えなさい。
（．や？は語数に含みません。）表

14点

(1) 3か国語を話すことができるかを相手にたずねるとき。（5語）

(2) サッカーについての本を持っているかを相手にたずねるとき。（7語）

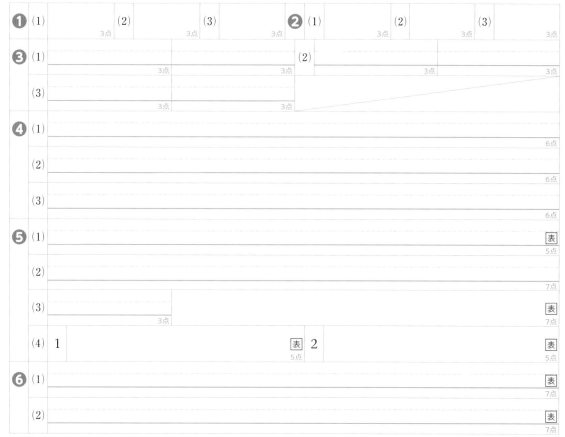

▶ 表 の印がない問題は全て 知 の観点です。

ぴたトレ
1
要点チェック

Lesson 3
My Favorite Person (Activity 1−①)

時間
15分

解答
p.8

〈新出語・熟語 別冊p.8〉

教科書の
重要ポイント　**自分や相手以外の人について伝える①**　教科書 pp.34〜37

Kenta plays baseball. 〔ケンタは野球をします。〕
　　　　┗動詞の終わりにsやesをつける。

▼ 主語がIとyou以外（3人称）で単数の場合には，一般動詞の終わりにsやesをつける。

| 主語がI, you | **I like tennis.** 〔私はテニスが好きです。〕 |

| 主語が3人称・単数 | **Rika likes tennis.** 〔リカはテニスが好きです。〕 |
　　　　　　　　　　┗動詞の終わりにsやesをつける。

Iとyou以外で単数
のことを「3人称・
単数」というよ。

▼ 一般動詞のs, esのつけ方

①動詞の終わりにsをつけるのが原則。　　　　　　　　例 like — like**s**

②ス，シュ，チの音で終わる動詞はesをつける。　　　例 watch — watch**es**

③yで終わる動詞は，yをiにかえてesをつける。　　　例 study — studi**es**

④ay, ey, uy, oyで終わる動詞は，そのままsをつける。　例 play — play**s**

⑤oで終わる動詞はesをつける。　　　　　　　　　　　例 go — go**es**

⑥haveには特別な形がある。　　　　　　　　　　　　例 have — ha**s**

動詞の終わり方によって，
sやesのつけ方がかわるよ。

▼ s, esの発音

①play — play**s**「ズ」　　②like — like**s**「ス」　　③watch — watch**es**「イズ」

＊want — want**s**「ツ」　←終わりがtの動詞は，tとsがくっついて「ツ」の発音になる。

ナルホド！

Words & Phrases　次の日本語は英語に，英語は日本語にしなさい。

☐(1) weekend　　（　　　　　　　）　　☐(4) 彼^{かれ}の　＿＿＿＿＿＿＿

☐(2) come from 〜　（　　　　　　　）　　☐(5) 彼女^{かのじょ}の　＿＿＿＿＿＿＿

☐(3) like 〜 very much（　　　　　　　）　　☐(6) 自転車　＿＿＿＿＿＿＿

1 日本語に合うように，（　）内から適切なものを選び，記号を〇で囲みなさい。

注目!

主語の判断が大切

動詞の形は，主語によって決まる。

「主語が3人称・単数のときにだけ動詞の終わりにs(es)をつける」と覚えておこう。

☐(1) 私たちはスポーツが好きです。

　　We （ ア like　イ likes ） sports.

☐(2) 兄は古いグローブを使っています。

　　My brother （ ア use　イ uses ） an old glove.

☐(3) トムとメイは毎週末にテニスをします。

　　Tom and Mei （ ア play　イ plays ） tennis every weekend.

2 絵を見て， 例 にならい，「～は…します」の文を書きなさい。

テストによく出る!

s(es)のつけ方

動詞の終わり方によって，s(es)のつけ方がかわる。

(1)yで終わる動詞は，yをiにかえてesをつける。

(2)チの音(ch)で終わる動詞はesをつける。

| 例 Kumi | (1) Bob | (2) Saki |
| play the clarinet | study Japanese | watch soccer games |

例 **Kumi plays the clarinet.**

☐(1) Bob ＿＿＿＿＿＿＿ ＿＿＿＿＿＿＿＿＿.

☐(2) ＿＿＿＿＿＿＿＿＿＿＿＿＿＿＿＿＿＿＿

3 日本語に合うように，＿＿＿に適切な語を書きなさい。

⚠ミスに注意

(1)主語が3人称・単数で現在のとき，一般動詞には原則s(es)をつけるけど，haveには特別な形があるから注意してね。

☐(1) ミユはたくさんのマンガ本を持っています。

　　Miyu ＿＿＿＿＿＿＿ many comic books.

☐(2) ペドロはブラジル出身です。

　　Pedro ＿＿＿＿＿＿＿ ＿＿＿＿＿＿＿ Brazil.

4 （　）内の指示に従って，英文を書きかえなさい。

☐(1) <u>I</u> want a new bike. （下線部をBillにかえて）

☐(2) <u>You</u> go shopping every day. （下線部をAmyにかえて）

Lesson 3

Lesson 3
My Favorite Person (Activity 1-②)

| 教科書の重要ポイント | 自分や相手以外の人について伝える② | 教科書 pp.34〜37 |

He doesn't play tennis. 〔彼(かれ)はテニスをしません。〕
└─doesn't [does not]を使う。

▼ 主語が3人称(にんしょう)・単数で現在の否定文には，doesn't [does not]を使い，動詞は原形にする。

主語がI, you

I don't like math.
〔私は数学が好きではありません。〕

主語が3人称・単数

Rika doesn't like math.
〔リカは数学が好きではありません。〕

▼ 否定文の語順は，「主語＋doesn't [does not]＋動詞の原形 〜.」

| 肯定文 | Rika　　　　　likes sports. 〔リカはスポーツが好きです。〕

動詞は原形を使う。＊「原形」とは，s(es)のつかない形です。

| 否定文 | Rika doesn't like□ sports. 〔リカはスポーツが好きではありません。〕
└─動詞の前に置く。

否定文では，動詞は原形を使うよ。

ナルホド!

| Words & Phrases | 次の日本語は英語に，英語は日本語にしなさい。

☐(1) clarinet　(　　　　　　　　)

☐(2) video　(　　　　　　　　)

☐(3) love story　(　　　　　　　　)

☐(4) 中国語　_____

☐(5) そこで　_____

☐(6) グローブ　_____

1 日本語に合うように，（　）内から適切なものを選び，記号を〇で囲みなさい。

(1) アヤは走るのが好きではありません。

　Aya （ ア don't　イ doesn't) like running.

(2) ケンタは新しいグローブを持っていません。

　Kenta doesn't （ ア have　イ has) a new glove.

(3) リズと私はジョギングには行きません。

　Liz and I （ ア don't　イ doesn't) go jogging.

2 絵を見て，例にならい「～は…しません」の文を書きなさい。

例　Tom	(1)　Makoto	(2)　Ms. King	(3)　Sho
eat natto	like vegetables	speak Japanese	play soccer

例　**Tom doesn't eat natto.**

(1) Makoto doesn't ＿＿＿＿＿＿ vegetables.

(2) Ms. King ＿＿＿＿＿ ＿＿＿＿＿ Japanese.

(3) ＿＿＿＿＿＿＿＿＿＿＿＿＿＿＿＿＿＿＿

3 日本語に合うように，（　）内の語句を並べかえなさい。

(1) 父は恋愛小説を読みません。

　(doesn't / love stories / my father / read).

　＿＿＿＿＿＿＿＿＿＿＿＿＿＿＿＿＿＿＿＿ .

(2) 妹はギターを弾きません。

　(play / guitar / doesn't / the / my sister).

　＿＿＿＿＿＿＿＿＿＿＿＿＿＿＿＿＿＿＿＿ .

(3) エリーはブラジルの出身ではありません。

　(from / doesn't / Brazil / Elly / come).

　＿＿＿＿＿＿＿＿＿＿＿＿＿＿＿＿＿＿＿＿ .

Lesson 3
My Favorite Person（Activity 2）

教科書の重要ポイント | **自分や相手以外の人についてたずねる** | 教科書 pp.38〜41

Does Kenta **play** tennis? 〔ケンタはテニスをしますか。〕
└─Doesを使う。 └─動詞は原形。

―**No, he doesn't. He plays baseball.** 〔いいえ。彼は野球をします。〕
└─doesを使って答える。

▼ 主語が3人称・単数で現在の疑問文は，主語の前にDoesを置いて，動詞は原形を使う。

主語がI, you	主語が3人称・単数
Do you like music?	Does Rika like music?
〔あなたは音楽が好きですか。〕	〔リカは音楽が好きですか。〕

▼ 疑問文の語順は，「Does＋主語＋動詞の原形 〜?」になる。
答えの文も，doesやdoesn'tを使う。

疑問文でも，動詞は原形を使うよ。

肯定文 Rika like**s** music. 〔リカは音楽が好きです。〕
↓ 動詞は原形を使う。

疑問文 Does Rika like☐ music? 〔リカは音楽が好きですか。〕
└─主語の前に置く。

答え方 ―Yes, she **does**. / No, she **doesn't**.
└── doesで答える。── = does not
〔はい，好きです。／いいえ，好きではありません。〕

ナルホド!

Words & Phrases 次の日本語は英語に，英語は日本語にしなさい。

☐(1) their （　　　　　　　　　）

☐(2) garden （　　　　　　　　　）

☐(3) other （　　　　　　　　　）

☐(4) another （　　　　　　　　　）

☐(5) 〜に聞こえる ＿＿＿＿＿＿＿＿

☐(6) 〜を育てる ＿＿＿＿＿＿＿＿

☐(7) 忙しい ＿＿＿＿＿＿＿＿

☐(8) 〜を経営する ＿＿＿＿＿＿＿＿

1 日本語に合うように，（ ）内から適切なものを選び，記号を〇で囲みなさい。

□(1) あなたのお姉さんは料理をするのが好きですか。

（ ア Do　イ Does) your sister like cooking?

□(2) ケンとあなたは，毎日ジョギングに行きますか。

（ ア Do　イ Does) Ken and you go jogging every day?

□(3) エリーは納豆を食べますか。

Does Elly (ア eat　イ eats) natto?

注目！

疑問文の形

主語が3人称・単数で現在の疑問文では，Doではなく，Doesを使ってたずねる。

また，動詞は原形(s, es のつかない形)を使うので覚えておこう。

2 絵を見て，例にならい「～は…しますか」とたずねる文と，Yes / Noで答える文を書きなさい。

| 例 Sho | (1) Miki | (2) Ms. Ito |
| play tennis | play the piano | speak English |

例 **Does Sho play tennis?　—Yes, he does.**

□(1) _____ Miki _____ the piano?

　—Yes, _____ _____.

□(2) _____

　—No, _____ _____.

⚠ミスに注意

主語が3人称・単数で現在の疑問文に答えるときは，doやdon'tではなく，doesやdoesn'tを使うよ。

そのとき，答えの主語は代名詞(heやshe)にするから注意してね。

Does Tom eat sushi?

　—Yes, he does.

　—No, he doesn't.

Does Aya like cats?

　—Yes, she does.

　—No, she doesn't.

3 日本語に合うように，（ ）内の語句を並べかえなさい。

□(1) ミユはマンガ本をたくさん持っていますか。

(many / does / comic books / Miyu / have)?

_____?

□(2) ビルは毎日，日本語を勉強しますか。

(study / does / day / Japanese / Bill / every)?

_____?

テストによく出る！

疑問文の語順

主語が3人称・単数で現在の一般動詞の疑問文は，

「Does＋主語

　　＋動詞の原形 ～?」

の語順になる。

Lesson 3
My Favorite Person (Activity 3−①)

| 教科書の重要ポイント | 2つ以上を表す形（名詞の複数形） | 教科書 pp.42〜49 |

▼ 名詞には，「数えられる名詞」と「数えられない名詞」がある。

①数えられる名詞　　例 pen, book, cat, desk など

数えられる名詞の条件

・世の中にいくつもある[いる]。

・だれもがイメージする「決まった形」がある。

②ふつう数えられない名詞　　例 water, air, salt など

・決まった形がないものは，数えることができない（単数扱いする）。

数えられる名詞の1つを表す形を「単数形」，2つ以上を表す形を「複数形」というよ。

▼ 数えられるものが2つ以上の場合に，名詞の終わりにsやesをつけて複数形にする。

| 単数 | I have　a　cat .　〔私はネコを1匹飼っています。〕
「1匹の」単数形

| 複数 | I have　two　cat|s|.　〔私はネコを2匹飼っています。〕
「2匹の」複数形　←名詞の終わりにsやesをつける。

英語では，単数と複数で名詞の形がかわるよ。

▼ 複数形のつくり方

①名詞の終わりにsをつけるのが原則。　　　　　　　例 dog — dog|s|

②ス，ズ，シュ，チの音で終わる名詞はesをつける。　例 box — box|es|

③f, feで終わる名詞は，原則としてf, feをvesにかえる。　例 leaf — lea|ves|

④yで終わる名詞は，yをiにかえてesをつける。　　　例 city — cit|ies|

⑤ay, ey, uy, oyで終わる名詞は，そのままsをつける。　例 toy — toy|s|

⑥oで終わる名詞は原則通りsをつけるが，中にはesをつけるものがある。

例 piano — piano|s|　　tomato — tomato|es|

名詞の終わり方によって，sやesのつけ方がかわるよ。

ナルホド!

| Words & Phrases | 次の日本語は英語に，英語は日本語にしなさい。

☐(1) actor　　　（　　　　　　　　）　☐(4) 皆<ruby>皆<rt>みな</rt></ruby>さん　＿＿＿＿＿＿＿＿

☐(2) performance（　　　　　　　　）　☐(5)（背が）高い　＿＿＿＿＿＿＿＿

☐(3) look at 〜　（　　　　　　　　）　☐(6) 〜に話す　＿＿＿＿＿＿＿＿

1 日本語に合うように，（　）内から適切なものを選び，記号を〇で囲みなさい。

☐ (1) 私は4匹のハムスターを飼っています。

I have four (ア hamster　イ hamsters).

☐ (2) 私たちは水がほしいです。

We want some (ア water　イ waters).

☐ (3) カナは朝食にりんごを1つ食べます。

Kana eats (ア a apple　イ an apple) for breakfast.

⚠️ミスに注意

(2)waterは数えられない名詞なので，単数扱いだよ(sはつけない)。

(3)「1つの」を表すaは，母音で始まる名詞の前ではanになるので注意してね。

2 絵を見て，例にならい，「私は…の～を持っています」の文を書きなさい。

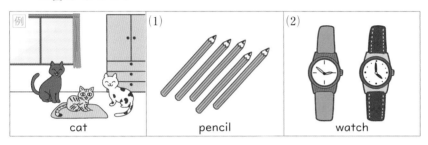

例	(1)	(2)
cat	pencil	watch

例 **I have three cats.**

☐ (1) I have _____ _____.

☐ (2) _____

テストによく出る!

複数形のつくり方

名詞の終わり方によって，s(es)のつけ方がかわる。

(1)原則は名詞の終わりにsをつける。

(2)チの音 (ch)で終わる名詞はesをつける。

3 日本語に合うように，＿＿に適切な語を書きなさい。

☐ (1) 加藤先生は2つの趣味を持っています。

Mr. Kato _____ two _____.

☐ (2) 母はいくつかのナイフ(knife)を使います。

My mother _____ some _____.

注目!

複数形の表し方

下線部のaは「1つの」という意味で単数を表すので，aを複数を表す語(someやthree)にかえると，そのあとの名詞も複数形になる。

(1)のphotoのようなoで終わる名詞は，原則通りsをつけるが，(2)のpotatoのようにesをつけるものがあるので注意しよう。

4 （　）内の指示に従って，英文を書きかえなさい。

☐ (1) Dan has a photo of animals. （下線部をsomeにかえて）

_____

☐ (2) Aya buys a potato for dinner. （下線部をthreeにかえて）

_____

ぴたトレ
1
要点チェック

Lesson 3
My Favorite Person（Activity 3−②）

時間 **15**分

解答 p.9

〈新出語・熟語 別冊p.8〉

| 教科書の重要ポイント | 主語と主語以外で使う2つの形（代名詞） | 教科書 pp.42〜49 |

▼ 「私」を表す2つの形

①主語として使う場合の「私」：I

I like tennis. 〔私はテニスが好きです。〕
主語

「主語以外の場合」の語は，日本語の「だれだれを，だれだれに」にあたることが多いよ。

②主語以外（動詞よりあと）で使う場合の「私」：me

My mother often plays tennis with me.

〔母はよく私とテニスをします。〕 　　　　　　主語以外

▼ 主語として使う，主語以外で使う「あなた」「彼_{かれ}」など

	主語として使う場合	主語以外で使う場合
私	I	me
あなた（たち）	you	you
私たち	we	us
彼	he	him
彼女 （かのじょ）	she	her
その人たち	they	them
（人以外の）もの（1つ）	it	it
（人以外の）もの（2つ以上）	they	them

ナルホド！

| Words & Phrases | 次の日本語は英語に，英語は日本語にしなさい。

☐(1) member　（　　　　　　　　）　　☐(6) 〜するつもりです　_____

☐(2) U.S.　（　　　　　　　　）　　☐(7) 〜と望む　_____

☐(3) competition　（　　　　　　　　）　　☐(8) 勝つ　_____

☐(4) professional　（　　　　　　　　）　　☐(9) 知っている　_____

☐(5) jumper　（　　　　　　　　）

1 次の文の下線部を，適切な代名詞にかえなさい。

☐(1) Tom and I are on the tennis team.

＿＿＿＿＿＿

☐(2) I help my mother every Sunday.

＿＿＿＿＿＿

☐(3) Do you know my grandparents?

＿＿＿＿＿＿

2 日本語に合うように，（　）内から適切なものを選び，記号を〇で囲みなさい。

☐(1) 兄は毎週末，私とサッカーをします。

My brother plays soccer with (ア I　イ me) every weekend.

☐(2) こちらはキング先生です。彼女はとても親切です。

This is Ms. King. (ア She　イ Her) is very kind.

☐(3) これは私が大好きな本です。それはおもしろいです。

This is my favorite book.

(ア It　イ They) is interesting.

☐(4) あのメロンを見て。私はそれがほしいです。

Look at that melon. I want (ア it　イ them).

3 日本語に合うように，＿＿＿に適切な語を書きなさい。

☐(1) 私はロバート・ウェストです。私をボブと呼んでください。

＿＿＿＿＿＿ am Robert West.

Please call ＿＿＿＿＿＿ Bob.

☐(2) こちらは私のおじいちゃんです。彼は62歳です。

This is my grandpa. ＿＿＿＿＿＿ is 62 years old.

☐(3) あの少年たちを見て。彼らは私のクラスメートです。

Look at those boys.

＿＿＿＿＿＿ are my classmates.

☐(4) ミキはネコを2匹飼っています。彼女はそれらが大好きです。

Miki has two cats. She loves ＿＿＿＿＿＿ .

注目!

代名詞とは

代名詞は「名詞の代わりをする語」のことである。

(1)「トムと私は」
　→「私たちは」

(2)「私の母を」
　→「彼女を」

(3)「私の祖父母を」
　→「彼らを」

テストによく出る!

代名詞の役割

代名詞は，前に出てきた名詞を受けて，その代わりに使う。

(2)「彼女」は，「キング先生」の代わりに主語として使われている。

(4)「それ」は，「あのメロン」の代わりに目的語として使われている。

⚠ミスに注意

(1)どちらも「私」を表す語を入れるけど，形が違うから注意してね。

(3)「彼ら」は，「あの少年たち」の代わりに主語として使われているよ。

(4)「それら」は，「2匹のネコ」の代わりに目的語として使われているよ。

Lesson 3

① （ ）に入る最も適切なものを１つ選び，記号を○で囲みなさい。

☐(1) Ms. King （ 　 ） Japanese every weekend.

　　ア study　　イ studys　　ウ studies　　エ does

☐(2) Ken and Tom （ 　 ） soccer every Sunday.

　　ア play　　イ plays　　ウ plaies　　エ does

☐(3) My sister （ 　 ） eat curry for breakfast.

　　ア isn't　　イ aren't　　ウ don't　　エ doesn't

② 日本語に合うように，＿＿に適切な語を書きなさい。

☐(1) 母はよく私と卓球をします。

　　My mother often ＿＿＿＿＿＿＿＿＿ table tennis with ＿＿＿＿＿＿＿＿＿.

☐(2) あなたのおばあちゃんは庭で何を育てていますか。

　　＿＿＿＿＿＿＿＿＿ ＿＿＿＿＿＿＿＿＿ your grandma grow in her garden?

③ （ ）内の指示に従って，英文を書きかえなさい。

☐(1) Kumi reads detective stories. （否定文に）

☐(2) Bill goes swimming every day. （疑問文にして，Yesで答える）

　　―

④ 日本語に合うように，（ ）内の語を並べかえなさい。

☐(1) ケンタは理科がとても好きです。(science / much / Kenta / very / likes).

　　　　　　　　　　　　　　　　　　　　　　　　　　　　　　　　　　.

☐(2) エリーは何かスポーツをしますか。(play / Elly / sports / does / any)?

　　　　　　　　　　　　　　　　　　　　　　　　　　　　　　　　　　?

ヒント　**①**(2)主語は３人称で複数。(3)主語が３人称・単数の否定文。　**②**(2)疑問詞を使った主語が３人称・単数の疑問文。
③(1)動詞の前にdoesn't。(2)主語の前にDoes。　**④**(1)「とても」を表す語句は文末に。(2)「Does＋主語＋動詞〜?」

48

5 読む📖 **次の対話文を読んで，あとの問いに答えなさい。**

Bob : This is my grandpa. He's 62 years old.

Aya : Oh, he has ①(たくさんの) flowers. Does he like flowers?

Bob : Yes, he (②). ③He (run) a flower shop.

Aya : Sounds nice. I love flowers. Does he grow flowers?

Bob : No, he (④). But my grandma grows some flowers in her garden.

☐(1) 下線部①の（　）内の意味になる3語を書きなさい。

_____ _____ _____

☐(2) ②④の（　）に適切な1語を書きなさい。

②_____   ④_____

☐(3) 下線部③の（　）内の語を適切な形にして，全文を日本語にしなさい。

_____ （ 　　　　　　　　　　　　　　　　　　　　　　　　 ）

☐(4) 本文の内容に合うように，（　）に適切な日本語や数字を書きなさい。

1．ボブのおじいちゃんは，（　　　　　　　）歳である。

2．ボブのおばあちゃんは，庭で（　　　　　　　）を育てている。

6 話す🔊 **次の対話文を声に出して読み，問題に答え，答えを声に出して読んでみましょう。**　アプリ

Emily : Does your grandfather grow other fruits?

Sora : No. He doesn't grow other fruits. But he grows rice.

Emily : Do you help your grandfather?

Sora : No, I don't. But I want to grow cherries with him someday.

☐(1) Does Sora help his grandfather?　―_____

☐(2) What does Sora's grandfather grow?

―_____

ヒント　**5** (2)どちらもDoes ～?に対するYes / Noの答え。(3)runの意味に注意。「走る」という意味では使われていない。
(4)1．本文1行目のボブの発言に着目。2．本文最終行のボブの発言に着目。

49

❶ 各組で下線部の発音が同じものには〇を，そうでないものには×を書きなさい。

12点

(1) ex<u>a</u>mple
t<u>a</u>ll

(2) b<u>u</u>sy
w<u>i</u>n

(3) love<u>s</u>
like<u>s</u>

❷ 次の語で，最も強く発音する部分の記号を答えなさい。

12点

(1) an-oth-er
ア　イ　ウ

(2) eve-ry-one
ア　イ　ウ

(3) clar-i-net
ア　イ　ウ

❸ 日本語に合うように，＿＿に適切な語を答えなさい。

18点

(1) トムは古い自転車を使っています。彼(かれ)は新しいのがほしいです。

Tom uses ＿＿＿ old bike. He wants a new ＿＿＿.

(2) 確かではありませんが，彼女(かのじょ)はプロのテニス選手です。

I'm ＿＿＿ sure, ＿＿＿ she is a professional tennis player.

(3) 私は，リズが次の競技会で勝つといいなと思います。

I ＿＿＿ Liz ＿＿＿ win the next competition.

❹ 日本語に合うように（　）内の語句を並べかえ，全文を書きなさい。

18点

(1) ケンタはときどき朝食にカレーを食べます。

(sometimes / curry / Kenta / eats) for breakfast.

(2) ペドロは朝早く練習するのが好きではありません。

(doesn't / early / Pedro / practicing / like) in the morning.

(3) あなたのおじいちゃんは毎週末に趣味(しゅみ)を楽しみますか。

(enjoy / does / hobbies / your grandpa / his) every weekend?

❺ アヤがキング先生を紹介(しょうかい)しています。これを読んで，あとの問いに答えなさい。

30点

Hello, everyone.

I will tell you about Ms. King.

She is our English teacher. She is from Sydney, Australia.

She likes sushi. ①<u>She likes fish, but she (don't / doesn't) like octopus.</u>

She ②(have) a new bicycle. She ③(go) shopping on her bike every weekend.

成績評価の観点　知…言語や文化についての知識・技能　表…外国語表現の能力

(1) 下線部①の（ ）内から適切なほうを選び，全文を日本語にしなさい。

(2) 下線部②③の（ ）内の動詞を適切な形にしなさい。

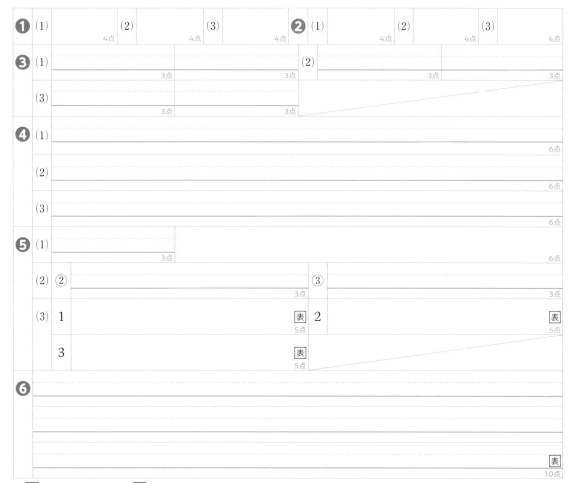

(3) 本文の内容に合うように，（ ）に適切な日本語を書きなさい。表

1．キング先生は，オーストラリアの（　　）の出身である。

2．キング先生は，新しい（　　）を持っている。

3．キング先生は，毎週末に自転車で（　　）に行く。

6 書く！ メモの内容に合うように，新しい友達について紹介する文を，次の文に続けて3文以上で書きなさい。表

10点

I have a new friend.

メモ

・友達の名前：カナ（Kana）

・友達の趣味：音楽が好き，毎日ピアノを弾く

Lesson 3

❶	(1)		(2)		(3)		❷	(1)		(2)		(3)	
		4点		4点		4点				4点		4点	4点

❸	(1)		(2)	
		3点 / 3点		3点 / 3点
	(3)	3点 / 3点		

❹ (1)
　　　　　　　　　　　　　　　　　　　　　　　　　　6点

(2)
　　　　　　　　　　　　　　　　　　　　　　　　　　6点

(3)
　　　　　　　　　　　　　　　　　　　　　　　　　　6点

❺	(1)		3点 / 6点
	(2)	② 3点	③ 3点
	(3)	1 表 5点	2 表 5点
		3 表 5点	

❻
　　　　　　　　　　　　　　　　　　　　　　　　　　
　　　　　　　　　　　　　　　　　　　　　　　　　　
　　　　　　　　　　　　　　　　　　　　　　　　　　
　　　　　　　　　　　　　　　　　　　　　表
　　　　　　　　　　　　　　　　　　　　　10点

▶ 表 の印がない問題は全て 知 の観点です。

Lesson 4
Our Summer Stories (Part 1-①)

教科書の重要ポイント 「～した」と過去のことを伝える 教科書 pp.51～53

I ate shaved ice. 〔私はかき氷を食べました。〕
└─過去形を使う。

▼ 「～した」と過去のことを伝えるときは，一般動詞の過去形を使う。

現在形の文 I visit the park every day. 〔私は毎日その公園を訪れます。〕

過去形の文 I visit ed the park yesterday. 〔私は昨日その公園を訪れました。〕
　　　　　過去形　　　　　　　　　過去を表す語

▼ 動詞の過去形のつくり方

①動詞の終わりにedをつけるのが原則。　例 cook — cooked

②eで終わる動詞はdをつける。　例 like — liked

③yで終わる動詞は，yをiにかえてedをつける。　例 study — studied

④違う形にする(不規則動詞)。　例 go — went

> 動詞の終わり方によって，edのつけ方がかわるよ。

▼ edの発音

①listen — listened「ド」　　②like — liked「ト」　　③want — wanted「イッド」

I didn't eat fried noodles. 〔私は焼きそばを食べませんでした。〕
└─否定を表す場合は，didn'tを使う。

▼ 否定を表す場合はdidn't [did not] を使い，動詞は原形にする。

肯定文 I played soccer in the afternoon. 〔私は午後にサッカーをしました。〕
　　　　　　　　動詞は原形に

否定文 I didn't play ___ soccer yesterday. 〔私は昨日サッカーをしませんでした。〕
　　　　=did not

> ナルホド!

Words & Phrases 次の日本語は英語に，英語は日本語にしなさい。

☐(1) stall （　　　　　　　　）　　☐(3) 夕方，晩 _____

☐(2) fried noodle （　　　　　　　　）　　☐(4) 難しい，困難な _____

1 日本語に合うように，（ ）内から適切なものを選び，記号を○で囲みなさい。

▢(1) 私は毎日この自転車を使います。

I （ ア use イ used ）this bike every day.

▢(2) 私は昨日その自転車を使いました。

I （ ア use イ used ）that bike yesterday.

▢(3) トムは今晩宿題をしました。

Tom （ ア does イ did ）his homework this evening.

2 絵を見て，例にならい，「…は昨日～しました」の文を書きなさい。

| 例 I | (1) my father | (2) Saki | (3) my brother |
| clean my room | cook dinner | study math | get up early |

例 **I cleaned my room yesterday.**

▢(1) My father ＿＿＿＿＿＿ dinner yesterday.

▢(2) Saki ＿＿＿＿＿＿ ＿＿＿＿＿＿ yesterday.

▢(3) ＿＿＿＿＿＿

3 日本語に合うように，＿＿＿＿に適切な語を書きなさい。

▢(1) 私たちはすばらしい夜を過ごしました。

We ＿＿＿＿＿＿ a wonderful evening.

▢(2) メイはたくさんの屋台を見ました。

Mei ＿＿＿＿＿＿ a ＿＿＿＿＿＿ of food stalls.

▢(3) ケンタはかき氷を食べませんでした。

Kenta ＿＿＿＿＿＿ ＿＿＿＿＿＿ shaved ice.

4 （ ）の語句を加えて，次の文を過去の文に書きかえなさい。

▢(1) We dance to Japanese music. （ this evening ）

＿＿＿＿＿＿＿＿＿＿＿＿＿＿＿＿＿＿＿＿＿

▢(2) Dan walks to the riverbank. （ in the morning ）

＿＿＿＿＿＿＿＿＿＿＿＿＿＿＿＿＿＿＿＿＿

▢(3) Aya has dinner with her grandma. （ yesterday ）

＿＿＿＿＿＿＿＿＿＿＿＿＿＿＿＿＿＿＿＿＿

Lesson 4

53

ぴたトレ **1**
要点チェック

**Lesson 4
Our Summer Stories (Part 1−②)**

時間 **15分**　解答 p.12

〈新出語・熟語 別冊p.9〉

教科書の重要ポイント **「〜だった」と過去のことを伝える**　教科書 pp.51〜53

It[The shaved ice] <u>was</u> delicious. 〔それ[かき氷]はおいしかったです。〕
└「〜だった」を表すには，be動詞の過去形を使う。

▼「〜だった」と過去のことを伝えるときは，be動詞の過去形を使う。
is, amの過去形はwas，areの過去形はwereになる。

主語がI，3人称・単数

The cake 　is 　delicious. 〔そのケーキはおいしいです。〕
　　　　現在形

The cake 　was 　delicious. 〔そのケーキはおいしかったです。〕
3人称・単数　過去形

主語がyou，複数

Those books 　are 　difficult. 〔それらの本は難しいです。〕
　　　　　　現在形

Those books 　were 　difficult. 〔それらの本は難しかったです。〕
　複数　　　過去形

> 主語によって，wasとwereを使い分けるよ。

▼ be動詞の過去の否定文は，was[were]のあとにnotを置く。

肯定文 Rika 　was 　busy. 〔リカは忙しかったです。〕

否定文 Rika 　wasn't 　busy. 〔リカは忙しくありませんでした。〕
　　　　　= was not

肯定文 The stories 　were 　interesting. 〔その話はおもしろかったです。〕

否定文 The stories 　weren't 　interesting. 〔その話はおもしろくありませんでした。〕
　　　　　　　　= were not

Words & Phrases 次の日本語は英語に，英語は日本語にしなさい。

☐(1) instead （　　　　　）　☐(3) すぐに，じきに _____

☐(2) riverbank （　　　　　）　☐(4) まさに，本当に _____

1 日本語に合うように，（　）内から適切なものを選び，記号を〇で囲みなさい。

☐(1) 私は今日は自由にできます。

I（ ア am　イ was ）free today.

☐(2) 母は昨日忙しかったです。

My mother（ ア is　イ was ）busy yesterday.

☐(3) 私たちは今オーストラリアにいます。

We（ ア are　イ were ）in Australia now.

☐(4) 彼らは昨日公園にいました。

They（ ア was　イ were ）in the park yesterday.

⚠ミスに注意

現在か過去かは時を表す語句で判断するよ。be動詞は，主語によって使い分けるから注意してね。

(1)today → 現在
(2)yesterday → 過去
(3)now → 現在
(4)yesterday → 過去

2 絵を見て，例にならい，「…は昨日～でした［いました］」の文を書きなさい。

例 I	(1) you	(2) we	(3) Ms. King
busy	sleepy	in Osaka	in Kyoto

テストによく出る!

be動詞の使い分け
is / amの過去形はwas, areの過去形はwereになる。

現在	過去
is / am	was
are	were

例 **I was busy yesterday.**

☐(1) You ＿＿＿＿＿＿＿ sleepy yesterday.

☐(2) We ＿＿＿＿＿＿ ＿＿＿＿＿＿ Osaka yesterday.

☐(3) ＿＿＿＿＿＿＿＿＿＿＿＿＿＿＿＿＿＿＿＿＿

3 日本語に合うように，＿＿に適切な語を書きなさい。

☐(1) その花火は本当にきれいでした。

The fireworks ＿＿＿＿＿＿ ＿＿＿＿＿＿ beautiful.

☐(2) 盆_{ぼんおど}踊りはそんなに難しくありませんでした。

Bon-odori ＿＿＿＿＿＿ ＿＿＿＿＿＿ difficult.

4 次の文を否定文に書きかえなさい。

☐(1) This cake was delicious.

＿＿＿＿＿＿＿＿＿＿＿＿＿＿＿＿＿＿＿＿＿

☐(2) The festival was exciting.

＿＿＿＿＿＿＿＿＿＿＿＿＿＿＿＿＿＿＿＿＿

☐(3) Bob and I were classmates.

＿＿＿＿＿＿＿＿＿＿＿＿＿＿＿＿＿＿＿＿＿

注目!

否定文の形

be動詞の過去の否定文は，was［were］のあとにnotを置く。

短縮形は次の通り。

・was not → wasn't
・were not → weren't

Lesson 4

55

Lesson 4
Our Summer Stories (Part 2)

〈新出語・熟語 別冊p.9〉

| 教科書の 重要ポイント | 「過去のこと」を質問する | 教科書 pp.54〜55 |

Were you in Japan during the summer vacation?
└─主語の前に置く。　　　　　　　　〔あなたは夏休みの間日本にいましたか。〕

—**Yes, I was. / No, I wasn't.** 〔はい，いました。／いいえ，いませんでした。〕
└─ was[were]を使う。─┘

▼ be動詞を使った過去の疑問文では，be動詞の過去形[was / were]を主語の前に置く。

肯定文　The book was difficult. 〔その本は難しかったです。〕
　　　　　　　　　　主語の前に置く。

疑問文　Was the book difficult? 〔その本は難しかったですか。〕

答え方　—Yes, it was. / No, it wasn't. 〔はい，難しかったです。／いいえ，難しくありませんでした。〕
　　　　└─wasで答える。─┘　= was not

＼ナルホド！／

┌─動詞は原形。
Did you go back to America? 〔あなたはアメリカに戻りましたか。〕
└─主語の前に置く。

—**Yes, I did. / No, I didn't.** 〔はい，戻りました。／いいえ，戻りませんでした。〕
└─ didを使う。─┘

▼ 一般動詞を使った過去の疑問文では，Didを主語の前に置き，動詞は原形を使う。

肯定文　　　Miki enjoyed her summer vacation. 〔ミキは夏休みを楽しみました。〕
　　　　　　　　　　　動詞は原形を使う。

疑問文　Did Miki enjoy☐ her summer vacation? 〔ミキは夏休みを楽しみましたか。〕
　　　　└─主語の前に置く。

答え方　—Yes, she did. / No, she didn't. 〔はい，楽しみました。／いいえ，楽しみませんでした。〕
　　　　└─didで答える。─┘　= did not

＼ナルホド！／

| Words & Phrases | 次の日本語は英語に，英語は日本語にしなさい。

☐(1) go back to 〜 (　　　　　　　　　) 　　☐(4) 戻って，帰って　_____

☐(2) a lot (　　　　　　　　　) 　　☐(5) 〜の間に　_____

☐(3) national park (　　　　　　　　　) 　　☐(6) 滞在する，とどまる　_____

1 日本語に合うように，（　）内から適切なものを選び，記号を〇で囲みなさい。

注目！

疑問文の形

be動詞を使った過去の疑問文では，was / wereを主語の前に置く。

一般動詞を使った過去の疑問文では，Didを主語の前に置き，動詞は原形を使う。

☐(1) あなたの弟は昨日忙しかったですか。

（ ア Was　イ Were) your brother busy yesterday?

☐(2) リズとあなたは花火をしましたか。

（ ア Do　イ Did) Liz and you play with fireworks?

☐(3) ジンは昨日映画を見ましたか。

Did Jin (ア see　イ saw) a movie yesterday?

2 絵を見て，例にならい，「…は〜しましたか」の疑問文と，Yes / Noで答える文を書きなさい。

⚠️ミスに注意

一般動詞の過去の疑問文では，動詞は原形を使うよ。答えるときは，疑問文の主語に合わせた代名詞と，didを使って答えてね。

Did you 〜?には，
　—Yes, I did.
　—No, I didn't.
Did Aya 〜?には，
　—Yes, she did.
　—No, she didn't.

| 例 you | (1) your father | (2) Sho | (3) Kumi |
| play soccer | go to bed | go swimming | visit Kyoto |

例 **Did you play soccer with Tom?　—Yes, I did.**

☐(1) _____ your father _____ to bed at nine?

—No, _____ _____.

☐(2) _____ Sho _____ swimming?

—Yes, _____ _____.

☐(3) _____ yesterday?

—No, _____ _____.

3 日本語に合うように，（　）内の語句を並べかえなさい。

テストによく出る！

疑問文の語順

be動詞を使った過去の疑問文は，
　「Was[Were]＋
　　　　主語＋〜?」
の語順になる。
一般動詞を使った過去の疑問文は，
　「Did＋主語
　　　＋動詞の原形〜?」
の語順になる。

☐(1) あなたは休みの間神戸にいましたか。

(Kobe / you / the vacation / in / were / during)?

_____?

☐(2) キング先生はオーストラリアへ帰りましたか。

(Ms. King / back / did / Australia / to / go)?

_____?

☐(3) 夏休みはどうでしたか。

(your / how / summer vacation / was)?

_____?

ぴたトレ
1
要点チェック

**Lesson 4
Our Summer Stories (Part 3)**

時間 **15分**　解答 p.12

〈新出語・熟語 別冊p.9〉

教科書の重要ポイント　**一般動詞の過去形を整理**　教科書 pp.56〜59

▼ 一般動詞が過去形になるとき，規則に従うもの(規則動詞)と，不規則に変化するもの(不規則動詞)がある。

規則動詞　I visit|ed| the park yesterday.〔私は昨日その公園を訪れました。〕
edをつける。

不規則動詞　I |went| to the park yesterday.〔私は昨日その公園に行きました。〕
不規則に変化する。

規則動詞	不規則動詞
動詞の終わりにedをつけて表す	不規則に変化する
play → played　　study → studied live → lived　　stop → stopped　など	get → got　　eat → ate　　see → saw have → had　　go → went　など

▼ 疑問文ではDidを主語の前に置き，否定文ではdidn'tを動詞の前に置いて表す。
疑問文でも否定文でも，動詞は原形を使う。

肯定文　Ken played tennis with Bob.〔ケンはボブとテニスをしました。〕
過去形

主語の前に置く。
疑問文　Did Ken play☐ tennis with Bob?〔ケンはボブとテニスをしましたか。〕
動詞は原形。

—Yes, he did. / No, he didn't.〔はい，しました。／いいえ，しませんでした。〕
didで答える。　= did not

否定文　Ken didn't play☐ tennis with Bob.〔ケンはボブとテニスをしませんでした。〕
動詞の前に置く。　動詞は原形。

\ナルホド!/

Words & Phrases　次の日本語は英語に，英語は日本語にしなさい。

☐(1) a.m.　（　　　）

☐(2) p.m.　（　　　）

☐(3) update　（　　　）

☐(4) scary　（　　　）

☐(5) lucky　（　　　）

☐(6) 両親　＿＿＿＿＿＿

☐(7) 眠る，寝る　＿＿＿＿＿＿

☐(8) (時間の)分　＿＿＿＿＿＿

☐(9) 昨日　＿＿＿＿＿＿

☐(10) 〜と[を]言う　＿＿＿＿＿＿

1 日本語に合うように，（　）内から適切なものを選び，記号を〇で囲みなさい。

テストによく出る！

いろいろな動詞の形

動詞の形は，時（現在・過去）や，文の形（肯定・疑問・否定）などによって変化する。時を表す語句や文の形から，動詞の形を判断しよう。

(3)疑問文 → 動詞の原形

(4)否定文 → 動詞の原形

☐(1) 私は毎日9時に寝ます。

I（ ア go　イ went ）to bed at nine every day.

☐(2) ミキは昨夜10時に寝ました。

Miki（ ア goes　イ went ）to bed at ten last night.

☐(3) ダンは先月京都に行きましたか。

Did Dan（ ア go　イ went ）to Kyoto last month?

☐(4) 彼らはアメリカへ帰りませんでした。

They didn't（ ア go　イ went ）back to America.

2 絵を見て， 例 にならい「…は〜しました」の文を書きなさい。

⚠ミスに注意

動詞の過去形は規則動詞と不規則動詞でつくり方が違うから注意してね。不規則動詞の過去形は，変化形を1つ1つ覚えよう。

(2)yで終わる動詞は，yをiにかえてedをつける。

(3)comeは不規則動詞。

例 I	(1) my sister	(2) Yuri	(3) Kenta
listen to music	watch TV	study English	come home

例 **I listened to music this evening.**

☐(1) My sister _____ TV last night.

☐(2) Yuri _____ _____ last night.

☐(3) _____ at five yesterday.

3 日本語に合うように， ____ に適切な語を書きなさい。

☐(1) 私たちはテントを組み立てて，その中で寝ました。

We _____ a tent and _____ in it.

☐(2) あなたは何かほかの動物を見ましたか。

Did you _____ any _____ animals?

☐(3) バッファローはあなたたちを襲いませんでした。

The buffaloes _____ _____ you.

注目！

疑問文と否定文

不規則動詞の疑問文と否定文は，規則動詞のときと同様にしてつくる。疑問文は主語の前にDidを置き，否定文は動詞の前にdidn't［did not］を置く。どちらも動詞を原形にするので注意する。

4 次の文を，（　）内の指示に従って書きかえなさい。

☐(1) Rika got up at six this morning. （疑問文に）

_____

☐(2) Jack came to Tokyo last week. （否定文に）

_____

Lesson 4

Tips ① for Writing
文章や日記の書き方

| 教科書の重要ポイント | 英文日記の書き方（動詞の過去形） | 教科書 p.60 |

▼ 文章を書くときのルール

①ノートの端(はし)にかかって，１つの単語が書ききれなくなったときは，その単語全体を次の行に書く。

②文と文の間は，小文字の「o」２つ分くらいあける。

September 5th   Cloudy

I visited Sakura's house in the

afternoon.ooWe watched a TV ——①

drama. It was fun. ——②

ナルホド!

▼ 英文日記を書くコツ

●最初は３文書くことを目標にしよう。

①その日したことを１つ，１文で書く。

②１文目で書いたことについて，もう１文補足する。

③１文感想を書く。

●短くてもよいので，なるべく毎日書こう。

慣れてきたら，だんだん書く量を増やしてみよう。

＊日記には，以下のように必ず日付と天気をつける。

例 August 16th Cloudy 〔8月16日，曇(くも)り〕
　　　月日　　　　天気

日記はすでに行ったことを書くので，主に過去の文で書くよ。

ナルホド!

1 日本語に合うように，＿＿＿に適切な語を書きなさい。

☐ (1) 私は昨日テレビで野球の試合を見ました。

I ＿＿＿＿＿＿＿ a baseball game on TV yesterday.

☐ (2) それはすばらしい試合でした。

It ＿＿＿＿＿＿＿ a wonderful game.

☐ (3) 私はお祭りでかき氷を食べました。

I ＿＿＿＿＿＿＿ shaved ice at the festival.

☐ (4) 私たちは夏休みの間，祖父の家にいました。

We ＿＿＿＿＿＿＿ in our grandpa's house during the summer vacation.

⚠️ **ミスに注意**

日記は過去形を使って書くよ。動詞の過去形に注意してね。

(1)watchは規則動詞。

(2)(4)どちらもbe動詞の過去形。wasとwereを使い分けてね。

(3)eatは不規則動詞。

2 次のメモに合うように＿＿＿に適切な語を入れて，下の日記文を完成させなさい。

【メモ】

(1) 日付・天気…９月７日　晴れ

(2) 行き先…鎌倉(祖父母の家)　　同行者…姉

(3) 出来事１…祖父母ときれいな場所を訪れた。

(4) 出来事２…レストランで，おいしい昼食を食べた。

(5) 感想…鎌倉をとても楽しんだ。

注目！

日記の文

日記では，「何をしたか」や起きた出来事などを書くので，過去形を使う。

一般動詞の過去形を確認しておこう。

・規則動詞

→ visit, enjoy など

・不規則動詞

→ go, have など

［日記文］

☐ (1) ＿＿＿＿＿＿＿＿ 7th　　　　　　　　　　　　　　　Sunny

☐ (2) I ＿＿＿＿＿＿＿ ＿＿＿＿＿＿＿ Kamakura with my ＿＿＿＿＿＿＿.

☐ (3) We ＿＿＿＿＿＿＿ some beautiful places ＿＿＿＿＿＿＿ our grandparents.

☐ (4) We ＿＿＿＿＿＿＿ good lunch ＿＿＿＿＿＿＿ the restaurant.

☐ (5) We ＿＿＿＿＿＿＿ Kamakura very much.

英語で日記を書いてみよう！

1 （ ）に入る最も適切なものを１つ選び，記号を〇で囲みなさい。

☐(1) My father （　　） the museum last month.

　　ア visit　　　イ visits　　　ウ visiting　　　エ visited

☐(2) （　　） the boys in the park yesterday?

　　ア Is　　　イ Are　　　ウ Were　　　エ Was

☐(3) Kana （　　） play the piano this evening.

　　ア don't　　イ didn't　　ウ isn't　　　エ aren't

2 日本語に合うように，＿＿に適切な語を書きなさい。

☐(1) 私たちは夏休みの間日本にいました。

　　We ＿＿＿＿＿＿＿ in Japan ＿＿＿＿＿＿＿ the summer vacation.

☐(2) あなたたちは日本の音楽に合わせて踊りましたか。

　　＿＿＿＿＿＿＿ you dance ＿＿＿＿＿＿＿ Japanese music?

☐(3) 夏休みはどうでしたか。

　　＿＿＿＿＿＿＿ ＿＿＿＿＿＿＿ your summer vacation?

3 （ ）内の指示に従って，英文を書きかえなさい。

☐(1) Haruto studies math every day. （下線部をyesterdayにかえて過去の文に）

＿＿＿＿＿＿＿＿＿＿＿＿＿＿＿＿＿＿＿＿＿＿＿＿＿＿＿＿＿＿＿＿＿＿

☐(2) My sister went to bed early last night. （否定文に）

＿＿＿＿＿＿＿＿＿＿＿＿＿＿＿＿＿＿＿＿＿＿＿＿＿＿＿＿＿＿＿＿＿＿

☐(3) Ms. King was back in Sydney. （疑問文にして，Noで答える）

＿＿＿＿＿＿＿＿＿＿＿＿＿＿＿＿＿＿＿＿＿＿＿＿＿＿＿＿＿＿＿＿＿＿

　— ＿＿＿＿＿＿＿＿＿＿＿＿＿＿＿＿＿＿＿＿＿＿＿＿＿

4 日本語に合うように，（ ）内の語句を並べかえなさい。

☐(1) メイは焼きそばを食べませんでした。

　　(not / fried noodles / Mei / eat / did).

＿＿＿＿＿＿＿＿＿＿＿＿＿＿＿＿＿＿＿＿＿＿＿＿＿＿＿＿＿＿＿＿＿.

☐(2) あなたの両親は何かほかの動物を見ましたか。

　　(other / see / did / animals / any / your parents)?

＿＿＿＿＿＿＿＿＿＿＿＿＿＿＿＿＿＿＿＿＿＿＿＿＿＿＿＿＿＿＿＿＿?

ヒント **1** どれも過去を表す語句があるので，過去の文にする。　**2** (1)(3)どちらも，be動詞の過去形を使った文。
3 (1)動詞を過去形に。(2)動詞の前にdidn't。(3)wasを主語の前に。　**4** (1)過去の否定文。(2)過去の疑問文。

●一般動詞とbe動詞の過去の文の構造がわかるかが問われるでしょう。
⇒一般動詞とbe動詞の過去の肯定文・否定文・疑問文の構造は必ず覚えましょう。
⇒規則動詞の過去形のつくり方と，不規則動詞の変化形を確認しておきましょう。

⑤ 読む🔖 次の対話文を読んで，あとの問いに答えなさい。

Mei : Long time no see! Were you back in America during the summer vacation?

Bob : Yes, I (①). How about you? Did you go back to Singapore?

Mei : No, I (②). I ③(stay) here.

Bob : Did you enjoy your summer vacation?

Mei : Yes, very much. Aya and I ④(go) to the summer festival. ⑤We enjoyed it a lot.

□(1) ①②の（ ）に適切な1語を書きなさい。

①＿＿＿＿＿＿＿＿＿＿＿＿＿ ②＿＿＿＿＿＿＿＿＿＿＿＿＿

□(2) 下線部③④の動詞を過去形にしなさい。

③＿＿＿＿＿＿＿＿＿＿＿＿＿ ④＿＿＿＿＿＿＿＿＿＿＿＿＿

□(3) 下線部⑤を，itが指す内容を具体的にして，日本語にしなさい。

（＿＿＿＿＿＿＿＿＿＿＿＿＿＿＿＿＿＿＿＿＿＿＿＿＿＿＿＿＿）

□(4) 本文の内容に合うように，（ ）に適切な日本語を書きなさい。

1．ボブは夏休みの間，（＿＿＿＿＿＿＿＿＿＿）に戻っていた。

2．メイは夏休みの間，（＿＿＿＿＿＿＿＿＿＿）へ帰らなかった。

3．メイはアヤと（＿＿＿＿＿＿＿＿＿＿）に行って，たくさん楽しんだ。

⑥ 話す🗣 次の対話文を声に出して読み，問題に答え，答えを声に出して読んでみましょう。

Sora : Did you visit the 21st Century Museum?

Emily : No, we didn't. We didn't have much time. But we enjoyed shopping at Kanazawa Station. It's a beautiful station.

Sora : I want to go to Kanazawa.

（注）　21st Century Museum　21世紀美術館

□(1) Did Emily visit the 21st Century Museum?

—＿＿＿＿＿＿＿＿＿＿＿＿＿＿＿＿＿＿＿＿＿＿＿＿＿

□(2) Where is the 21st Century Museum?

—＿＿＿＿＿＿＿＿＿＿＿＿＿＿＿＿＿＿＿＿＿＿＿＿＿

□(3) Did Emily have much time?

—＿＿＿＿＿＿＿＿＿＿＿＿＿＿＿＿＿＿＿＿＿＿＿＿＿

ヒント　⑤(1)①はbe動詞の過去の疑問文，②はDid ~?に対するYes / Noの答え。(2)③規則動詞 ④不規則動詞
(4)1.本文1～2行目に着目。2.本文2～3行目に着目。3.本文最後のメイの発言に着目。

ぴたトレ
3
確認テスト

Lesson 4 ～
Tips ① for Writing

時間 30分 /100点　合格 70点　解答 p.14

教科書 pp.51 ～ 60

❶ 各組で下線部の発音が同じものには○を，そうでないものには×を書きなさい。 9点

(1) b<u>ui</u>ld　　　　　　(2) upd<u>a</u>te　　　　　　(3) walk<u>ed</u>
　　m<u>i</u>nute　　　　　　　　att<u>a</u>ck　　　　　　　　start<u>ed</u>

❷ 次の語で，最も強く発音する部分の記号を答えなさい。 9点

(1) eve-ning　　　　　　(2) in-stead　　　　　　(3) dif-fi-cult
　　ア　イ　　　　　　　　ア　イ　　　　　　　　ア　イ　ウ

❸ 日本語に合うように，＿＿に適切な語を答えなさい。 18点

(1) 久しぶり！　あなたはアメリカへ帰りましたか。

Long time _____ see! Did you go _____ to America?

(2) 水はおよそ90分おきに噴き出しました。

Water _____ out about _____ 90 minutes.

(3) 私たちの国にはこのような間欠泉があります。

We _____ geysers _____ this in our country.

❹ 日本語に合うように，（　）内の語句を並べかえなさい。 18点

(1) メイは日本についてたくさん勉強しました。

(about / a / Mei / Japan / studied / lot).

(2) 私たちは夏休みの間東京にいませんでした。

(not / we / in / during / Tokyo / were) the summer vacation.

(3) そのテレビ・ドラマはとてもおもしろかったですか。

(lot / was / a / the TV drama / fun / of)?

❺ 次の対話文を読んで，あとの問いに答えなさい。 34点

Amy :　What did you do last Sunday?

Ken :　I ①(go) to the park and ②(play) soccer there with my friends.
　　　　How about you? Did you go out?

Amy :　(　③　) I stayed home. My grandma ④(visit) us from America.

Ken :　Oh, really? Did you have a good time with her?

Amy :　Yes, we did. She gave a new guitar to me. I like ⑤it very much.

(注)　have a good time 楽しい時間を過ごす　　gave give（与える）の過去形

成績評価の観点　知…言語や文化についての知識・技能　　表…外国語表現の能力

(1) 下線部①②④の（ ）内の動詞を適切な形にしなさい。

(2) ③の（ ）に最も適切な文を次から選び，記号で答えなさい。表

　　ア Yes, I did.　　イ No, I didn't.　　ウ No, you didn't.

(3) 下線部⑤が指すものを文中の英語3語で書きなさい。表

(4) 本文の内容について，次の問いに日本語で答えなさい。表

　　1．ケンはこの前の日曜日，友達と公園で何をしましたか。

　　2．エイミーのおばあさんはどこから来ましたか。

　　3．エイミーはおばあさんから何をもらいましたか。

⑥ 書く！ 次のようなとき英語で何と言うか，（ ）内の語数で答えなさい。
　　（.や?は語数に含みません。）表　　　　　　　　　　　　　　12点

(1) 夏祭りはどうだったか相手にたずねるとき。（5語）

(2) 夏休みを楽しんだか相手にたずねるとき。（6語）

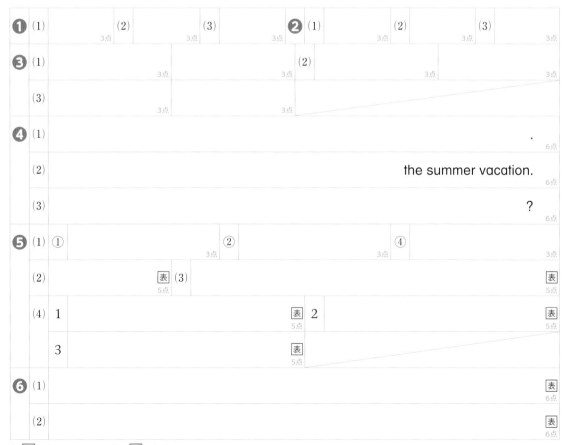

▶ 表 の印がない問題は全て 知 の観点です。

ぴたトレ
1
要点チェック

Reading 1
Fox and Tiger-①

時間 **10分**　解答 p.15

〈新出語・熟語 別冊p.10〉

| 教科書の重要ポイント | 否定疑問文 | 教科書 pp.61 ～ 62 |

▼ Didn't ～?のように，否定の短縮形で始める疑問文を「否定疑問文」という。

「～しませんでしたか」のように単に否定の事実を確認するだけでなく，

驚きも表したりする。

[Didn't] you know the news?
否定の短縮形

〔あなたはそのニュースを知らなかったのですか。〕

—Yes, I did.　〔いいえ，知っていました。〕

—No, I didn't.　〔はい，知りませんでした。〕

> 否定疑問文に答えるとき，Yesは「いいえ」，Noは「はい」になるので注意しよう。

| Words & Phrases | 次の日本語は英語に，英語は日本語にしなさい。 |

□(1) easy　(　　　　　　　)

□(2) follow　(　　　　　　　)

□(3) alone　(　　　　　　　)

□(4) quickly　(　　　　　　　)

□(5) several　(　　　　　　　)

□(6) ～を見つける　＿＿＿＿＿＿＿

□(7) ～を信じる　＿＿＿＿＿＿＿

□(8) ～に頼む　＿＿＿＿＿＿＿

□(9) ふるまう　＿＿＿＿＿＿＿

□(10) これらの　＿＿＿＿＿＿＿

1 日本語に合うように，＿＿＿に適切な語を書きなさい。

□(1) あなたは，彼のことを知らなかったのですか。

＿＿＿＿＿＿＿ you know ＿＿＿＿＿＿＿?

□(2) はい，知りませんでした。((1)の答え)

＿＿＿＿＿＿＿, I ＿＿＿＿＿＿＿.

□(3) 動物たちはみんな逃げ出します。

The animals ＿＿＿＿＿＿＿ run ＿＿＿＿＿＿＿.

□(4) ある日，トラはかぜをひきました。

＿＿＿＿＿＿＿ day Tiger catches a ＿＿＿＿＿＿＿.

> ⚠ミスに注意
>
> (1)否定疑問文よ。否定の短縮形を使ってね。
>
> (2)否定疑問文に答えるときは，日本語と英語が反対になるから注意してね。
>
> (4)「かぜをひく」は，catch a coldで表すよ。

Reading 1
Fox and Tiger－②

教科書の重要ポイント | **noの使い方** | 教科書 pp.63〜64

▼ 名詞の前にあるnoは，「何[だれ]も〜ない」という意味で名詞を否定する。

I have no brothers. 〔私には兄弟が1人もいません。〕
「no＋数えられる名詞」

We have no water. 〔私たちには水が少しもありません。〕
「no＋数えられない名詞」

▼ no one 〜で，「だれも〜ない」という意味になる。

No one comes here. 〔だれもここに来ません。〕
3人称・単数あつかい

noのあとに「数えられない名詞」が続くときは，「少しも〜ない」という意味になるよ。

\ナルホド!/

Words & Phrases 次の日本語は英語に，英語は日本語にしなさい。

☐(1) liar （　　　　　　　）

☐(2) trick （　　　　　　　）

☐(3) after all （　　　　　　　）

☐(4) to himself （　　　　　　　）

☐(5) are afraid of 〜 （　　　　　　　）

☐(6) 起こる ＿＿＿＿＿＿＿＿

☐(7) 待つ ＿＿＿＿＿＿＿＿

☐(8) ただ一人の ＿＿＿＿＿＿＿＿

☐(9) 彼自身 ＿＿＿＿＿＿＿＿

1 日本語に合うように，＿＿＿に適切な語を書きなさい。

☐(1) 私には姉妹が1人もいません。
I have ＿＿＿＿＿＿＿ ＿＿＿＿＿＿＿.

☐(2) 私たちには食べものが少しもありません。
We have ＿＿＿＿＿＿＿ ＿＿＿＿＿＿＿.

☐(3) 彼は，決して王様などではありません。
He is ＿＿＿＿＿＿＿ king.

☐(4) だれも逃げ出しません。
＿＿＿＿＿＿＿ one ＿＿＿＿＿＿＿ away.

注目!

「no＋名詞」の意味
(3)は，「no＋名詞」がbe動詞のあとに使われていて，「決して〜などではない」という意味で，強く否定し，「むしろその逆だ」の意味を持っているので覚えておこう。

67

❶ ( )に入る最も適切なものを1つ選び，記号を○で囲みなさい。

☐(1) One day Tiger finds Fox and attacks ( ).

　　ア he　　　イ his　　　ウ him

☐(2) My sister can ( ) the piano.

　　ア play　　イ plays　　ウ playing

☐(3) Rika has ( ) brothers.

　　ア a　　　イ no　　　ウ doesn't

> 選択肢を空所に
> あてはめて考え
> よう！

❷ 日本語に合うように，＿＿＿＿に適切な語を書きなさい。

☐(1) みんなは，あなたを信じなかったのですか。

　　＿＿＿＿＿＿＿＿ everyone ＿＿＿＿＿＿＿＿ you?

☐(2) あなたは決して私の対戦相手などではありません。

　　You are ＿＿＿＿＿＿＿ match ＿＿＿＿＿＿＿ me.

☐(3) その動物たちはトラを見ると，すぐに逃げ出します。

　　The animals ＿＿＿＿＿＿＿ at Tiger and quickly ＿＿＿＿＿＿＿ away.

☐(4) 動物たちは，キツネではなくあなたを恐れています。

　　Animals are ＿＿＿＿＿＿＿ of you, ＿＿＿＿＿＿＿ Fox.

☐(5) やはり，彼は私のただ一人の友達です。

　　＿＿＿＿＿＿＿＿ all, he is my ＿＿＿＿＿＿＿ friend.

❸ 日本語に合うように，( )内の語を並べかえなさい。

☐(1) あなたは昨夜，宿題をしなかったのですか。

　　(your / didn't / homework / do / you) last night?

　　＿＿＿＿＿＿＿＿＿＿＿＿＿＿＿＿＿＿＿＿＿＿＿ last night?

☐(2) だれも私を恐れていません。

　　(one / of / is / me / no / afraid).

　　＿＿＿＿＿＿＿＿＿＿＿＿＿＿＿＿＿＿＿＿＿＿＿.

☐(3) あなたは，なぜいつも彼といっしょにいるのですか。

　　(always / you / him / why / with / are)?

　　＿＿＿＿＿＿＿＿＿＿＿＿＿＿＿＿＿＿＿＿＿＿＿?

ヒント　❶(1)「彼を」という代名詞。(2)「can＋動詞の原形」(3)「no＋名詞」の文。　❷(1)否定疑問文。(2)「no＋名詞」の文。
　　　　❸(1)否定疑問文。(2)「だれも～ない」は，no one ～で表す。(3)Why ～?の疑問文。alwaysの位置に注意する。

4 読む📖 次の脚本を読んで，あとの問いに答えなさい。

Several weeks later, the animals talk about Fox.

Monkey :   Fox is always with Tiger ①(近ごろでは).

Rabbit :   He doesn't talk to us. ②He acts like a king.

Monkey :   Let's ask Bear. ③He can help us.

One day Tiger catches a cold. Fox is alone.

Bear :   Roar, Fox!

Fox :   What!? I'm the king of the animals.

Bear :   I don't believe you!

Fox :   But I am! Just follow me!

Fox walked to the animals, but no one runs away.

Rabbit :   Hi, Fox.

Monkey :   ④(see / long / no / time)!

Rabbit :   ⑤What happened (　　　) Tiger?

Fox :   (To himself) Oh, no! I'm not with Tiger today.

☐(1) 下線部①の（ ）内の日本語を2語の英語にしなさい。

☐(2) 下線部②③のHeが指す動物を次から選んで，記号で答えなさい。

  ア サル　イ ウサギ　ウ クマ　エ キツネ　オ トラ

                        ②（　　　　）　③（　　　　）

☐(3) 下線部④が「久しぶり！」という意味になるように，（ ）内の語を並べかえなさい。

                                        !

☐(4) 下線部⑤の（ ）内に適切な語を入れて，全文を日本語にしなさい。

                  （　　　　　　　　　　　　　　　　　　　　　　　　）

☐(5) 次の文が本文の内容に合っていれば○，違っていれば×を（ ）に書きなさい。

  1．近ごろでは，キツネはいつもトラといっしょにいる。   （　　　）

  2．キツネはクマのようにふるまっている。   （　　　）

  3．トラは，自分は動物たちの王様であると言っている。   （　　　）

  4．今日は，キツネはトラといっしょにいない。   （　　　）

ヒント **4** (2)②直前のサルとウサギの発言に着目。③直前のサルの発言に着目。(3)「長い間見ていない」と考える。
(5)1．本文2行目に着目。2．本文2〜3行目に着目。3．本文7行目に着目。4．最後のキツネの発言に着目。

Lesson 5
School Life in Two Countries (Part 1)

教科書の重要ポイント | 今行われている動作を伝える（現在進行形） 教科書 pp.65～67

We are having morning tea now. 〔私たちは今，朝の軽食をとっています。〕
「be動詞＋動詞の-ing形」

▼ 「今～しているところです」と，現在，動作が進行中であることをいうときは，
「be動詞＋動詞の-ing形」で表し，この形を「現在進行形」という。

現在形
We cook dinner every day.
〔私たちは毎日夕食を料理します。〕

習慣的に行っていることを表す

現在進行形
We are cooking dinner now.
〔私たちは今，夕食を料理しています。〕

現在行っている動作を表す

現在形 Rika watches TV every evening. 〔リカは毎晩テレビを見ます。〕

現在進行形 Rika is watching TV now. 〔リカは今，テレビを見ています。〕
「be動詞＋動詞の-ing形」 ←be動詞は主語に合わせる。

▼ ing形のつくり方には3種類ある。
①動詞の語尾にingをつけるのが原則。 例 eat — eating
②eで終わる動詞はeをとってingをつける。 例 have — having

③「短母音＋子音字」で終わる動詞は，子音字を重ねてingをつける。
┌a, i, u, e, o以外の音
└短いa, i, u, e, o
例 sit — sitting

動詞の語尾によって，ingのつけ方がかわるよ。

ナルホド！

Words & Phrases | 次の日本語は英語に，英語は日本語にしなさい。

□(1) everybody （　　　　　）

□(2) recess （　　　　　）

□(3) first period （　　　　　）

□(4) morning tea （　　　　　）

□(5) 1番目の，最初の ＿＿＿＿＿＿

□(6) おしゃべりをする ＿＿＿＿＿＿

□(7) ～を持ってくる ＿＿＿＿＿＿

□(8) ベンチ ＿＿＿＿＿＿

1 日本語に合うように，（ ）内から適切なものを選び，記号を○で囲みなさい。

- □(1) 私たちは毎日サッカーをします。

  We（ ア play　イ are playing ）soccer every day.

- □(2) 私は今，英語を勉強しています。

  I（ ア study　イ am studying ）English now.

- □(3) アヤは今，昼食を食べています。

  Aya（ ア has　イ is having ）lunch now.

- □(4) 私の父はたくさんのCDを持っています。

  My father（ ア has　イ is having ）a lot of CDs.

2 絵を見て，例にならい，「今〜しているところです」の文を書きなさい。

| 例 I | (1) we | (2) Sho | (3) they |
| read a book | practice singing | run with his dog | have breakfast |

例 **I'm reading a book now.**

- □(1) We ＿＿＿＿＿＿＿ ＿＿＿＿＿＿＿ singing now.
- □(2) Sho ＿＿＿＿＿＿＿ ＿＿＿＿＿＿＿ with his dog now.
- □(3) ＿＿＿＿＿＿＿＿＿＿＿＿＿＿＿＿＿＿＿＿

3 日本語に合うように，＿＿＿に適切な語を書きなさい。

- □(1) エマは芝生にすわっていますよね。

  Emma is ＿＿＿＿＿＿＿＿ on the lawn, ＿＿＿＿＿＿＿＿?

- □(2) 彼女たちはベンチでおしゃべりをしています。

  They ＿＿＿＿＿＿＿＿ ＿＿＿＿＿＿＿＿ on the bench.

4 次の文の下線部をnowにかえて，「今〜しているところです」という文に書きかえなさい。

- □(1) I use this computer every day.

  ＿＿＿＿＿＿＿＿＿＿＿＿＿＿＿＿＿＿＿＿＿＿＿

- □(2) My brother drinks milk every morning.

  ＿＿＿＿＿＿＿＿＿＿＿＿＿＿＿＿＿＿＿＿＿＿＿

〈新出語・熟語 別冊p.10〉

| 教科書の重要ポイント | 現在進行形の疑問文と答え方 | 教科書 pp.68～69 |

Is Aya singing? 〔アヤは今，歌っていますか。〕
└─主語の前に置く。

―**Yes, she is. / No, she isn't.** 〔はい，歌っています。／いいえ，歌っていません。〕
└─be動詞を使って答える。─┘

▼ 現在進行形の疑問文は，be動詞を主語の前に置く。

肯定文 Kenta is reading a book. 〔ケンタは本を読んでいるところです。〕
主語の前に置く。

疑問文 Is Kenta reading a book? 〔ケンタは本を読んでいるところですか。〕

答え方 ―Yes, he is. / No, he isn't. 〔はい，そうです。／いいえ，違います。〕
└─be動詞で答える。─┘

｜ナルホド！｜

└─be動詞は主語の前に置く。
What is she singing? 〔彼女は何を歌っていますか。〕
└─文頭に置く。

―**She is singing "My Ballad."** 〔彼女は「マイ・バラード」を歌っています。〕
└─「何を」歌っているかを答える。

▼ 「何を～しているところですか」は，「What＋be動詞＋主語＋動詞の-ing形 ～?」で表す。

肯定文 Miki is writing a letter. 〔ミキは手紙を書いているところです。〕
「何を」にあたる語句

whatの疑問文 What is Miki writing? 〔ミキは何を書いていますか。〕
└─文頭に置く。

―She is writing a letter. 〔彼女は手紙を書いています。〕
└─「何を」を答える。

｜ナルホド！｜

Words & Phrases 次の日本語は英語に，英語は日本語にしなさい。

□(1) thing （　　　　　　）　　　　□(5) クラスメート _____

□(2) someone （　　　　　　）　　　　□(6) ～のうしろの[に] _____

□(3) compete （　　　　　　）　　　　□(7) 異なった，いろいろな _____

□(4) That's great. （　　　　　　）　　　　□(8) 賞 _____

1 絵を見て，[例]にならい，「～しているところですか」の疑問文と，Yes / Noで答える文を書きなさい。

[例] you	(1) Kumi	(2) Amy and Mika
study math	eat spaghetti	play badminton

[例] **Are you studying math? —Yes, I am.**

☐(1) ＿＿＿＿＿＿ Kumi ＿＿＿＿＿＿ spaghetti?

　　—Yes, ＿＿＿＿＿＿ ＿＿＿＿＿＿.

☐(2) ＿＿＿＿＿＿ Amy and Mika ＿＿＿＿＿＿ badminton?

　　—No, ＿＿＿＿＿＿ ＿＿＿＿＿＿.

注目!

疑問文の答え方

現在進行形の疑問文に答えるときは，be動詞を使って答える。応答文の主語も，疑問文の主語に合った代名詞で答える。
Are you ～?には，
　—Yes, I am.
　—No, I'm not.
Is Kenta ～?には，
　—Yes, he is.
　—No, he isn't.

2 日本語に合うように，＿＿＿に適切な語を書きなさい。

☐(1) アヤは私たちの歌の歌詞を書いているところですか。

＿＿＿＿＿＿ Aya ＿＿＿＿＿＿ the words of our song?

☐(2) 彼らは公園で走っているところですか。

＿＿＿＿＿＿ they ＿＿＿＿＿＿ in the park?

☐(3) あなたたちは今，何をしていますか。

＿＿＿＿＿＿ are you ＿＿＿＿＿＿ now?

⚠ミスに注意

(1)writeのようにeで終わる動詞は，eをとってingをつけるよ。
(2)runのように「短母音＋子音字」で終わる動詞は，子音字を重ねてingをつけてね。

3 日本語に合うように，（　）内の語句を並べかえなさい。

☐(1) あなたたちは20分間の休みをとっているところですか。

(having / are / a 20-minute break / you)?

＿＿＿＿＿＿＿＿＿＿＿＿＿＿＿＿＿ ?

☐(2) 彼女たちは合唱コンクールのために練習しているところですか。

(practicing / they / the chorus contest / are / for)?

＿＿＿＿＿＿＿＿＿＿＿＿＿＿＿＿＿ ?

☐(3) ダンとリズは，何をつくっていますか。

(Dan and Liz / are / making / what)?

＿＿＿＿＿＿＿＿＿＿＿＿＿＿＿＿＿ ?

☐(4) あなたのクラスメートは，何をしていますか。

(your / what / doing / are / classmates)?

＿＿＿＿＿＿＿＿＿＿＿＿＿＿＿＿＿ ?

テストによく出る!

疑問文の語順

現在進行形の疑問文は，
「Be動詞＋主語＋動詞の-ing形～?」
の語順になる。
「何を～しているところですか」の疑問文は，
「What＋be動詞＋主語＋動詞の-ing形～?」
の語順になる。

Lesson 5

Lesson 5
School Life in Two Countries (Part 3)

時間 **15分**　解答 p.17

〈新出語・熟語 別冊p.10〉

教科書の重要ポイント　現在進行形の否定文／人やものの様子を伝える　教科書 pp.70〜73

▼ 「〜していません」という現在進行形の否定文は，be動詞のあとにnotを置く。

　　肯定文　Kenta is reading a book.　〔ケンタは本を読んでいるところです。〕

　　否定文　Kenta is not reading a book.　〔ケンタは本を読んでいません。〕
　　　　　　　↳be動詞のあとに置く。

▼ 現在進行形と場所を表す前置詞を使って，人やものの様子を説明することができる。

A boy is standing by the desk.　He is taking a CD out of the case.
〔少年が机のそばに立っています。彼はケースからCDを取り出しているところです。〕

A girl is standing by the window.　She is waving her hand.
〔少女が窓のそばに立っています。彼女は手をふっているところです。〕

▼ 場所を表す前置詞
　in　「〜(の中)に，〜で」　　by　「〜そばに[で]」　　at　「〜で，〜に」
　on　「〜(の上)に」　　near　「〜の近くに」

Words & Phrases　次の英語を日本語にしなさい。

☐(1) clean the room　　　（　　　　　　　　　　　　）

☐(2) mop the floor　　　（　　　　　　　　　　　　）

☐(3) feed 〜　　　（　　　　　　　　　　　　）

☐(4) wash (the) flask　　　（　　　　　　　　　　　　）

☐(5) put 〜 into …　　　（　　　　　　　　　　　　）

☐(6) take 〜 out of …　　　（　　　　　　　　　　　　）

☐(7) wave his/her hand　　　（　　　　　　　　　　　　）

☐(8) put a poster on the wall　（　　　　　　　　　　　　）

1 日本語に合うように，（ ）内から適切なものを選び，記号を◯で囲みなさい。

☐(1) マコトは今，魚にえさをあげているところです。

Makoto（ ア feeds　イ is feeding ）fish now.

☐(2) あなたは絵を描<ruby>描<rt>か</rt></ruby>いているところですか。

（ ア Are　イ Do ）you drawing a picture?

☐(3) 私はピザをつくっているのではありません。

I'm not（ ア make　イ making ）pizza.

テストによく出る!

現在進行形の文

現在進行形の文の形を確認しておこう。
(1)肯定文「主語＋be動詞＋動詞の-ing形～.」
(2)疑問文「Be動詞＋主語＋動詞の-ing形～?」
(3)否定文「主語＋be動詞＋not＋動詞の-ing形～.」

2 絵を見て，例にならい「～していません」の文を書きなさい。

例 I　study science

(1) we　play table tennis

(2) my brother　watch a movie

例 **I'm not studying science.**

☐(1) We are ＿＿＿＿＿＿＿ ＿＿＿＿＿＿＿ table tennis.

☐(2) ＿＿＿＿＿＿＿＿＿＿＿＿＿＿＿＿＿＿＿＿＿

注目!

否定文の形

現在進行形の否定文は，be動詞のあとにnotを置いて表す。be動詞の否定文と同じと考えよう。

3 日本語に合うように，＿＿に適切な語を書きなさい。

☐(1) 何人かの少女たちがピアノのそばで歌っています。

Some girls are ＿＿＿＿＿＿＿ ＿＿＿＿＿＿＿ the piano.

☐(2) ハルトは壁<ruby>壁<rt>かべ</rt></ruby>にポスターをはっています。

Haruto is ＿＿＿＿＿＿＿ a poster ＿＿＿＿＿＿＿ the wall.

☐(3) マイはあなたのうしろで机をふいています。

Mai is ＿＿＿＿＿＿＿ the desk ＿＿＿＿＿＿＿ you.

⚠ミスに注意

(2)putのように「短母音<rt>たんぼいん</rt>＋子音字<rt>しいん</rt>」で終わる動詞は，子音字を重ねてingをつけてね。
「壁に」というときの前置詞は，接触を表すonを使うよ。

4 次の文を，否定文に書きかえなさい。

☐(1) I'm having morning tea now.

＿＿＿＿＿＿＿＿＿＿＿＿＿＿＿＿＿＿＿＿＿＿＿＿＿

☐(2) We are chatting on the bench.

＿＿＿＿＿＿＿＿＿＿＿＿＿＿＿＿＿＿＿＿＿＿＿＿＿

☐(3) My sister is taking a bath now.

＿＿＿＿＿＿＿＿＿＿＿＿＿＿＿＿＿＿＿＿＿＿＿＿＿

Lesson 5

1 ( )に入る最も適切なものを1つ選び，記号を〇で囲みなさい。

☐(1) Some students are ( ) their homework in the library.

　　ア do　　　イ does　　ウ did　　　エ doing

☐(2) ( ) your father cooking dinner now?

　　ア Do　　　イ Does　ウ Is　　　エ Are

☐(3) Bob ( ) reading a book. He's sleeping.

　　ア doesn't　　イ isn't　　ウ aren't　　エ don't

2 日本語に合うように，＿＿に適切な語を書きなさい。

☐(1) 私のクラスメートたちは，いろいろなことをしています。

　　My classmates are ＿＿＿＿＿＿ ＿＿＿＿＿＿ things.

☐(2) ケヴィンは，かな文字だけは読むことができます。

　　Kevin can ＿＿＿＿＿＿ ＿＿＿＿＿＿ kana letters.

☐(3) だれか歌っているのですか。

　　＿＿＿＿＿＿ someone ＿＿＿＿＿＿ ?

3 ( )内の指示に従って，英文を書きかえなさい。

☐(1) The boy runs in the school ground. （現在進行形の文に）

＿＿＿＿＿＿＿＿＿＿＿＿＿＿＿＿＿＿＿＿＿＿＿＿＿＿＿＿＿＿＿

☐(2) Ms. King is playing the piano. （下線部をたずねる疑問文に）

＿＿＿＿＿＿＿＿＿＿＿＿＿＿＿＿＿＿＿＿＿＿＿＿＿＿＿＿＿＿＿

☐(3) Yuki is standing by the window. （下線部をたずねる疑問文に）

＿＿＿＿＿＿＿＿＿＿＿＿＿＿＿＿＿＿＿＿＿＿＿＿＿＿＿＿＿＿＿

4 日本語に合うように，( )内の語句を並べかえなさい。

☐(1) あの少女たちは何をしていますか。

　　(those / are / doing / what / girls)?

＿＿＿＿＿＿＿＿＿＿＿＿＿＿＿＿＿＿＿＿＿＿＿＿＿＿＿＿ ?

☐(2) 彼女（かのじょ）たちは昼食後，15分間の休みをとっているところです。

　　(having / are / after / they / a 15-minute break) lunch.

＿＿＿＿＿＿＿＿＿＿＿＿＿＿＿＿＿＿＿＿＿＿＿＿＿＿＿ lunch.

ヒント **1** どれも現在進行形。(1)肯定文，(2)疑問文，(3)否定文。 **2** (1)「する」を ing 形に。(3)someone は単数あつかい。
3 (1)「be動詞＋動詞の-ing形」に。(2)「何を」の疑問文に。(3)「何をする」の疑問文に。 **4** (1)What で始まる疑問文。

5 読む 次の対話はオーストラリアの中学生とビデオ通話をしているところです。対話文を読んで，あとの問いに答えなさい。

Kenta :　Hi, Emma. I'm Kenta. You are ①(sit) on the lawn, right?

Emma :　Yes. We're ②(have) morning tea now.

Kenta :　Morning tea?

Emma :　Yes. ③We have recess for 30 minutes after first period. That student is ④(eat) snack. Those students are ⑤(chat) on the bench.

Kenta :　What time do you have lunch?

Emma :　At 12:30. I bring my lunch from home.

☐(1) 下線部①②④⑤の（　）内の動詞を適切な形にしなさい。

　　①_____　②_____

　　④_____　⑤_____

☐(2) 下線部③を，haveの意味に注意して日本語にしなさい。

　　(　　　　　　　　　　　　　　　　　　　　　　　　　　　　　　　)

☐(3) 本文の内容に合うように，（　）に適切な日本語を書きなさい。

　　1 ．エマは（　　　　　　　　　　　　　　　　）すわって，朝の軽食をとっている。

　　2 ．ベンチで（　　　　　　　　　　　　　　　　）をしている生徒たちもいる。

　　3 ．エマは12時30分に（　　　　　　　　　　　　　　）昼食を食べる。

6 話す 次の対話文を声に出して読み，問題に答え，答えを声に出して読んでみましょう。　[アプリ]

Chen :　Look at this picture. This is an event in France.

Aoi :　What are they doing?

Chen :　They're posing in costumes.

Aoi :　Wow! This woman is wearing a costume from "Sailor Moon."

　　　　These men are wearing costumes from "Naruto."

Chen :　Anime and manga are popular around the world.　(注) pose　ポーズをとる

☐(1) What is the woman wearing?　— _____

☐(2) Are anime and manga popular around the world?　— _____

ヒント　**5** (1)どれも現在進行形なので，動詞をing形にする。(2)haveは「～を経験する，過ごす」の意味で使われている。
(3) 1 ．本文 1 ～ 2 行目に着目。 2 ．本文 5 行目に着目。 3 ．本文最後の 2 行に着目。

ぴたトレ
3
確認テスト

Lesson 5〜
Tips ② for Listening

時間 30分 ／100点　合格 70点　解答 p.18

教科書 pp.65〜74

① 各組で下線部の発音が同じものには〇を，そうでないものには×を書きなさい。

9点

(1) st<u>u</u>dy

s<u>o</u>meone

(2) pr<u>i</u>ze

th<u>i</u>ng

(3) br<u>ea</u>k

br<u>ea</u>kfast

② 次の語で，最も強く発音する部分の記号を答えなさい。

9点

(1) eve-ry-bod-y

ア　イ　ウ　エ

(2) be-hind

ア　イ

(3) dif-fer-ent

ア　イ　ウ

③ 次の対話が成り立つように，＿＿＿に適切な語を答えなさい。

18点

(1) *A :* ＿＿＿＿ do the students have after first period?

B : They ＿＿＿＿ morning tea.

(2) *A :* How ＿＿＿＿ is the recess after first period?

B : ＿＿＿＿ 20 minutes long.

(3) *A :* What ＿＿＿＿ do the students have lunch?

B : They have lunch ＿＿＿＿ 12:30.

④ 日本語に合うように，（　）内の語句を並べかえなさい。

18点

(1) 兄はケースからCDを取り出しているところです。

(taking / the case / is / out / a CD / my brother / of).

(2) あなたのお母さんは夕食のあとに何をしていますか。

(your mother / after / what / doing / is) dinner?

(3) クィーンズランドでは，今何時ですか。

(is / time / it / Queensland / what / in) now?

⑤ マキとトムは写真を見ながら話をしています。対話文を読んで，あとの問いに答えなさい。

34点

Maki : This is a park near my house.

Tom : This girl is ①(play) the guitar. (　②　) is she?

Maki : She's Yuri. She plays ③it very well.

Tom : Oh, this is Kenta, right? He is ④(run) with his dog.

Maki : Yes. He comes to the park with his dog every day.

Tom : Look at these girls. They are ⑤(practice) dancing.

Maki : They are Rika and Saki. Rika is my sister.

成績評価の観点　知…言語や文化についての知識・技能　表…外国語表現の能力

⑴ 下線部①④⑤の( )内の動詞を適切な形にしなさい。

⑵ ②の( )に最も適切なものを次から選び，記号で答えなさい。表

　ア What　　イ When　　ウ Who　　エ How

⑶ 下線部③が指すものを日本語で答えなさい。表

⑷ 本文の内容について，次の問いに日本語で答えなさい。表

　1．毎日公園に来て，犬と走っているのはだれですか。

　2．リカとサキは公園で何をしていますか。

　3．マキの妹はだれですか。

⑥ 書く！ 次のようなとき英語で何と言うか，（　）内の語数で答えなさい。

　（.や?は語数に含みません。）表　　　　　　　　　　　　　　　12点

⑴ 自分は図書館で英語を勉強しているところだと伝えるとき。(6語)

⑵ 昼食後に何をしているのかと相手にたずねるとき。(6語)

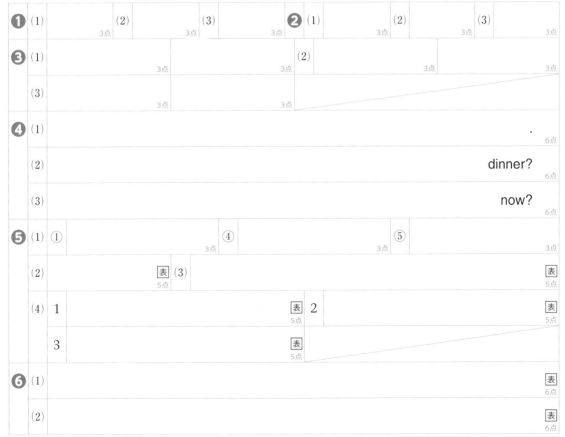

❶ (1) ＿＿ 3点　(2) ＿＿ 3点　(3) ＿＿ 3点　❷ (1) ＿＿ 3点　(2) ＿＿ 3点　(3) ＿＿ 3点

❸ (1) ＿＿ 3点　(2) ＿＿ 3点　3点

(3) ＿＿ 3点　3点

❹ (1) ＿＿ . 6点

(2) ＿＿ dinner? 6点

(3) ＿＿ now? 6点

❺ (1) ① ＿＿ 3点　④ ＿＿ 3点　⑤ ＿＿ 3点

(2) ＿＿ 表 5点　(3) ＿＿ 表 5点

(4) 1 ＿＿ 表 5点　2 ＿＿ 表 5点

3 ＿＿ 表 5点

❻ (1) ＿＿ 表 6点

(2) ＿＿ 表 6点

▶ 表 の印がない問題は全て 知 の観点です。

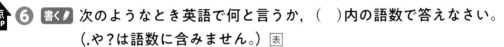

ぴたトレ
1
要点チェック

Lesson 6
Lunch in Chinatown (Part 1−①)

時間 **15分**

解答 p.19

〈新出語・熟語 別冊p.11〉

教科書の
重要ポイント 「どの〜」「どちらを」と質問する 教科書 pp.75〜77

Which restaurant do you recommend? 〔あなたはどのレストランを勧めますか。〕
└─「which＋名詞」でたずねる。

─I recommend this restaurant. 〔(私は)このレストランを勧めます。〕
└─「どのレストラン」を勧めるかを答える。

▼ 「どの〜」と質問する場合は，「Which＋名詞」を文頭に置く。

「which＋名詞」の疑問文

Which season do you like? 〔あなたはどの季節が好きですか。〕
「Which＋名詞」 ←文頭に置く。

─I like summer. 〔私は夏が好きです。〕
└─「どの季節」が好きかを答える。

ナルホド！

▼ 「どちらを」「どちらが」と質問する場合は，Whichを文頭に置く。

whichの疑問文

Which is your notebook? 〔どちらがあなたのノートですか。〕
└─Whichを文頭に置く。

─This blue one is. 〔この青いノートです。〕
└─notebookを表す代名詞

Which do you want to buy? 〔あなたはどちらを買いたいですか。〕
└─Whichを文頭に置く。

─I want to buy this hat. 〔私はこの帽子を買いたいです。〕

ナルホド！

Words & Phrases 次の日本語は英語に，英語は日本語にしなさい。

□(1) colorful （　　　　　　　　） □(4) 門 ＿＿＿＿＿＿＿＿＿

□(2) sign （　　　　　　　　） □(5) 〜を注文する ＿＿＿＿＿＿＿＿＿

□(3) spring roll(s) （　　　　　　　　） □(6) 〜と書いてある ＿＿＿＿＿＿＿＿＿

1 日本語に合うように，（ ）内から適切なものを選び，記号を○で囲みなさい。

□(1) どちらがあなたのバッグですか。

（ ア What　イ Which) is your bag?

□(2) あなたはどのバッグがほしいですか。

（ ア Which bag　イ Which) do you want?

□(3) 私はこのバッグがほしいです。((2)の答え)

I want this (ア one　イ it).

注目!

疑問文の形

「どちらが」とたずねるときはWhich，「どの〜」とたずねるときは「Which＋名詞」を文頭に置く。

日本語をよく読んで，使い分けよう。

(3) oneは，前に出た名詞を指して，「もの」という意味で使われるので覚えておこう。

2 絵を見て，例にならい，「あなたはどの…を〜しますか」の疑問文を書きなさい。

| 例 restaurant | (1) book | (2) food | (3) smartphone |
| recommend | recommend | eat | want |

例 **Which restaurant do you recommend?**

□(1) ＿＿＿＿＿＿ ＿＿＿＿＿＿ do you recommend?

□(2) ＿＿＿＿＿＿ ＿＿＿＿＿＿ do you ＿＿＿＿＿＿?

□(3) ＿＿＿＿＿＿＿＿＿＿＿＿＿＿＿＿＿＿＿

テストによく出る!

「疑問詞＋名詞」

「どの〜」とたずねるときは，「which＋名詞」のような「疑問詞＋名詞」の形を使う。疑問詞だけで問うのではないことに注意しよう。

Lesson 6

3 日本語に合うように，＿＿＿に適切な語を書きなさい。

□(1) あの看板には何と書いてありますか。

＿＿＿＿＿＿ does that sign ＿＿＿＿＿＿?

□(2) それには「中華街」と書いてあります。((1)の答え)

It ＿＿＿＿＿＿ "Chinatown."

4 日本語に合うように，（ ）内の語句を並べかえなさい。

□(1) あなたはどのテレビ番組が好きですか。

(do / which / like / TV program / you)?

＿＿＿＿＿＿＿＿＿＿＿＿＿＿＿＿＿＿＿＿＿?

□(2) あなたはどちらを注文したいですか。

(want / which / to / you / order / do)?

＿＿＿＿＿＿＿＿＿＿＿＿＿＿＿＿＿＿＿＿＿?

⚠️ミスに注意

Whichで始まる疑問文の語順に注意してね。

(1)「Which＋名詞＋一般動詞の疑問文?」

(2)「Which＋一般動詞の疑問文?」

81

ぴたトレ
1
要点チェック

Lesson 6
Lunch in Chinatown (Part 1—②)

時間 **15分**

解答 p.19

〈新出語・熟語 別冊p.11〉

教科書の重要ポイント 「理由」を質問し，それに答える 教科書 pp.75 ～ 77

Why do you recommend that restaurant? 〔あなたはなぜそのレストランを勧めるのですか。〕
└─Whyを文頭に置く。

—**Because its spring rolls are delicious.** 〔そこの春巻がおいしいからです。〕
└─Becauseで文を始める。 └─「理由」を答える。

▼ 「なぜ～？」と理由をたずねるときは，文頭にWhyを置く。
この質問に対しては，ふつう「なぜなら～，～なので」という意味のbecauseを使って答える。

現在形の疑問文

Do you study English?
〔あなたは英語を勉強しますか。〕

whyの疑問文

Why do you study English?
〔あなたはなぜ英語を勉強するのですか。〕

動作・状態をたずねる

理由をたずねる

現在形の疑問文 Do you study English? 〔あなたは英語を勉強しますか。〕

whyの疑問文 Why do you study English? 〔あなたはなぜ英語を勉強するのですか。〕
「なぜ」 ←文頭に置く。

— Because I like English songs. 〔私は英語の歌が好きだからです。〕
「なぜなら～，～なので」 └─理由を表す文で答える。

Words & Phrases 次の日本語は英語に，英語は日本語にしなさい。

□(1) recommend （　　　　　　）

□(2) its （　　　　　　）

□(3) Chinatown （　　　　　　）

□(4) どちらの，どの ＿＿＿＿＿＿＿＿

□(5) なぜなら～，～なので ＿＿＿＿＿＿＿＿

1 日本語に合うように，（　）内から適切なものを選び，記号を○で囲みなさい。

☐(1) あなたはなぜ図書館に行くのですか。

（ ア How　イ Why) do you go to the library?

☐(2) なぜなら，私は数学を勉強するからです。((1)の答え)

（ ア And　イ Because) I study math.

☐(3) メイはなぜ春巻が好きなのですか。

Why (ア do　イ does) Mei like spring rolls?

☐(4) なぜなら，とてもおいしいからです。((3)の答え)

Because they (ア are　イ do) so delicious.

⚠ミスに注意

(3)(4)Why ～?で一般動詞を使ってたずねても，理由を答えるBecause ～.の文は，一般動詞を使わないで答えることもあるから注意してね。

Why do you like Sho?
〔なぜショウが好きなのですか。〕

—Because he is cool.
〔彼がかっこいいからです。〕

2 絵を見て，「あなたはなぜ～」とたずねる文と，「なぜなら，私は～だからだ」と答える文を書きなさい。

(1) can speak English | study every day

(2) like winter | can skate

☐(1) ＿＿＿＿＿＿ can you ＿＿＿＿＿＿ English?

— ＿＿＿＿＿＿ I ＿＿＿＿＿＿ it every day.

☐(2) ＿＿＿＿＿＿ do you ＿＿＿＿＿＿ winter?

— ＿＿＿＿＿＿ I ＿＿＿＿＿＿ ＿＿＿＿＿＿.

注目!

理由を答える文
Why ～?の質問に対しては，Because ～.を使って理由を答える。
Becauseのあとには，「主語＋(助)動詞」の文が続いて，Yes / Noでは答えないので注意しよう。

3 日本語に合うように，＿＿＿に適切な語を書きなさい。

☐(1) あなたはなぜそんなに早く起きるのですか。

＿＿＿＿＿＿ do you ＿＿＿＿＿＿ up so early?

☐(2) なぜなら，飼い犬を散歩させるからです。((1)の答え)

＿＿＿＿＿＿ I ＿＿＿＿＿＿ my dog.

テストによく出る!

文の語順
(1)の「理由」をたずねる文は，Whyを文頭に
「Why＋do＋主語
　　＋一般動詞 ～?」
の語順になる。
(2)の「理由」を答える文は
「Because＋主語
　　＋be動詞 ～.」
の語順になる。

4 日本語に合うように，（　）内の語句を並べかえなさい。

☐(1) あなたはなぜこの本を勧めるのですか。

(do / this book / you / why / recommend)?

＿＿＿＿＿＿＿＿＿＿＿＿＿＿＿＿＿＿＿＿＿ ?

☐(2) なぜなら，おもしろいからです。((1)の答え)

(is / interesting / it / because).

＿＿＿＿＿＿＿＿＿＿＿＿＿＿＿＿＿＿＿＿＿ .

Lesson 6
Lunch in Chinatown (Part 2)

〈新出語・熟語 別冊p.11〉

教科書の
重要ポイント 　「だれ・どんな人」かをたずねる　教科書 pp.78〜79

<u>Who</u> wants mango pudding? 〔マンゴー・プリンがほしい人はだれですか。〕
└─whoが主語。　←文頭に置く。

─I <u>do</u>. 〔私です。〕
└─答えるときはdo / doesを使う。

▼「だれが」と質問する場合は，Whoを文頭に置く。

「だれが〜しますか」のようにwhoが主語のときはdo / doesを使わない。

| 一般動詞の疑問文 | Does Ken play the trumpet? 〔ケンはトランペットを吹きますか。〕 |

　　　　　　　　　　　「だれ」←文頭に置く。

| whoの疑問文 | Who plays the trumpet? 〔だれがトランペットを吹きますか。〕 |
└─主語が単数の場合の形にする。

─Ken <u>does</u>. 〔ケンです。〕
└─答えるときはdo / doesを使う。

> whoが主語のときの動詞は，ふつう「主語が単数の場合の形」を使うよ。

↙ナルホド!

▼ be動詞を使ったwhoの疑問文では，Whoのあとにbe動詞の疑問文が続く。

| be動詞の疑問文 | Is that boy Tom? 〔あの少年はトムですか。〕 |

　　　　　　　　　　「だれ」←文頭に置く。

| whoの疑問文 | Who is that boy? 〔あの少年はだれですか。〕 |
└─be動詞の疑問文が続く。

─He's my friend Tom. 〔彼は私の友達のトムです。〕
=He is 「私の友達のトム」 my friend＝Tom

↙ナルホド!

Words & Phrases 　次の日本語は英語に，英語は日本語にしなさい。

☐(1) dumpling(s) 　（　　　　　　）

☐(2) mango pudding （　　　　　　）

☐(3) almond jelly 　（　　　　　　）

☐(4) Can I 〜? 　（　　　　　　）

☐(5) いっぱいの，満腹で ＿＿＿＿＿＿＿

☐(6) 何もかも ＿＿＿＿＿＿＿

☐(7) 両方 ＿＿＿＿＿＿＿

1 日本語に合うように，（ ）内から適切なものを選び，記号を〇で囲みなさい。

☐(1) あの少女はだれですか。

（ ア Who　イ What) is that girl?

☐(2) 彼女は私のクラスメートのカホです。((1)の答え)

（ ア He　イ She) is my classmate Kaho.

☐(3) 杏仁豆腐がほしい人はだれですか。

Who (ア want　イ wants) almond jelly?

☐(4) ボブです。((3)の答え)

Bob (ア do　イ does).

注目!

whoの疑問文

be動詞を使ったwhoの疑問文ではWhoのあとにbe動詞の疑問文が続くが，一般動詞やcanを使ったwhoの疑問文では，Whoのあとは肯定文と同じ語順になり，動詞は主語が単数の場合の形になるので注意しよう。

2 絵を見て，例にならい，「だれが〜します[できます/しました]か」の疑問文と，それに答える文を書きなさい。

play the piano　　can swim fast　　made this cake

例 **Who plays the piano?　—Ms. King does.**

☐(1) _____ can _____ fast?

—Makoto _____.

☐(2) _____

—My brother _____.

⚠ミスに注意

一般動詞やcanを使ったwhoの疑問文では，whoのあとの動詞は主語が単数の場合の形になるよ。答えるときは，動詞にあわせたdo/does/can/didなどを使って答えてね。
Who wants 〜?には，
例—I do. / Rika does.
Who made 〜?には，
例—I did.

Lesson 6

3 日本語に合うように，（ ）内の語句を並べかえなさい。

☐(1) ぎょうざを7個食べたのはだれですか。

(seven / who / dumplings / ate)?

_____?

☐(2) あなたたちの英語の先生はだれですか。

(is / English teacher / who / your)?

_____?

☐(3) あなたのクラスで，早く走れるのはだれですか。

(can / fast / who / run) in your class?

_____ in your class?

テストによく出る!

疑問文の語順

一般動詞を使ったwhoの疑問文は，whoが主語になった肯定文と同じ語順になる。
be動詞を使ったwhoの疑問文は，
　「Who＋be動詞
　　　＋主語 〜?」
の語順になる。

ぴたトレ **1**

要点チェック

Lesson 6
Lunch in Chinatown (Part 3−①)

時間 **15分** 解答 p.20

〈新出語・熟語 別冊p.11〉

教科書の
重要ポイント 「だれの〜」と持ち主をたずねる 教科書 pp.80〜83

Whose phone is this? 〔これはだれの携帯電話ですか。〕
└─「Whose＋名詞」を文頭に置いてたずねる。

—**It's mine. / It's not mine.** 〔私のものです。／私のものではありません。〕
└─「〜のもの」と持ち主を答える。

▼ 「だれの〜」とたずねるときは，「Whose＋名詞」を文頭に置く。

| Whose bicycle | is that? 〔あれはだれの自転車ですか。〕
「Whose＋名詞」 ←文頭に置く。

—It's Kenta's. 〔ケンタのものです。〕
└─「〜のもの」 ←所有を表す「人の名前＋'s」の形を使う。

—It's my brother's. 〔私の兄のものです。〕
└─「〜のもの」 ←所有を表す「名詞＋'s」の形を使う。

Whose 〜? に持ち主を答える
とき，代名詞ではなく，「人の
名前＋'s」や「名詞＋'s」の形で
も答えることができるよ。

＼ナルホド!／

▼ Whose 〜?に持ち主を答えるとき，「〜のもの」という意味の所有を表す代名詞を使うことができる。

「私のもの」	「あなた(たち)のもの」	「彼のもの」	「彼女のもの」	「私たちのもの」	「彼ら[彼女ら／それら]のもの」
mine	yours	his	hers	ours	theirs

Whose notebook is this? 〔これはだれのノートですか。〕
「Whose＋名詞」 ←文頭に置く。

—It's | mine |. 〔私のものです。〕
└─「〜のもの」 ←所有を表す代名詞を使う。

＼ナルホド!／

Words & Phrases 次の日本語は英語に，英語は日本語にしなさい。

☐(1) phone （ 　　　　　 ）

☐(2) blog （ 　　　　　 ）

☐(3) Thanks. （ 　　　　　 ）

☐(4) 〔写真・ビデオを〕撮る ＿＿＿＿＿＿＿

☐(5) 皿，料理 ＿＿＿＿＿＿＿

1 日本語に合うように，（　）内から適切なものを選び，記号を〇で囲みなさい。

□(1) これはだれのバッグですか。

（ ア Whose　イ Which) bag is this?

□(2) アヤのバッグです。((1)の答え)

It's (ア Aya　イ Aya's) bag.

□(3) 私の母のものです。((1)の答え)

It's (ア my mother　イ my mother's).

2 絵を見て，例にならい，「これは[あれは]だれの～ですか」の疑問文と，それに答える文を書きなさい。

例 **Whose notebook is this?　—It's Kumi's.**

□(1) ＿＿＿＿＿＿＿ ＿＿＿＿＿＿＿ is that?

—It's ＿＿＿＿＿＿＿ .

□(2) ＿＿＿＿＿＿＿ book is ＿＿＿＿＿＿＿ ?

—It's ＿＿＿＿＿＿＿ .

□(3) ＿＿＿＿＿＿＿＿＿＿＿＿＿＿＿＿＿＿＿＿＿

—It's ＿＿＿＿＿＿＿ .

3 日本語に合うように，＿＿＿ に適切な語を書きなさい。

□(1) このスマートフォンはあなたのものですか。

＿＿＿＿＿＿＿ this smartphone ＿＿＿＿＿＿＿ ?

□(2) いいえ，私のものではありません。((1)の答え)

No, it's ＿＿＿＿＿＿＿＿＿＿＿＿＿ .

4 次の各組の文が同じ内容を表すように，＿＿＿ に適切な語を書きなさい。

□(1) ｛ This is not my pencil case.

This pencil case is not ＿＿＿＿＿＿＿ .

□(2) ｛ Is that Haruto's computer?

Is that computer ＿＿＿＿＿＿＿ ?

⚠ミスに注意

(2)「アヤの」と所有の意味を表すときは，人の名前の語尾に's をつけるよ。

(3)「私の母のもの」というときは，名詞の語尾に's をつけてね。

所有を表す語句のあとに名詞が続くと，「～の」という意味になるから注意。

例「ミキの本」
　→Miki's book
「ミキのもの」→Miki's

テストによく出る!

「～のもの」を表す代名詞
「～のもの」と，単独で所有を表す代名詞を覚えよう。
・「私のもの」→ mine
・「あなたのもの」
　　→ yours
・「彼のもの」→ his
・「彼女のもの」→ hers

Lesson 6

注目!

「～のもの」を表す語
「～のもの」は1語で表すことができる。
(1)my pencil case を「私のもの」という意味の代名詞1語で表す。
(2)Haruto's computer を「ハルトのもの」という意味の1語で表す。

ぴたトレ
1
要点チェック

Lesson 6
Lunch in Chinatown (Part 3-②)

時間 **15分**

解答 p.20

〈新出語・熟語 別冊p.11〉

| 教科書の
重要ポイント | 「どのくらいよく」と頻度をたずねる | 教科書 pp.80～83 |

▼ 「どのくらいよく」と頻度たずねるときは，How oftenを文頭に置く。

Taro goes skiing │every week│. 〔タロウは│毎週│スキーに行きます。〕

│How often│ does Taro go skiing?
「どのくらいよく」 ←文頭に置く
〔タロウは│どのくらいよく│スキーに行きますか。〕

> 「どのくらいか」を表す部分を
> how oftenにかえて，文頭に
> 置いているよ。

\ナルホド!/

▼ How often ～?に頻度を答えるときは，回数を表す語句を使うことができる。

│How often│ do you play tennis? 〔あなたは│どのくらいよく│テニスをしますか。〕
「どのくらいよく」 ←文頭に置く

―I play tennis │twice│ a week. 〔私は週に│2回│テニスをします。〕
　　　　　　　　　「2回」　　 └─「1週間に」というときに使う。

―I play tennis │three times│ a month. 〔私は月に│3回│テニスをします。〕
　　　　　　　　　「3回」　　　　 └─「1か月間に」というときに使う。

▼ 回数を表す語句

「1回」	「2回」	「3回」以上
once	twice	～ times

> 「3回」以上は，回数を意味するtime
> を使って，three times（3回），four
> times（4回）のように表してね。

\ナルホド!/

Words & Phrases 次の日本語は英語に，英語は日本語にしなさい。

☐(1) amazing （　　　　　　　　　）　　　☐(4) あなたのもの ＿＿＿＿＿＿＿＿

☐(2) upload （　　　　　　　　　）　　　☐(5) 私のもの ＿＿＿＿＿＿＿＿

☐(3) then （　　　　　　　　　）

1 日本語に合うように，（　）内から適切なものを選び，記号を〇で囲みなさい。

☐(1) あなたはどのくらいよくサッカーをしますか。

How（ ア many　イ often ）do you play soccer?

☐(2) 私は週に1回サッカーをします。（(1)の答え）

I play soccer（ ア one　イ once ）a week.

☐(3) 私は月に2回サッカーをします。（(1)の答え）

I play soccer twice（ ア a month　イ months ）.

2 絵を見て，[例]にならい「あなたはどのくらいよく～しますか」の疑問文と，それに答える文を書きなさい。

[例] **How often do you study English?**
—I study English every day.

☐(1) ＿＿＿＿＿＿＿＿ ＿＿＿＿＿＿＿ do you cook dinner?

—I cook dinner ＿＿＿＿＿＿＿ a ＿＿＿＿＿＿＿.

☐(2) ＿＿＿＿＿＿＿＿＿＿＿＿＿＿＿＿＿＿＿＿＿＿＿＿＿＿

— ＿＿＿＿＿＿＿＿＿＿＿＿＿＿＿＿＿＿＿＿＿＿＿＿＿＿

3 日本語に合うように，＿＿＿に適切な語を書きなさい。

☐(1) エイミーはどのくらいよく買いものに行きますか。

＿＿＿＿＿＿＿ often ＿＿＿＿＿＿＿ Amy go shopping?

☐(2) およそ月に3回です。（(1)の答え）

About three ＿＿＿＿＿＿＿ a ＿＿＿＿＿＿＿.

4 日本語に合うように，（　）内の語句を並べかえなさい。

☐(1) あなたはどのくらいよくコンピューターを使いますか。

(use / how / you / often / a computer / do)?

＿＿＿＿＿＿＿＿＿＿＿＿＿＿＿＿＿＿＿＿＿＿＿＿＿＿?

☐(2) あなたのお父さんはどのくらいよく野球をしますか。

(often / baseball / does / how / play / your father)?

＿＿＿＿＿＿＿＿＿＿＿＿＿＿＿＿＿＿＿＿＿＿＿＿＿＿?

テストによく出る！

頻度を表す語句

「1回」「2回」はふつう，once，twiceを使う。

「3回」以上は「～回，～度」の意味のtimeを使い，「3回」three times，「4回」four times のように表す。

注目！

頻度をたずねる疑問文

「どのくらいよく～」と頻度をたずねるときは，How oftenを文頭に置いた一般動詞の疑問文で表す。答えるときは，頻度を表す語句を使う。

once a week
「1週間に1回」
once a month
「1か月に1回」

a weekのaは，「～につき」という意味で使われているので注意しよう。

Lesson 6

⚠ミスに注意

(1)主語がAmyで，3人称・単数の一般動詞の疑問文だから，doesを使ってね。

(2)「3回」以上は「～回」の意味のtimeを複数形にするのを忘れないでね。

Tips ③ for Reading
代名詞に注意して読む

▼ 代名詞とは名詞の代わりをする語のことで，前に出てきた名詞を受けて，その代わりに使う。
英語の文章では，すでに登場した人やものを人称代名詞で表すことが多い。

・This is <u>my brother</u>. <u>He</u> is a high school student. I love <u>him</u>.
　　　　　　　　　　　　　　主語　　　　　　　　　　　　　　　　　目的語
〔こちらは私の兄です。彼は高校生です。私は彼が大好きです。〕

・Look at <u>that picture</u>. <u>It</u> is so beautiful. I like <u>it</u> very much.
　　　　　　　　　　　　　　主語　　　　　　　　　　　　目的語
〔あの絵を見て。それはとても美しいです。私はそれがとても好きです。〕

・<u>Those boys</u> are my classmates. <u>They</u> are playing soccer. I love <u>them</u>.
　　　　　　　　　　　　　　　　　主語　　　　　　　　　　　　　　目的語
〔あの少年たちは私のクラスメートです。彼らはサッカーをしています。私は彼らが大好きです。〕

▼ 代名詞は，人称(1人称・2人称・3人称)，文中での働き(主語・所有を表す・目的語)，
数(単数・複数)によって次の表のように区別する。

人称	単　　数				複　　数			
	人称代名詞			所有 代名詞	人称代名詞			所有 代名詞
	主格 (〜は[が])	所有格 (〜の)	目的格 (〜を[に])	(〜のもの)	主格 (〜は[が])	所有格 (〜の)	目的格 (〜を[に])	(〜のもの)
1人称	I	my	me	mine	we	our	us	ours
2人称	you	your	you	yours	you	your	you	yours
3人称	he	his	him	his	they	their	them	theirs
	she	her	her	hers				
	it	its	it	—				

1 次の文の下線部を，適切な代名詞にかえなさい。

☐(1) Bob and I are classmates. _____

☐(2) This is Kenta's bicycle. _____

☐(3) I helped my grandma yesterday. _____

☐(4) Do you know my brothers? _____

☐(5) That smartphone is Yuki's. _____

テストによく出る!

代名詞の使い分け

代名詞は，人称，文中での働き，数によって使い分ける。

(1)「ボブと私」→「私たち」

(4)「私の兄弟」→「彼ら」

2 日本語に合うように， _____ に適切な語を書きなさい。

☐(1) こちらはジュンです。彼は私の兄です。

This is Jun. _____ is _____ brother.

☐(2) ミキと私は，彼のためにケーキをつくりました。

Miki and I _____ a cake for _____.

☐(3) 私たちは彼女<ruby>彼女<rt>かのじょ</rt></ruby>にいくつか贈り物をあげました。

We _____ _____ some gifts.

☐(4) 私は北海道で写真を撮<ruby>撮<rt>と</rt></ruby>りました。それらはとてもきれいです。

I _____ some pictures in Hokkaido.

_____ are so beautiful.

⚠ミスに注意

いろいろな代名詞を使い分けられるようになろう。

(1)(4)「彼は」「それらは」は主格の代名詞。

(2)(3)「彼に」「彼女に」は目的格の代名詞。

3 次の文章を読んで，下線部の代名詞はだれ[何]を示しているかを文中の英語で答えなさい。

My sister and I went shopping last Sunday. ①We wanted to buy a birthday present for my mother. We bought some coffee beans for her. ②She really likes coffee. She drinks coffee five times a day. She liked ③them very much.

My sister cooked birthday dinner for her. ④It was so delicious. We enjoyed it very much.

(注) coffee bean(s) コーヒー豆

☐① _____

☐② _____

☐③ _____

☐④ _____

注目!

代名詞の把握

英語の文章では，すでに登場した人やものを代名詞で表すことが多い。

文章の内容を理解するには，それらがだれ[何]を示しているかを把握する必要がある。

①weは話し手(書き手)をふくむ複数の人を指す。

②sheは，すでに登場した1人の女性を指す。

③themは，前に出てきた複数の人やものを指す。

④itは，前に出てきた1つのものを指す。

Tips ③ for Reading

Useful Expressions
飲食店

| 教科書の
重要ポイント | 要望を伝えて，料理を注文する | 教科書 p.85 |

▼ 飲食店で店員が使う表現

①注文をとるとき

May I take your order? 〔ご注文をうかがってもよろしいですか。〕
「～てもよろしいですか」 ←許可を求める言い方

②注文の内容をたずねるとき

What would you like? 〔何がよろしいですか。〕
↑ていねいな表現

③飲みものなどを勧めるとき

Would you like a drink? 〔お飲みものはいかがですか。〕
「～はいかがですか」

④注文をとり終えたとき

All right. 〔承知しました。〕

> 店員が使う表現はていねいな言い方なので，May I ～?やWould you like ～?を使うよ。

▼ 飲食店でお客が使う表現

●飲みものや食べものを注文するとき

I'd like a meat bun. 〔肉まんが1個ほしいです。〕
「～がほしいです」
＊I'dは，I wouldを短縮したものです。

> I'd like ～.は，I want ～.よりもていねいな言い方になるよ。

Words & Phrases 次の英語を日本語にしなさい。

☐(1) meat bun （　　　　　　　　　　　）

☐(2) Oolong tea （　　　　　　　　　　　）

☐(3) a glass of ～ （　　　　　　　　　　　）

☐(4) a cup of ～ （　　　　　　　　　　　）

☐(5) May I ～? （　　　　　　　　　　　）

1 絵を見て，例にならい，「～がほしいです」と注文する文を書きなさい。

例	(1)	(2)	(3)
a hamburger	an orange juice	an apple pie	French fries

例 **I'd like a hamburger.**

☐ (1) _____ _____ an orange juice.

☐ (2) _____

☐ (3) _____

テストによく出る！

注文する表現

飲食店で「～がほしいです」と注文するときは，I'd likeのあとにほしいものを表す語句を直接続ける。「～がほしい」という表現にはI want ～.もあるが，I'd like ～.はI want ～.よりもていねいな言い方になる。
I'dはI wouldを短縮した形なので，覚えておこう。

2 日本語に合うように，____に適切な語を書きなさい。

☐ (1) ご注文をうかがってもよろしいですか。
_____ I _____ your order?

☐ (2) いいですよ。（(1)の答え）
_____.

☐ (3) お飲みものはいかがですか。
_____ you like a _____?

☐ (4) カップ1杯のコーヒーがほしいです。（(3)の答え）
_____ like a _____ of coffee.

注目！

店員が使う表現

店員が使う表現はていねいな言い方になるので，May I ～?（～てもよろしいですか）やWould you like ～?（～はいかがですか）のような表現を使うことが多い。

3 日本語に合うように，（　）内の語句を並べかえなさい。

☐ (1) 何がよろしいですか。
(you / would / like / what)?
_____?

☐ (2) グラス1杯のウーロン茶がほしいです。
(like / of / I'd / a / Oolong tea / glass).
_____.

☐ (3) デザートはいかがですか。
(a dessert / would / like / you)?
_____?

⚠ミスに注意

飲食店で使う表現は独特なので，まるごと覚えると便利だよ。
(1)注文を聞くときの表現。
(2)お客が注文するときの表現。
(3)食べものや飲みものなどを勧めるときの表現。

Useful Expressions

1 （　）に入る最も適切なものを1つ選び，記号を〇で囲みなさい。

☐(1) That is Ms. King. My father knows （　　）.

　　ア she　　イ she's　　ウ her　　エ hers

☐(2) Takeshi has a dog. （　　） name is Kuro.

　　ア It　　　イ It's　　ウ Is　　　エ Its

☐(3) （　　） notebook is this? —It's Makoto's.

　　ア Who　　イ Whose　　ウ Which　　エ What

2 次の各組の文が同じ内容を表すように，＿＿＿に適切な語を書きなさい。

☐(1) { This is my computer.
　　 { This computer is ＿＿＿＿＿＿＿＿＿.

☐(2) { That is my mother's bicycle.
　　 { That bicycle is ＿＿＿＿＿＿＿＿ ＿＿＿＿＿＿＿＿.

☐(3) { Is that your cat?
　　 { Is that cat ＿＿＿＿＿＿＿＿?

3 （　）内の指示に従って，英文を書きかえなさい。

☐(1) Do you know those boys?　（下線部を代名詞にかえて）

＿＿＿＿＿＿＿＿＿＿＿＿＿＿＿＿＿＿＿＿＿＿＿＿＿＿＿＿＿＿＿

☐(2) My sister made these sandwiches.　（下線部をたずねる疑問文に）

＿＿＿＿＿＿＿＿＿＿＿＿＿＿＿＿＿＿＿＿＿＿＿＿＿＿＿＿＿＿＿

☐(3) Kenta goes swimming once a week.　（下線部をたずねる疑問文に）

＿＿＿＿＿＿＿＿＿＿＿＿＿＿＿＿＿＿＿＿＿＿＿＿＿＿＿＿＿＿＿

4 日本語に合うように，（　）内の語句を並べかえなさい。

☐(1) どちらがあなたの弟の帽子ですか。

　　(cap / your / which / brother's / is)?

＿＿＿＿＿＿＿＿＿＿＿＿＿＿＿＿＿＿＿＿＿＿＿＿＿＿＿＿＿＿？

☐(2) あなたはなぜ，この映画を勧めるのですか。

　　(you / this movie / do / why / recommend)?

＿＿＿＿＿＿＿＿＿＿＿＿＿＿＿＿＿＿＿＿＿＿＿＿＿＿＿＿＿＿？

ヒント　**1** (1)動詞のあとは目的格。(2)「それの」(3)「だれの〜」と持ち主をたずねる。　**2** どれも「〜のもの」の形で表す。
　　　　3 (1)「彼らを」(2)whoが主語の疑問文に。(3)頻度をたずねる文に。　**4** (1)whichの疑問文。(2)whyの疑問文。

定期テスト
予報

●which / why / who / whose / how oftenで始まる疑問文がわかるかが問われるでしょう。
⇒which / why / who / whose / how oftenで始まる疑問文に対する答え方も確認しておきましょう。
⇒代名詞は人称・文中での働き・数によって形がかわるので，必ずおさえておきましょう。

5 読む 次の対話文を読んで，あとの問いに答えなさい。

Mei : Is this smartphone ①(you / your / yours), Kenta?

Kenta : No, it's not mine.

Mei : Then, (②) phone is this?

Bob : Oh, it's mine. Thanks!

Mei : Did you take any good pictures of the dishes here?

Bob : Yes. I took some pictures for my blog.

Mei : ③(pictures / how / you / often / do / upload)?

Bob : About three times a week.

(1) 下線部①の（ ）内から適切な語を選んで書きなさい。＿＿＿＿＿＿＿

(2) ②の（ ）に適切な語を，次から選んで書きなさい。

　〔 what　who　whose　how 〕　＿＿＿＿＿＿＿

(3) 下線部③の（ ）内の語を，次の意味になるように並べかえなさい。

　「あなたはどのくらいよく写真をアップロードしますか。」

＿＿＿＿＿＿＿＿＿＿＿＿＿＿＿＿＿＿＿＿＿＿＿＿＿＿＿＿＿＿ ?

(4) 本文の内容について，次の問いに日本語で答えなさい。

　1．メイが見つけたスマートフォンはだれのものでしたか。（　　　　　）

　2．ボブは何のために写真を撮りましたか。（　　　　　）

　3．ボブはどのくらいの頻度で写真をアップロードしますか。（　　　　　）

6 話す 次の対話文を声に出して読み，問題に答え，答えを声に出して読んでみましょう。 アプリ

Ms. Bell : Why do you like *kotatsu*?

Aoi : Because I can relax in it. I often sleep in a *kotatsu*.

Ms. Bell : Oh, really.

Aoi : Also a *kotatsu* is eco-friendly because it warms a small space and doesn't use a lot of power.

Ms. Bell : That's great!　　(注) eco-friendly 環境にやさしい　power 電力

(1) Why does Aoi like *kotatsu*? ——＿＿＿＿＿＿＿＿＿＿＿＿＿＿＿＿＿

(2) Does *kotatsu* use a lot of power? ——＿＿＿＿＿＿＿＿＿＿＿＿＿＿＿＿＿

ヒント **5** (1)「あなたのもの」の意味の代名詞を選ぶ。(2)直後のボブの発言から考える。(3)How oftenで始まる疑問文。

(4)1．本文1～4行目に着目。2．本文5～6行目に着目。3．本文最後のメイとボブのやりとりに着目。

ぴたトレ
3
確認テスト

Lesson 6 ~
Useful Expressions

時間 30分 ／100点
合格 70点
解答 p.22

教科書 pp.75 ~ 85

❶ 各組で下線部の発音が同じものには〇を，そうでないものには×を書きなさい。 9点

(1) g<u>a</u>te
t<u>a</u>ke

(2) c<u>o</u>lorful
b<u>o</u>th

(3) s<u>i</u>gn
m<u>i</u>ne

❷ 次の語で，最も強く発音する部分の記号を答えなさい。 9点

(1) rec-om-mend
　ア　イ　ウ

(2) up-load
　　　ア　イ

(3) a-maz-ing
　　ア　イ　ウ

❸ 次の英文の答えとして適切なものを右から選び，記号で答えなさい。 20点

(1) How often do you go skiing?

(2) Would you like a drink?

(3) Why do you like mango pudding?

(4) Which season do you like?

(5) Whose smartphone is this?

ア I like summer.

イ It's mine.

ウ I'd like a glass of water.

エ I go skiing every winter.

オ Because it's delicious.

❹ 日本語に合うように，（ ）内の語句を並べかえなさい。 18点

(1) あなたはなぜ，後藤先生の数学の授業が好きなのですか。

(like / you / why / math class / do / Ms. Goto's)?

(2) あなたのクラスで，とても早く泳ぐことができるのはだれですか。

(very / swim / in / who / fast / can) your class?

(3) あなたは何かよい料理の写真を撮りましたか。

(take / of / you / the dishes / any / did / good pictures)?

❺ 次の対話文を読んで，あとの問いに答えなさい。 32点

Bill : My friends and I had lunch in Chinatown yesterday.

Rika : Did you enjoy your lunch?

Bill : Yes. We ate some spring rolls and dumplings. I liked the spring rolls.
They were delicious. And I took some pictures of the dishes.

Rika : (①) did you take ②them?

Bill : Because I wanted some pictures for my blog.

Rika : (③) often do you upload pictures?

Bill : About twice a week. Please look at my blog.

(1) ①③の（　）に適切な語を，次の〔　〕内から1つずつ選んで書きなさい。

〔 Who　　Why　　Which　　Whose　　How 〕

(2) 下線部②のthemが指すものを文中の英語5語で書きなさい。 表

(3) 本文の内容に合うように，（　）に適切な日本語を答えなさい。 表

1．ビルと友達は昨日，中華街（ちゅうかがい）で（　　）を食べた。

2．ビルは（　　）が気に入った。

3．ビルは（　　）のための写真がほしかったので，料理の写真を撮った。

4．ビルは，およそ週に（　　）写真をアップロードする。

点UP ❻ 書く 次のようなとき英語で何と言うか，（　）内の語数で答えなさい。
（.や？は語数に含みません。） 表

12点

(1) 店員が注文をとってもよろしいですかとお客にたずねるとき。（5語）

(2) どちらを注文したいかと相手にたずねるとき。（6語）

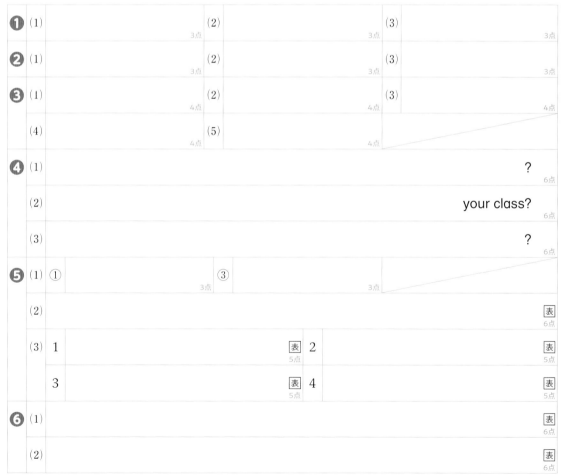

▶ 表 の印がない問題は全て 知 の観点です。

Lesson 7
Symbols and Signs (Part 1)

教科書の重要ポイント	「～する必要がある」「～する必要はない」と伝える　教科書 pp.87～89

You have to take off your shoes. 〔靴を脱がなければなりません。〕
「～する必要がある」

▼ 客観的な理由から「～する必要がある」と伝える場合は，have to を使う。

have to のあとは動詞の原形を使う。

| ふつうの文 | I | | clean my room every day. 〔私は毎日部屋を掃除します。〕 |

| have to の文 | I | have to | clean my room every day. |

　　　　　「have to＋動詞の原形」　　　〔私は毎日部屋を掃除する必要があります。〕

＊主語が3人称・単数のときは，has to を使う。

| | Rika | has to | clean her room every day. |

3人称・単数「has to＋動詞の原形」　〔リカは毎日部屋を掃除する必要があります。〕

〳ナルホド！〵

You don't have to put your shoes into the shoe box.
　　　「～する必要はない」　　　　　〔靴は靴箱に入れる必要はありません。〕

▼ 「～する必要はない」と伝える場合は，don't have to を使う。

| have to の文 | You | have to | study math today. |

　　　　　　　　「～する必要がある」　　　〔あなたは今日数学を勉強する必要があります。〕

| don't have to の文 | You | don't have to | study math today. |

　　　　　　　　　　「～する必要はない」　　　〔あなたは今日数学を勉強する必要はありません。〕

＊主語が3人称・単数のときは，doesn't have to を使う。

| | Rika | doesn't have to | study math today. |

3人称・単数　「～する必要はない」

〔リカは今日数学を勉強する必要はありません。〕

〳ナルホド！〵

| Words & Phrases | 次の日本語は英語に，英語は日本語にしなさい。 |

☐(1) souvenir （　　　　　　　）　　☐(5) 記号，象徴　＿＿＿＿＿＿＿

☐(2) neighbor （　　　　　　　）　　☐(6) ～を意味する　＿＿＿＿＿＿＿

☐(3) jellyfish （　　　　　　　）　　☐(7) 考え　＿＿＿＿＿＿＿

☐(4) hot spring （　　　　　　　）　　☐(8) くつろぐ　＿＿＿＿＿＿＿

1 日本語に合うように，（　）内から適切なものを選び，記号を〇で囲みなさい。

- (1) 私たちは毎日朝食を食べる必要があります。

  We (ア have to　イ has to) eat breakfast every day.

- (2) 私の弟はお金を節約する必要があります。

  My brother (ア have to　イ has to) save money.

- (3) あなたは早く家に帰る必要はありません。

  You don't (ア have to　イ has to) go home early.

テストによく出る!

have to と has to

have to か has to かは，主語によって使い分ける。

・主語が I / you / 複数
　→ have to

・主語が 3 人称・単数
　→ has to

(3)「〜する必要がない」というときは，don't have to を使う。

2 絵を見て，例にならい，「〜する必要があります」の文を書きなさい。

例 I	(1) we	(2) Kumi	(3) they
get up by six	practice singing	clean her room	play tennis hard

例 **I have to get up by six.**

- (1) We _____ to _____ singing.

- (2) Kumi _____ to _____ her room.

- (3) _____

注目!

have to のあとの動詞

「〜する必要がある」というときは，have[has] to を使って表す。

そのとき，あとに続く動詞は原形を使う。

主語が何であっても，to に続く動詞の形はかわらないので注意しよう。

Lesson 7

3 日本語に合うように，_____ に適切な語を書きなさい。

- (1) 姉はあしたまでに宿題を終える必要がありません。

  My sister _____ _____ to finish her homework by tomorrow.

- (2) (私には)わかりません。

  I _____ _____ idea.

⚠ミスに注意

(1)「〜する必要がない」というときは don't have to を使うけど，主語が 3 人称・単数なので，don't ではなく doesn't を使うから注意してね。

(2)「no ＋名詞」を使ってね。決まり文句なので，このまま覚えよう。

4 次の文を，have[has] to を使って，「〜する必要がある」という文に書きかえなさい。

- (1) You cook dinner today.

  _____

- (2) Aya memorizes her speech.

  _____

ぴたトレ
1
要点チェック

Lesson 7
Symbols and Signs (Part 2)

時間 **15**分

解答 p.23

〈新出語・熟語 別冊p.12〉

教科書の重要ポイント	「強い命令」や「禁止」を伝える／「許可」を求める	教科書 pp.90～91

I <u>must</u> study hard this week. 〔今週は一生懸命勉強をしなければなりません。〕
「〜しなくてはいけない」

I <u>mustn't</u> play video games. 〔私はテレビ・ゲームをしてはなりません。〕
＝must not　「〜してはいけない」

▼ mustは「〜しなくてはいけない」，must notは「〜してはいけない」と伝える場合に使う。
　 mustやmust notのあとは動詞の原形を使う。

　mustの文　　You ｜ must ｜ get up early tomorrow.
　　　　　　　　　「〜しなくてはいけない」　　　　〔あなたはあした早く起きなければなりません。〕

　must notの文　You ｜ must not ｜ be late for school.
　　　　　　　　　「〜してはいけない」　　　　〔あなたは学校に遅れてはいけません。〕

<u>May I</u> start? 〔始めてもいいですか。〕
「〜てもよろしいですか」

▼ 目上の人に「〜てもよろしいですか」と許可を求める場合は，May I 〜?を使う。

　許可を求める文　<u>May I</u> have your name?　〔お名前をいただいてもよろしいですか。〕
　　　　　　　　　　　└─目上の人に許可を求める言い方

　　　　　　　　　—Sure. 〔いいですよ。〕

Words & Phrases 次の日本語は英語に，英語は日本語にしなさい。

☐(1) cross （　　　　　　　　　）　　☐(6) 〜に答える　＿＿＿＿＿＿＿＿

☐(2) driver （　　　　　　　　　）　　☐(7) 準備ができた　＿＿＿＿＿＿＿＿

☐(3) slowly （　　　　　　　　　）　　☐(8) 休む，休憩 ＿＿＿＿＿＿＿＿

☐(4) area （　　　　　　　　　）　　☐(9) 冗談を言う ＿＿＿＿＿＿＿＿

☐(5) I was just kidding. （　　　　　　　　　　　　）

1 日本語に合うように，（　）内から適切なものを選び，記号を○で囲みなさい。

☐(1) 運転手はゆっくり行かなければなりません。

Drivers（ア　must　イ　must not）go slowly.

☐(2) 私たちはあきらめてはいけません。

We（ア　must　イ　must not）give up.

☐(3) このコンピューターを使ってもよろしいですか。

（ア　May　イ　Must）I use this computer?

注目!

mustとmust not

「～しなくてはいけない」という強い命令はmust，「～してはいけない」という禁止はmust notを使う。また，「～てもよろしいですか」と目上の人に許可を求める場合は，May I ～?を使う。

2 絵を見て，(1)(2)は「～しなくてはいけない」，(3)(4)は「～してはいけない」の文を書きなさい。

テストによく出る!

mustのあとの動詞have[has] toのときと同様に，mustやmust notのあとに続く動詞は原形を使う。
主語が何であっても，動詞の形はかわらないので覚えておこう。

(1) I　study math　(2) we　play tennis　(3) you　take pictures　(4) you　watch TV

☐(1) I _____ _____ math hard.

☐(2) We _____ _____ _____ every day.

☐(3) You _____ not _____ pictures here.

☐(4) _____ late at night.

3 日本語に合うように，＿＿＿に適切な語を書きなさい。

☐(1) 私は今日，宿題をしなければなりません。

I _____ my homework today.

☐(2) 運転手は電話で話してはいけません。

Drivers _____ _____ on the phone.

⚠️ミスに注意

(1)自分の意思や判断で「～しなくてはいけない」というときはmustを使うよ。

(2)「～してはいけない」という禁止はmust notを使うよ。空所の数からmust notを短縮形にするので注意してね。

4 次の文を，下線部の意味に注意して日本語にしなさい。

☐(1) I <u>must</u> go jogging every morning.

（　　　　　　　　　　　　　　　　　　　）

☐(2) You <u>must not</u> bring pets here.

（　　　　　　　　　　　　　　　　　　　）

☐(3) <u>May I</u> use a smartphone in this room?

（　　　　　　　　　　　　　　　　　　　）

Lesson 7
Symbols and Signs (Part 3)

教科書の
重要ポイント | 予想を述べたり，できることを伝える　教科書 pp.92 ～ 95

Bob may help you. 〔ボブがあなたを手伝ってくれるかもしれません。〕
「〜かもしれない」

▼ 「〜かもしれない」と述べる場合はmayを使う。mayのあとは動詞の原形を使う。

ふつうの文 | Ken　　　　is taking a bath now. 〔ケンは今，おふろに入っています。〕

mayの文 | Ken may be taking a bath now.
「may＋動詞の原形」
〔ケンは今，おふろに入っているかもしれません。〕

|ナルホド！|

He is able to read difficult English books. 〔彼は難しい英語の本を読むことができます。〕
「〜できる，〜する能力がある」

▼ 「〜することができる」と述べる場合はbe able toを使う。toのあとは動詞の原形を使う。
主語が表す人称や数に応じて，be動詞が変化する。

主語がI | I am able to play the violin.
「be able to＋動詞の原形」　←be動詞は主語に合わせる。
〔私はバイオリンを弾くことができます。〕

主語がyou，複数 | You are able to play the guitar.
「be able to＋動詞の原形」　←be動詞は主語に合わせる。
〔あなたはギターを弾くことができます。〕

主語が3人称・単数 | Miki is able to play the piano. 〔ミキはピアノを弾くことができます。〕
「be able to＋動詞の原形」　←be動詞は主語に合わせる。

主語によって，be動詞が
かわるから注意してね。

|ナルホド！|

Words & Phrases | 次の日本語は英語に，英語は日本語にしなさい。

☐(1) global （　　　　　　　）　　　☐(5) 習う，学ぶ，教わる ＿＿＿＿＿＿＿

☐(2) society （　　　　　　　）　　　☐(6) 言語，ことば ＿＿＿＿＿＿＿

☐(3) easily （　　　　　　　）　　　☐(7) 創作する，考案する ＿＿＿＿＿＿＿

☐(4) safety （　　　　　　　）　　　☐(8) 重要な，大切な ＿＿＿＿＿＿＿

1 日本語に合うように，（ ）内から適切なものを選び，記号を〇で囲みなさい。

(1) アヤがあなたを手伝ってくれるかもしれません。

Aya （ ア must　イ may ） help you.

(2) ボブは今テレビ・ゲームをしているかもしれません。

Bob may （ ア be　イ is ） playing video games now.

(3) 私の兄はスキーをすることができます。

My brother （ ア be　イ is ） able to ski.

(4) リカはピザをつくることができます。

Rika is able to （ ア make　イ making ） pizza.

テストによく出る!

動詞の形

助動詞mayや，be able toのあとに続く動詞は原形を使うので覚えておこう。

(2)mayのあとに進行形（be動詞＋動詞の-ing形）が続いているので，be動詞の原形を使う。

(4)be able toのあとに続く動詞も原形を使う。

2 絵を見て，例にならい，「～することができます」の文を書きなさい。

例 I	(1) you	(2) Mr. Kato	(3) my sister
play soccer well	swim fast	speak English	skate well

例 **I'm able to play soccer well.**

(1) You ＿＿＿＿＿＿ able to ＿＿＿＿＿＿ fast.

(2) Mr. Kato ＿＿＿＿＿＿ able to ＿＿＿＿＿＿ English.

(3) ＿＿＿＿＿＿＿＿＿＿＿＿＿＿＿＿＿＿＿＿

注目!

be動詞の使い分け

「～することができる」を表すbe able toのbe動詞は，主語が表す人称や数に応じて変化するので注意しよう。

・主語がI
　→ am able to

・主語がyou，複数
　→ are able to

・主語が3人称・単数
　→ is able to

Lesson 7

3 日本語に合うように，＿＿＿＿に適切な語を書きなさい。

(1) 来訪者たちは簡単に救急室を見つけることができました。

Visitors ＿＿＿＿＿＿ able to ＿＿＿＿＿＿ first-aid

rooms ＿＿＿＿＿＿.

(2) 人々は多くの言語を学ぶ必要がありますか。

＿＿＿＿＿＿ people ＿＿＿＿＿＿ to learn many

languages?

(3) 緑色はふつう，安全を意味します。

Green usually ＿＿＿＿＿＿ ＿＿＿＿＿＿ safety.

(4) 非常口用の多くのピクトグラムは緑色です。

Many pictograms ＿＿＿＿＿＿ emergency exits

＿＿＿＿＿＿ green.

⚠ミスに注意

(1)「～することができる」はbe able toを使うけど，過去で主語が複数なのでbe動詞に注意してね。

(2)have toの疑問文は，do / doesを使うよ。

(3)「～を意味する[表す]」はstand forで表すよ。

(4)「～用の」という前置詞はforを使うよ。

❶ （ ）に入る最も適切なものを1つ選び，記号を○で囲みなさい。

☐(1) Kana （   ） to study science for the test.

　　ア have　　イ has　　ウ having　　エ does

☐(2) You （   ） have to go to school today.

　　ア aren't　　イ isn't　　ウ don't　　エ doesn't

☐(3) My mother may （   ） cooking dinner now.

　　ア be　　イ is　　ウ to　　エ are

❷ 日本語に合うように，＿＿＿に適切な語を書きなさい。

☐(1) あなたたちは英語で答える必要があります。

　　You ＿＿＿＿＿＿＿＿ to answer ＿＿＿＿＿＿＿＿ English.

☐(2) 私たちは学校に遅れてはいけません。

　　We ＿＿＿＿＿＿＿＿ not ＿＿＿＿＿＿＿＿ late for school.

☐(3) かき氷を食べすぎてはいけません。

　　＿＿＿＿＿＿＿＿ eat shaved ice ＿＿＿＿＿＿＿＿ much.

❸ （ ）内の指示に従って，英文を書きかえなさい。

☐(1) Dan plays the trumpet well.　（be able toの文に）

　　＿＿＿＿＿＿＿＿＿＿＿＿＿＿＿＿＿＿＿＿＿＿＿＿＿＿＿

☐(2) You have to get up early tomorrow.　（疑問文に）

　　＿＿＿＿＿＿＿＿＿＿＿＿＿＿＿＿＿＿＿＿＿＿＿＿＿＿＿

☐(3) My brother has to clean his room.　（否定文に）

　　＿＿＿＿＿＿＿＿＿＿＿＿＿＿＿＿＿＿＿＿＿＿＿＿＿＿＿

❹ 日本語に合うように，（ ）内の語句を並べかえなさい。

☐(1) 私の父は3か国語を話すことができます。

　　(able / my father / three languages / to / is / speak).

　　＿＿＿＿＿＿＿＿＿＿＿＿＿＿＿＿＿＿＿＿＿＿＿＿＿＿.

☐(2) リズはあしたまでに宿題を終える必要がありません。

　　(to / Liz / her homework / doesn't / finish / have) by tomorrow.

　　＿＿＿＿＿＿＿＿＿＿＿＿＿＿＿＿＿＿＿＿＿＿＿ by tomorrow.

ヒント　**❶**(1)主語が3人称・単数。(3)「may＋動詞の原形」　**❷**(2)「must not＋動詞の原形」(3)Don't 〜.の禁止の文。
　　　　❸(1)be able toのあとの動詞は原形。(2)(3)一般動詞のときと同様に。　**❹**(1)be able toの文。(2)has toの否定文。

定期テスト
予報
●have to / must / must not / may / be able toの使い方がわかるかが問われるでしょう。
⇒have to / must / must not / may / be able toの意味の違いを理解しておきましょう。
⇒be able toのbe動詞の使い分けを確認しておきましょう。

⑤ 読む 次の対話文を読んで，あとの問いに答えなさい。

Aya : This is a souvenir from my neighbor. Bob, try ①it. It's good!

Bob : What does this symbol mean?

Aya : Can you guess?

Bob : Let's me see... Is ②it a jellyfish?

Aya : No. It's a place. ③(take / have / we / our clothes / to / off) in this place.

Bob : I have no idea. I want another hint.

Aya : We can relax in hot water.

Bob : Oh, I got it. A hot spring!

Aya : Right. Everyone knows this symbol in Japan.

□(1) 下線部①②のitが指しているものを文中の英語で答えなさい。

　①＿＿＿＿＿＿＿＿＿＿＿＿＿＿＿＿＿＿＿＿　②＿＿＿＿＿＿＿＿＿＿＿＿＿

□(2) 下線部③が次の意味になるように，（　）内の語句を並びかえなさい。

　「この場所では，私たちは服を脱ぐ必要があります。」

＿＿＿＿＿＿＿＿＿＿＿＿＿＿＿＿＿＿＿＿＿＿＿＿＿＿＿＿＿＿ in this place.

□(3) 本文の内容に合うように，次の問いに英語で答えなさい。

　1．Does Bob want another hint?　　　—＿＿＿＿＿＿＿＿＿＿＿＿＿＿＿＿

　2．What does this symbol mean?

　　—＿＿＿＿＿＿＿＿＿＿＿＿＿＿＿＿＿＿＿＿＿

⑥ 話す 次の文を声に出して読み，問題に答え，答えを声に出して読んでみましょう。

　This is a manhole toilet. I watched a demonstration. If you want to use a toilet, you have to open the manhole first.   Next, put a seat on it.   Then, set up a tent over it. Now you can use the toilet.

　　　　　　（注） manhole マンホール　　demonstration （商品の）実物宣伝　　If もし〜なら

□(1) What is this article about?

　—＿＿＿＿＿＿＿＿＿＿＿＿＿＿＿＿＿＿＿＿＿＿＿＿＿

□(2) If you want to use a toilet, what do you have to do first?

　—＿＿＿＿＿＿＿＿＿＿＿＿＿＿＿＿＿＿＿＿＿＿＿＿＿

ヒント　⑤(1)①直前のアヤの発言に着目。②直前のボブの発言に着目。(2)「〜する必要がある」＝「have to＋動詞の原形」
(3)1.本文2〜3行目に着目。2.本文4行目のボブの発言に着目。3.本文最後のボブとアヤのやりとりに着目。

① 各組で下線部の発音が同じものには〇を，そうでないものには×を書きなさい。

9点

(1) s<u>a</u>fety

n<u>ei</u>ghbor

(2) sl<u>o</u>wly

gl<u>o</u>bal

(3) v<u>i</u>sitor

dr<u>i</u>ver

② 次の語で，最も強く発音する部分の記号を答えなさい。

9点

(1) im-por-tant

ア　イ　ウ

(2) lan-guage

ア　イ

(3) sou-ve-nir

ア　イ　ウ

③ 日本語に合うように，＿＿に適切な語を答えなさい。

18点

(1) 兄は今，おふろに入っているかもしれません。

My brother ＿＿＿ ＿＿＿ taking a bath now.

(2) 私は休日に早起きする必要がありますか。

＿＿＿ I ＿＿＿ to get up early on holidays?

(3) この公園では音楽に合わせて踊ることができます。

You ＿＿＿ dance ＿＿＿ music in this park.

④ 日本語に合うように，（　）内の語句を並べかえなさい。

21点

(1) 靴は靴箱に入れる必要があります。

(put / have / you / the shoe box / to / into / your shoes).

(2) この部屋では，私たちは靴を脱ぐ必要がありません。

(have / we / to / take / don't / our shoes / off) in this room.

(3) 私の父は難しい英語の本を読むことができます。

(difficult / to / is / read / English books / my father / able).

⑤ 次の対話文を読んで，あとの問いに答えなさい。

29点

Tom : Signs are very important for our lives.

Miki : Yes. We can see many kinds of signs. What does this sign mean?

Tom : ①You (　　) (　　) take pictures here.

Miki : Right. Do you know about pictograms in Japan?

Tom : I don't know much about ②them.

Miki : In 1964, the Japanese Olympic Committee created many pictograms

③(初めて). ④(able / find / were / easily / to / visitors / first-aid rooms).

(1) 下線部①が次の意味になるように, ( ) に適切な語を答えなさい。

「ここで写真を撮ってはいけません。」

(2) 下線部②のthemが指すものを文中の英語3語で答えなさい。 表

(3) 下線部③の ( ) 内の日本語を英語4語で表しなさい。

(4) 下線部④が次の意味になるように, ( ) 内の語句を並べかえなさい。

「来訪者たちは簡単に救急室を見つけることができました。」

差
がつく (5) 本文の内容に合うように, 次の問いに日本語で答えなさい。 表

1. トムは日本のピクトグラムについて知っていますか。

2. 日本オリンピック委員会が初めてたくさんのピクトグラムを考案したのはいつですか。

点
UP 6 書く✍ 次のようなとき英語で何と言うか, ( )内の語数で答えなさい。

(.や?は語数に含みません。) 表   14点

(1) 自分は今週一生懸命に勉強しなければならないと述べるとき。(6語)

(2) 相手にテレビ・ゲームをしてはいけないと注意するとき。(6語)

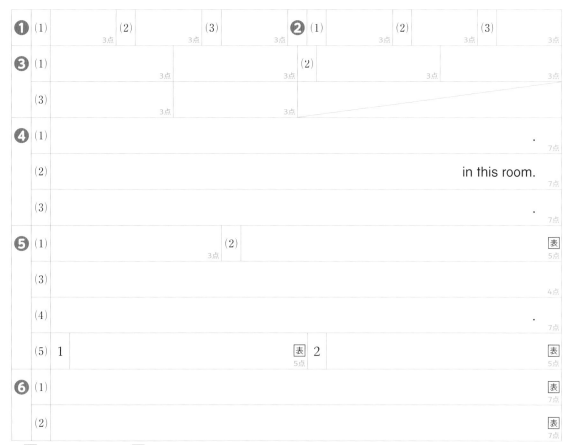

▶ 表 の印がない問題は全て 知 の観点です。

Reading 2
An Old Woman and a Dog—①

教科書の重要ポイント　**前置詞の意味**　教科書pp.98〜100

▼ 前置詞には基本となる意味がある。イメージでとらえるようにしよう。

Meg sat down at the table.　〔メグはそのテーブルの席につきました。〕
「テーブルに」　←「at＋場所」

A small dog was at her feet.　〔1匹の小さなイヌが彼女の足元にいました。〕
「彼女の足元に」　←「at＋場所」

She looked at the dog.　〔彼女はそのイヌを見ました。〕
「〜を見る」　←「動詞＋at」

> 前置詞atの基本となる意味は「一点」だよ。
> そのイメージをふくらませて意味を考えよう。

ナルホド！

Words & Phrases　次の日本語は英語に，英語は日本語にしなさい。

(1) thirsty （　　　　　　　　）　　(6) 女性 ＿＿＿＿＿＿＿＿

(2) quiet （　　　　　　　　）　　(7) 足 ＿＿＿＿＿＿＿＿

(3) cookie （　　　　　　　　）　　(8) グラス ＿＿＿＿＿＿＿＿

(4) go into 〜 （　　　　　　　　）　　(9) 寂しい ＿＿＿＿＿＿＿＿

(5) sit down （　　　　　　　　）　　(10) 〔否定文で〕何も ＿＿＿＿＿＿＿＿

1 日本語に合うように，＿＿＿に適切な語を書きなさい。

(1) メグはあるコーヒー店に入りました。

Meg ＿＿＿＿＿＿ ＿＿＿＿＿＿ a coffee shop.

(2) ある年老いた女性がドアの近くのテーブルにいました。

An old woman was ＿＿＿＿＿＿ a table ＿＿＿＿＿＿
the door.

(3) メグはその年老いた女性のとなりのテーブルの席につきました。

Meg ＿＿＿＿＿＿ down ＿＿＿＿＿＿ the table
＿＿＿＿＿＿ to the old woman.

⚠ミスに注意

(1)「〜に入る」は，go
into 〜で表すよ。
goは過去形にしてね。
(2)「テーブルに」というと
きは，atを使うよ。
(3)「〜のとなりの」は，
next to 〜で表すよ。

ぴたトレ
1
要点チェック

Reading 2
An Old Woman and a Dog—②

時間 **10**分 ┃ 解答 p.26

〈新出語・熟語 別冊p.12〉

教科書の重要ポイント ┃ " "の使い方 ┃ 教科書 pp.98〜100

▼ 「〜だと思った」や「〜とたずねた」のように言ったことを直接表すときは，" "を使って，その内容を表す。

Meg │thought│, "She is lonely!" 〔メグは「彼女は寂しいのだ！」と思いました。〕
　　　「〜だと思った」

"It is very hot today," she │said│. 〔「今日はとても暑いです」と彼女は言いました。〕
　　　　　　　　　　　　　　　「〜と言った」

Meg │asked│, "Does your dog like people?"
　　　「〜とたずねた」

〔メグは「あなたのイヌは人が好きですか」とたずねました。〕

〜ナルホド！〜

Words & Phrases 次の日本語は英語に，英語は日本語にしなさい。

□(1) reply （　　　　　）　　　□(6) 〜を買う　＿＿＿＿＿＿

□(2) bite （　　　　　）　　　□(7) 〜の内側に　＿＿＿＿＿＿

□(3) tame （　　　　　）　　　□(8) 〜さえ　＿＿＿＿＿＿

□(4) scream （　　　　　）　　　□(9) (手を)差し出す　＿＿＿＿＿＿

□(5) jump up （　　　　　）　　　□(10) 〜と思う，考える　＿＿＿＿＿＿

1 日本語に合うように，＿＿＿に適切な語を書きなさい。

□(1) メグは，「彼はクッキーが好きですか」とたずねました。
　　Meg ＿＿＿＿＿＿＿, "Does he like cookies?"

□(2) 「それらは彼の大好物です」と，その年老いた女性は言いました。
　　"They are his favorite food," ＿＿＿＿＿＿＿ the old woman.

□(3) その女性は，「彼は人が好きです」と答えました。
　　The woman ＿＿＿＿＿＿＿, "He loves people."

□(4) 「そのイヌはおなかがすいているのだ」と，私は思いました。
　　I ＿＿＿＿＿＿＿, "The dog is hungry."

注目！

物語文での会話表現
物語文では，登場人物が会話するとき，" "を使って直接言った内容を表す。これを「直接話法」という。物語文ではよくある表現方法なので覚えておこう。

Reading 2

① （　）に入る最も適切なものを１つ選び，記号を〇で囲みなさい。

選択肢を空所に
あてはめて考え
てね！

□(1) "（　　） is nice inside here," she said.

ア This　　イ That　　ウ It

□(2) Kenta was （　　） a table near the window.

ア in　　イ at　　ウ on

□(3) The old woman （　　） say anything.

ア didn't　　イ isn't　　ウ aren't

② 日本語に合うように，＿＿＿に適切な語を書きなさい。

□(1) 彼女はその少年のところへ行き，彼に話しかけました。

She went ＿＿＿＿＿＿ the boy and ＿＿＿＿＿＿ ＿＿＿＿＿＿ him.

□(2) 私は，「その女性は有名な歌手だ」と思いました。

I ＿＿＿＿＿＿, "The woman is the famous singer."

□(3) そのイヌはクッキーにかみつきませんでしたが，彼女の手をかみました。

The dog ＿＿＿＿＿＿ bite the cookie, but it ＿＿＿＿＿＿ her hand.

□(4) 私のイヌはネコでさえ怖がります。

My dog is ＿＿＿＿＿＿ ＿＿＿＿＿＿ of cats.

□(5) 「今日はとても暑いです」と，彼女は言いました。

"＿＿＿＿＿＿ is very hot today," she ＿＿＿＿＿＿.

③ 日本語に合うように，（　）内の語句を並べかえなさい。

□(1) 私の弟はグラス１杯のジュースを買いました。

(bought / of / a / my brother / juice / glass).

＿＿＿＿＿＿＿＿＿＿＿＿＿＿＿＿＿＿＿＿＿＿＿＿＿＿.

□(2) ハルトはその少女のとなりの席につきました。

(down / to / Haruto / the girl / sat / next).

＿＿＿＿＿＿＿＿＿＿＿＿＿＿＿＿＿＿＿＿＿＿＿＿＿＿.

□(3) 私の母はイヌをとても怖がっていました。

(very / of / my mother / afraid / dogs / was).

＿＿＿＿＿＿＿＿＿＿＿＿＿＿＿＿＿＿＿＿＿＿＿＿＿＿.

ヒント　**①** (1)天候を表す主語。(2)「テーブルに」(3)「何も言わなかった」　**②** (1)前置詞toの使い方。(4)evenの位置に注意。
③ (1)「グラス１杯の～」＝a glass of ～ (2)「～のとなりの」＝next to ～ (3)「～を怖がる」＝be afraid of ～

4 読む📖 次の物語文を読んで，あとの問いに答えなさい。

　Meg was very thirsty. She went into a coffee shop. An old woman was at a table near the door. A small dog was at her feet.

　Meg bought a glass of juice and some cookies. She sat down at the table next to the old woman. The old woman was very quiet. ①(say / for / she / a / anything / time / didn't / long). Meg thought, "She is lonely!"

　Meg looked at the dog and asked, "Does your dog like people?" The woman answered, "Oh, yes! He loves people."

　Meg asked, "Does your dog like cookies?" "②They are his favorite food," said the old woman.

　Meg was very afraid of dogs. She asked, "Does your dog bite?" The old woman smiled and said, "No! My dog is very tame. He is even afraid of cats!"

　Meg took a cookie in her hand and reached under the table. She put ③it near the dog's mouth. The dog didn't bite the cookie. ④He bit ⑤her hand! Meg jumped up. She screamed, "You said, 'He doesn't bike.'"

　The old woman looked at Meg and then at the dog. Then she said, "That's not my dog!"

☐(1) 下線部①が次の意味になるように，（　）内の語を並べかえなさい。

　「彼女は長い時間，一言も話しませんでした。」

＿＿＿＿＿＿＿＿＿＿＿＿＿＿＿＿＿＿＿＿＿＿＿＿＿＿＿＿＿＿＿＿＿＿＿＿＿．

☐(2) 下線部②③④⑤が指す人やものを文中から見つけて，英語で答えなさい。

　②＿＿＿＿＿＿＿＿＿＿＿＿＿　③＿＿＿＿＿＿＿＿＿＿＿＿＿

　④＿＿＿＿＿＿＿＿＿＿＿＿＿　⑤＿＿＿＿＿＿＿＿＿＿＿＿＿

☐(3) 次の文が本文の内容に合っていれば○，違っていれば×を（　）に書きなさい。

　１．メグがコーヒー店に入ると，ドアの近くに年老いた女性がいた。　　　　（　　）

　２．メグはカップ１杯のコーヒーとクッキーを買った。　　　　　　　　　（　　）

　３．そのテーブルの下のイヌは，年老いた女性をかんだ。　　　　　　　　（　　）

　４．メグは，「あなたは『そのイヌはかまない』と言った」と叫んだ。　　（　　）

　５．そのテーブルの下のイヌは，年老いた女性のイヌだった。　　　　　　（　　）

ヒント　**4** (2)②直前のメグの発言に着目。③直前の文に着目。④直前の文に着目。⑤クッキーを持っていたのはだれか。
　(3)1. 1～2行目に着目。2. 3行目に着目。3. 12～13行目に着目。4. 14行目に着目。5. 最後の2行に着目。

ぴたトレ
1
要点チェック

Lesson 8
Holiday in Hokkaido (Part 1)

時間 **15分**

解答 p.27

〈新出語・熟語 別冊p.13〉

教科書の
重要ポイント **すでに決めた予定を伝える** 教科書 pp.101～103

What are you going to do in Hokkaido? 〔あなたたちは北海道で何をするつもりですか。〕
└─Whatを文頭に，be動詞を主語の前に置く。

—**We are going to visit the zoo.** 〔私たちは動物園に行くつもりです。〕
「be動詞＋going to 」

▼ すでに決めてある予定や計画を「〜するつもりです」のように述べる場合は，
「be動詞＋going to＋動詞の原形」を使って表す。

| ふつうの文 | Ken | plays soccer. 〔ケンはサッカーをします。〕 |

| be going toの文 | Ken is going to play soccer. 〔ケンはサッカーをするつもりです。〕 |
「be動詞＋going to＋動詞の原形」

> be going toのbe動詞は，
> 主語によって使い分けるよ。

ナルホド！

▼ be going toの疑問文は，be動詞を主語の前に置く。
疑問詞を用いるときは，文頭に置く。

肯定文　　You are going to play tennis tomorrow.
主語の前に置く。　　〔あなたはあしたテニスをするつもりです。〕

疑問文　　Are you going to play tennis tomorrow?
〔あなたはあしたテニスをするつもりですか。〕

whatの疑問文　What are you going to do tomorrow?
「何を」　←文頭に置く。　　〔あなたはあした何をするつもりですか。〕

ナルホド！

Words & Phrases 次の日本語は英語に，英語は日本語にしなさい。

☐(1) holiday （　　　　　　　　　）　　☐(4) 計画 _____

☐(2) Finland （　　　　　　　　　）　　☐(5) 引っ越す _____

☐(3) elementary school （　　　　　　　　　　　）

1 日本語に合うように，（ ）内から適切なものを選び，記号を○で囲みなさい。

□(1) 私は来週，箱根を訪れるつもりです。

I'm（ ア going イ doing ）to visit Hakone next week.

□(2) あなたはあしたスキーに行くつもりですか。

Are you going to（ ア go イ do ）skiing tomorrow?

□(3) ビルは今日，宿題をするつもりです。

Bill is going to（ ア go イ do ）his homework today.

2 絵を見て， 例 にならい，「あした～するつもりです」の文を書きなさい。

| 例 | I | (1) | we | (2) | Yuki | (3) | Tom and I |

study English | practice singing | cook dinner | play soccer

例 **I'm going to study English tomorrow.**

□(1) We _____ going to _____ singing tomorrow.

□(2) Yuki _____ tomorrow.

□(3) _____ tomorrow.

3 日本語に合うように，_____ に適切な語を書きなさい。

□(1) 私たちは上野動物園を訪れるつもりです。

_____ going to _____ Ueno Zoo.

□(2) ナオミは次の日曜日にテニスの試合の予定がありますか。

_____ Naomi going to _____ a tennis match next Sunday?

□(3) あなたは今週末何をするつもりですか。

_____ are you _____ to _____ this weekend?

4 （ ）内の指示に従って，英文を書きかえなさい。

□(1) Aya studies English. （be going toの文に）

_____

□(2) They are going to see a movie. （疑問文に）

_____

Lesson 8
Holiday in Hokkaido (Part 2)

| 教科書の重要ポイント | 未来に対する予想を伝える | 教科書 pp.104～105 |

It <u>**will**</u> **snow tomorrow.** 〔あしたは雪が降るでしょう。〕
「will＋動詞の原形」

▼ 未来のことを「～（になる）だろう」と予想する場合は，「will＋動詞の原形」を使って表す。

| 現在の文 | **It** **is sunny today.** 〔今日は晴れです。〕
be動詞

| 未来の文 | **It** | **will** | **be sunny tomorrow.** 〔あしたは晴れるでしょう。〕
「will＋動詞の原形」

> willのあとの動詞は原形を使うよ。

ナルホド!

▼ willは「～（になる）だろう」と予想するだけでなく，「～するつもりです」と未来の意志を表すこともある。

| 未来を表す文 | Ken | **will** | be a soccer player. 〔ケンはサッカー選手になるでしょう。〕
「～（になる）だろう」

| 意志を表す文 | I | **will** | be a soccer player. 〔私はサッカー選手になるつもりです。〕
「～（になる）つもりだ」

ナルホド!

Words & Phrases 次の日本語は英語に，英語は日本語にしなさい。

☐(1) spot （　　　　　　　）　　　☐(7) カメラ ＿＿＿＿＿＿＿＿

☐(2) jewelry （　　　　　　　）　　　☐(8) 現れる，見えてくる ＿＿＿＿＿＿＿＿

☐(3) sunrise （　　　　　　　）　　　☐(9) 氷 ＿＿＿＿＿＿＿＿

☐(4) scene （　　　　　　　）　　　☐(10) 〔否定文で〕まだ ＿＿＿＿＿＿＿＿

☐(5) of course （　　　　　　　）　　　☐(11) あした ＿＿＿＿＿＿＿＿

☐(6) a few ～ （　　　　　　　）　　　☐(12) 雪が降る ＿＿＿＿＿＿＿＿

114

1 日本語に合うように，（　）内から適切なものを選び，記号を〇で囲みなさい。

□(1) あしたは雨が降るでしょう。

It will （ ア rain　イ raining ） tomorrow.

□(2) 今週末は雨になるでしょう。

It will （ ア rainy　イ be rainy ） this weekend.

□(3) ミキはあした買いものに行くでしょう。

Miki will （ ア go　イ goes ） shopping tomorrow.

テストによく出る！

　willのあとの動詞

willのあとの動詞は，主語が何であっても，動詞の原形を使う。

(1)(2)rainは動詞，rainyは形容詞なので，形容詞の前にはbe動詞が必要になる。

2 絵を見て， 例 にならい，「あしたは～になるだろう」の文を書きなさい。

例	(1)	(2)	(3)
sunny and hot	snowy and cold	rainy and humid	cloudy and cool

例 **It will be sunny and hot tomorrow.**

□(1) It ＿＿＿＿＿＿ ＿＿＿＿＿＿ snowy and cold tomorrow.

□(2) ＿＿＿＿＿＿＿＿＿＿＿＿＿＿＿ tomorrow.

□(3) ＿＿＿＿＿＿＿＿＿＿＿＿＿＿＿＿

注目！

　天候を表す語

天候を表す形容詞を覚えておこう。

・「晴れた」 sunny
・「雨降りの」 rainy
・「雪の降る」 snowy
・「曇った」 cloudy
・「暑い」 hot
・「涼しい」 cool
・「寒い」 cold
・「湿気の多い」 humid

3 日本語に合うように，＿＿＿に適切な語を書きなさい。

□(1) 今，雪が降っていますか。

Is ＿＿＿＿＿＿ ＿＿＿＿＿＿ now?

□(2) それは数週間で現れるでしょう。

It ＿＿＿＿＿＿ ＿＿＿＿＿＿ in a few weeks.

□(3) 私はあなたたちに祖父について話すつもりです。

＿＿＿＿＿＿ ＿＿＿＿＿＿ you about my grandpa.

□(4) 私は雪景色の写真を撮りたいです。

I ＿＿＿＿＿ to ＿＿＿＿＿ photos of snow scenes.

⚠ミスに注意

(1)天候を表す現在進行形の疑問文だよ。主語に注意して。

(2)willを使った未来を予想する文だよ。

(3)willを使った未来の意志を表す文だよ。
I willを短縮した形を使ってね。

(4)「～したい」は，want to を使ってね。

4 次の英文を，willを使って未来の文に書きかえなさい。

□(1) It is sunny this afternoon.

＿＿＿＿＿＿＿＿＿＿＿＿＿＿＿＿＿＿＿＿

□(2) Kenta goes to the park today.

＿＿＿＿＿＿＿＿＿＿＿＿＿＿＿＿＿＿＿＿

Lesson 8

ぴたトレ 1
要点チェック

Lesson 8
Holiday in Hokkaido (Part 3) – ①

時間 **15分**
解答 p.28

〈新出語・熟語 別冊p.13〉

教科書の重要ポイント 「(まもなく)～します」という予定を伝える 教科書 pp.106～109

▼ 進行形「be動詞＋動詞の-ing形」が，「(まもなく)～します」と予定を表すことがある。

be going toの文 We are going to visit the zoo this weekend.
「～するつもりだ」 〔私たちは今週末，動物園を訪れるつもりです。〕

現在進行形 We are arriving at the zoo soon.
「(まもなく)～する」 〔私たちはまもなく動物園に到着します。〕

> 未来を表す現在進行形は，すでに準備が進行中の
> 未来の予定や計画を表すよ。

▼ 近い未来の予定や計画を表す進行形は，次の動詞でよく用いられる。

go (行く) / come (来る) / leave (出発する, 立ち去る) / arrive (到着する)

I am leaving home at eight this morning. 〔私は今朝8時に家を出発します。〕
「出発します」

Rika is coming home at seven. 〔リカは7時に家に帰ります。〕
「帰ります」

We are going to Hakone tomorrow. 〔私たちはあした箱根に行く予定です。〕
「行く予定だ」

ナルホド!

Words & Phrases 次の日本語は英語に，英語は日本語にしなさい。

☐ (1) article （   ）

☐ (2) zookeeper （   ）

☐ (3) situation （   ）

☐ (4) sketch （   ）

☐ (5) by the way （   ）

☐ (6) get into ～ （   ）

☐ (7) 着く，到着する _____

☐ (8) 違い _____

☐ (9) 展示 _____

☐ (10) 自然の _____

☐ (11) 飛ぶ _____

1 日本語に合うように，（　）内から適切なものを選び，記号を○で囲みなさい。

注目!

進行形と be going to

(1)の be going to は「～するつもり」という単なる心づもりだが，(2)の現在進行形は準備が進んでいる予定を表す。「意図」と「予定」の違いと考えよう。

☐(1) 私たちは大阪へ引っ越すつもりです。

We're （ ア going　イ go) to move to Osaka.

☐(2) 私たちは来週，大阪へ引っ越します。

We're （ ア going　イ moving) to Osaka next week.

☐(3) メイはあした，シンガポールへ帰る予定です。

Mei is （ ア go　イ going) back to Singapore tomorrow.

2 絵を見て，例にならい，「(まもなく)～します」の文を書きなさい。

テストによく出る!

進行形の形

近い未来の予定や計画を表す現在進行形でも，進行形の形「be動詞＋動詞の-ing形」は同じである。be going to と混同しないように注意しよう。

| 例 I arrive at Nara | (1) we come home | (2) Kenta go to school | (3) they move to Chiba |

例 **I'm arriving at Nara soon.**

☐(1) We _____ _____ home soon.

☐(2) Kenta _____ soon.

☐(3) _____ this weekend.

3 日本語に合うように，_____ に適切な語を書きなさい。

☐(1) 私たちはまもなく多摩動物園に着きます。

_____ _____ at Tama Zoo soon.

☐(2) あなたは古い動物園と新しい動物園との違いを知っていますか。

Do you know the differences _____ the old zoo _____ the new zoo?

☐(3) はい，どうぞ。_____ you are.

4 日本語に合うように，（　）内の語句を並べかえなさい。

☐(1) 私は次の日曜日，東京へ帰るつもりです。

(back / going / Tokyo / I'm / to / to / go) next Sunday.

_____ next Sunday.

☐(2) 父はあした東京へ帰ってきます。

(Tokyo / is / back / my father / to / coming) tomorrow.

_____ tomorrow.

⚠ミスに注意

(1)近い未来の予定を表す進行形の文だよ。主語とbe動詞を短縮した形を使ってね。

(2)「AとBの間に」は，betweenを使うよ。

(3)ものを手渡すときの決まり文句だよ。このまま覚えよう。

Lesson 8

ぴたトレ 1
要点チェック

Lesson 8
Holiday in Hokkaido (Part 3) −②

時間 **15分**　解答 p.28

〈新出語・熟語 別冊p.13〉

教科書の重要ポイント　「〜しないでしょう」という予想を伝える / should　教科書 pp.106 〜 109

▼ 未来のことを「〜しないでしょう」と予想する場合は，won't [will not] を使う。

肯定文　It will snow tomorrow.　〔あしたは雪が降るでしょう。〕
　　　　　　動詞の原形

否定文　It won't snow tomorrow.　〔あしたは雪は降らないでしょう。〕
　　　　　= will not　←willのあとにnotを置く。

▼ 疑問文はwillを主語の前に置き，答えるときもwillを使う。

肯定文　It will snow tomorrow.　〔あしたは雪が降るでしょう。〕
　　　　　　　　　　主語の前に置く。

疑問文　Will it snow tomorrow?　〔あしたは雪は降るでしょうか。〕
　　　—Yes, it will. / No, it will not.
　　　〔はい，降るでしょう。／いいえ，降らないでしょう。〕

> 否定文や疑問文でも，willのあとの動詞は原形を使うよ。

\ナルホド!/

▼ 「〜すべきである，〜したほうがよい」と提案する場合は，shouldを使う。shouldのあとは，動詞の原形を使う。

You should read this book.　〔あなたはこの本を読むべきです。〕
　　　　動詞の原形

\ナルホド!/

Words & Phrases　次の日本語は英語に，英語は日本語にしなさい。

☐(1) behavior （　　　　　　）

☐(2) environment （　　　　　　）

☐(3) facility （　　　　　　）

☐(4) come true （　　　　　　）

☐(5) at last （　　　　　　）

☐(6) many kinds of 〜 （　　　　　　）

☐(7) （絵を）描く　＿＿＿＿＿＿＿＿

☐(8) 真実の，本当の　＿＿＿＿＿＿＿＿

☐(9) 村　＿＿＿＿＿＿＿＿

☐(10) 非常に大きい，巨大な　＿＿＿＿＿＿＿＿

☐(11) 囲い，かご　＿＿＿＿＿＿＿＿

1 日本語に合うように，（ ）内から適切なものを選び，記号を〇で囲みなさい。

☐(1) 今日は雨は降らないでしょう。

It (ア will　イ will not) rain today.

☐(2) あしたは晴れないでしょう。

It won't (ア sunny　イ be sunny) tomorrow.

☐(3) 私たちは毎日朝食を食べるべきです。

We (ア will　イ should) have breakfast every day.

2 絵を見て，例にならい，「あなたは毎日〜すべきです」の文を書きなさい。

例 play soccer　(1) study math　(2) get up early　(3) clean your room

例 **You should play soccer every day.**

☐(1) You ＿＿＿＿＿ ＿＿＿＿＿ math every day.

☐(2) You ＿＿＿＿＿＿＿＿＿＿＿＿＿ every day.

☐(3) You ＿＿＿＿＿＿＿＿＿＿＿＿＿ every day.

3 日本語に合うように，＿＿＿に適切な語を書きなさい。

☐(1) 来園者は動物たちの自然なふるまいを見るでしょう。

Visitors ＿＿＿＿＿ ＿＿＿＿＿ animals' natural behavior.

☐(2) 彼らは状況をかえたいと思っていました。

They ＿＿＿＿＿ to ＿＿＿＿＿ the situation.

☐(3) 彼らの夢は，ついに実現しました。

Their dream ＿＿＿＿＿ true at ＿＿＿＿＿.

4 日本語に合うように，（ ）内の語句を並べかえなさい。

☐(1) ナオミは次の試合をあきらめないでしょう。

(up / Naomi / give / the next match / won't).

＿＿＿＿＿＿＿＿＿＿＿＿＿＿＿＿＿＿＿＿＿.

☐(2) 日曜日には，お母さんを手伝うべきです。

(should / your mother / you / help) on Sunday.

＿＿＿＿＿＿＿＿＿＿＿＿＿＿＿＿＿ on Sunday.

❶ ( )に入る最も適切なものを1つ選び，記号を〇で囲みなさい。

☐(1) Ken ( ) going to visit his grandma this weekend.

　　ア be　　イ is　　ウ are　　エ will

☐(2) It will ( ) cloudy and humid tomorrow.

　　ア be　　イ is　　ウ are　　エ do

☐(3) You should ( ) a lot of books.

　　ア be　　イ read　　ウ to read　　エ reading

❷ 日本語に合うように，＿＿に適切な語を書きなさい。

☐(1) あなたはカメラを持っていきますか。

　　Are you ＿＿＿＿＿＿＿ your camera ＿＿＿＿＿＿＿ you?

☐(2) その動物園について私に話してください。

　　＿＿＿＿＿＿＿ ＿＿＿＿＿＿＿ me about the zoo.

☐(3) 彼らは巨大なかごの中へ入り，たくさんの種類の鳥たちを見ることができます。

　　They can ＿＿＿＿＿＿＿ into a huge cage and see many ＿＿＿＿＿＿＿ of birds.

❸ ( )内の指示に従って，英文を書きかえなさい。

☐(1) My sister has a tennis match today.　（be going toの文に）

　　＿＿＿＿＿＿＿＿＿＿＿＿＿＿＿＿＿＿＿＿＿＿＿＿＿＿＿＿＿＿＿

☐(2) You are going to go shopping tomorrow.　（下線部をたずねる疑問文に）

　　＿＿＿＿＿＿＿＿＿＿＿＿＿＿＿＿＿＿＿＿＿＿＿＿＿＿＿＿＿＿＿

❹ 日本語に合うように，( )内の語句を並べかえなさい。

☐(1) 私たちはまもなく駅に到着します。

　　(arriving / we / the station / are / at) soon.

　　＿＿＿＿＿＿＿＿＿＿＿＿＿＿＿＿＿＿＿＿＿＿＿＿ soon.

☐(2) そのパーティーは6時に始まるでしょう。(six / will / at / the party / start).

　　＿＿＿＿＿＿＿＿＿＿＿＿＿＿＿＿＿＿＿＿＿＿＿＿＿＿＿＿＿＿.

☐(3) ミキはあした学校に来ないでしょう。

　　(come / won't / school / Miki / to) tomorrow.

　　＿＿＿＿＿＿＿＿＿＿＿＿＿＿＿＿＿＿＿＿＿＿ tomorrow.

ヒント　**❶**(1)「～するつもりだ」(2)「～だろう」(3)「～すべきである」　**❷**(1)未来を表す進行形の疑問文。(2)ていねいな命令文。
❸(1)be動詞に注意。(2)「何をするつもりか」の疑問文に。　**❹**(1)未来を表す進行形。(3)won'tはwill notの短縮形。

5 読む◗ 次の対話文を読んで，あとの問いに答えなさい。

Bob : Do you have any plans for the winter vacation, Aya?

Aya : Yes, ①(visit / I'm / to / my friend / going) in Hokkaido.

Bob : Hokkaido? That's nice.

Aya : My friend's name is Hanna. She's from Finland.

Bob : Where did you meet?

Aya : She was my classmate in elementary school.
She moved to Hokkaido last spring.

Bob : Oh, I see. ②What are you going to do there?

Aya : We have some plans. We're going to visit Asahiyama Zoo, for example.

□(1) 下線部①が意味の通る英文になるように，（　）内の語句を並べかえなさい。

_____ in Hokkaido.

□(2) 下線部②を，thereの場所を具体的にして日本語にしなさい。

（　　　　　　　　　　　　　　　　　　　　　　　　　　　　）

□(3) 本文の内容に合うように，（　）に適切な日本語を書きなさい。

1．ハンナは，アヤが（　　　　　　　　　　　）のときのクラスメートだった。

2．アヤは，ハンナと（　　　　　　　　　　　）を訪れようと思っている。

6 話す● 次の対話文を声に出して読み，問題に答え，答えを声に出して読んでみましょう。 アプリ

Sora : Excuse me, Ms. Bell.

Ms. Bell : Hi, Sora. Can I help you?

Sora : I'm going to visit New Zealand during summer vacation.

Ms. Bell : Oh, that's great! New Zealand is a nice country. You'll like it.

Sora : What place do you recommend in New Zealand?

Ms. Bell : How about a Maori village? You can learn about the Maori.

□(1) Where is Sora going to visit during summer vacation?

— _____

□(2) What place does Ms. Bell recommend?

— _____

ヒント **5** (1)be going toの肯定文。(2)be going toの疑問文。thereが指す場所は話の流れから判断する。
(3)1.本文6行目のアヤの発言に着目。2.本文最後のアヤの発言に着目。

Lesson 8 〜 Tips ④ for Listening

ぴたトレ
3
確認テスト

Lesson 8 ～
Tips ④ for Listening

時間 30分 /100点
合格 70点

解答 p.29

教科書 pp.101 ～ 110

1 各組で下線部の発音が同じものには〇を，そうでないものには×を書きなさい。

9点

(1) arr<u>i</u>ve
v<u>i</u>llage

(2) m<u>o</u>ve
z<u>oo</u>keeper

(3) c<u>a</u>mera
sit<u>ua</u>tion

2 次の語で，最も強く発音する部分の記号を答えなさい。

9点

(1) dif-fer-ence
ア イ ウ

(2) en-vi-ron-ment
ア イ ウ エ

(3) el-e-men-ta-ry
ア イ ウ エ オ

3 次の対話が成り立つように，____に適切な語を答えなさい。

18点

(1) *A :* _____ you _____ to see a movie next Sunday?

B : Yes, I'm going to see the movie of *Detective Conan*.

(2) *A :* _____ _____ Rika going to make with her mother?

B : She's going to make a cake.

(3) *A :* _____ _____ you going to visit next summer?

B : We're going to visit Hokkaido.

4 日本語に合うように，（ ）内の語句を並べかえなさい。

21点

(1) あなたは冬休みに向けて何か計画がありますか。

(plans / have / the winter vacation / do / any / you / for)?

(2) マコトは次の土曜日に沖縄へ引っ越します。

(moving / Okinawa / Makoto / to / is) next Saturday.

(3) 私はパーティーを楽しみにしています。

(to / looking / the party / I'm / forward).

5 次の対話文を読んで，あとの問いに答えなさい。

29点

Miyu : ①(to / to / are / go / Hawaii / going / you) next week?

Sam : Yes, I'm going to stay in Honolulu. I want to swim in the sea.

Miyu : ②You should eat Hawaiian food.

Sam : What do you recommend?

Miyu : I like pancakes. They are delicious.

Sam : I see. I'll enjoy ③them.

（注） Honolulu ホノルル　 Hawaiian food ハワイ料理　 pancake(s) パンケーキ

成績評価の観点　 知 …言語や文化についての知識・技能　 表 …外国語表現の能力

(1) 下線部①が次の意味になるように，（　）内の語を並べかえなさい。

「あなたは来週ハワイへ行くつもりですか。」

(2) 下線部②を，shouldの意味に注意して日本語にしなさい。

(3) 下線部③のthemが指すものを次から選び，記号で答えなさい。表

　　ア　ハワイの海　　イ　ハワイのおみやげ　　ウ　ミユのお勧めのパンケーキ

差がつく (4) 本文の内容に合うように，次の問いに英語で答えなさい。表

　　1．Where is Sam going to stay in Hawaii?

　　2．What does Sam want to do in Hawaii?

点UP ❻ 書く✎ 次のようなとき英語で何と言うか，（　）内の語数で答えなさい。

　　　（.や?は語数に含みません。）表

14点

(1) 相手に今週末に何をする予定かたずねるとき。（8語）

(2) あしたは晴れるだろうと予想するとき。（5語）

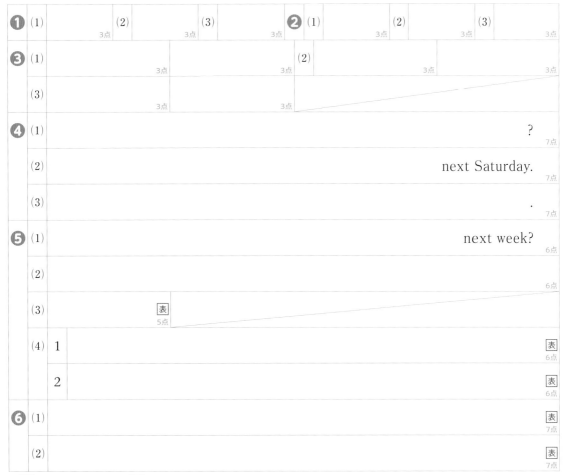

▶ 表 の印がない問題は全て 知 の観点です。

Lesson 9
Helping the Planet (Part 1)

教科書の重要ポイント 「〜そうに見える／聞こえる」と伝える 教科書 pp.111〜113

You look sleepy. 〔あなたは眠そうに見えます。〕
「look＋形容詞」

That sounds scary. 〔それは怖そうに聞こえます。〕
「sound＋形容詞」

▼ 人の様子が「〜そうに見える」というときは「look＋形容詞」，人の述べたことが「〜そうに聞こえる」というときは「sound＋形容詞」で表す。

ふつうの文	「look＋形容詞」の文
This bike is so old.	This bike looks so old.
〔この自転車はとても古いです。〕	〔この自転車はとても古そうに見えます。〕

「古い」という事実を表す

「古そうに見える」という自分の感覚を表す

「look＋形容詞」の文 Rika looks sleepy. 〔リカは眠そうに見えます。〕
「look＋形容詞」 ←「〜そうに見える」

「sound＋形容詞」の文
"Let's go to Yokohama and have lunch." 〔「横浜に行って，ランチをしましょう。」〕
"That sounds nice." 〔「それはよさそうです。」〕
「sound＋形容詞」 ←「〜そうに聞こえる」

ナルホド！

Words & Phrases 次の日本語は英語に，英語は日本語にしなさい。

☐(1) problem （　　　　　　）

☐(2) climate （　　　　　　）

☐(3) disappear （　　　　　　）

☐(4) everywhere （　　　　　　）

☐(5) environmental （　　　　　　）

☐(6) global warming （　　　　　　）

☐(7) 〜を終える _____

☐(8) 〜を選ぶ _____

☐(9) 〔時間的に〕遅く _____

☐(10) 地球 _____

☐(11) 惑星 _____

☐(12) 将来，未来 _____

1 日本語に合うように，（ ）内から適切なものを選び，記号を○で囲みなさい。

☐(1) あなたはとても眠そうに見えます。

You （ ア are　イ look ）so sleepy.

☐(2) この本はおもしろそうに見えます。

This book （ ア look　イ looks ）interesting.

☐(3) そのニュースは深刻そうに聞こえます。

The news （ ア sounds　イ looks ）serious.

テストによく出る!

「動詞＋形容詞」の形
「look[sound]＋形容詞」の形で，「～そうに見える[聞こえる]」と，人の様子や，人が述べたことがどんなふうに見える[聞こえる]かを伝えることができる。

2 絵を見て，例にならい，「…は～そうに見えます」の文を書きなさい。

例 you	(1) you	(2) Miki	(3) Haruma
happy	sad	tired	excited

例 **You look happy.**

☐(1) You ＿＿＿＿＿＿ sad.

☐(2) Miki ＿＿＿＿＿＿＿＿＿＿＿＿＿＿＿＿．

☐(3) Haruma ＿＿＿＿＿＿＿＿＿＿＿＿＿＿．

注目!

様子や感情を表す形容詞
形容詞は人やものの性質や状態を表す語だが，人の様子や感情を表すときにも使われる。
・happy
　「うれしい，幸せな」
・sad　「悲しい」
・tired　「疲(つか)れた」
・sleepy　「眠い」
・excited
「興奮した，わくわくした」

3 日本語に合うように，＿＿＿に適切な語を書きなさい。

☐(1) それは本当に怖そうに聞こえます。

That ＿＿＿＿＿＿ really ＿＿＿＿＿＿．

☐(2) 地球上の氷が溶(と)けています。

The ice ＿＿＿＿＿＿ the earth is ＿＿＿＿＿＿．

☐(3) 近い将来のうちに，いくつかの島は消えるかもしれません。

Some islands ＿＿＿＿＿＿ disappear ＿＿＿＿＿＿ the near future.

⚠ミスに注意

(1)「～そうに聞こえる」は，「sound＋形容詞」で表すよ。

(2)「～している」は，現在進行形を使ってね。

(3)「～かもしれない」は，助動詞mayを使うよ。

4 （ ）内の指示に従って，英文を書きかえなさい。

☐(1) That bird is beautiful.　（「～そうに見える」という意味に）

＿＿＿＿＿＿＿＿＿＿＿＿＿＿＿＿＿＿＿＿＿＿＿

☐(2) This song is exciting.　（「～そうに聞こえる」という意味に）

＿＿＿＿＿＿＿＿＿＿＿＿＿＿＿＿＿＿＿＿＿＿＿

Lesson 9

ぴたトレ
1
要点チェック

Lesson 9
Helping the Planet (Part 2)

時間 **15**分
解答 p.30

〈新出語・熟語 別冊p.14〉

教科書の
重要ポイント 「(場所)に～がある[いる]」を伝える 教科書 pp.114～115

There is an air conditioner in my house. 〔私の家にはエアコンがあります。〕
└─主語が単数の場合 └─主語(単数)

There are a lot of air conditioners in my school.
└─主語が複数の場合 └─主語(複数)
〔私の学校にはたくさんのエアコンがあります。〕

▼ 不特定のものや人が「(場所)に～がある[いる]」というときは, There is[are] ～.で表す。
主語が単数のときはThere is ～.を, 複数のときは, There are ～.を使う。

ふつうの文	There is[are] ～.の文
The book is on the desk.	**There is a book on the desk.**
〔その本は机の上にあります。〕	〔机の上に本が1冊あります。〕

特定の本の場所について述べている

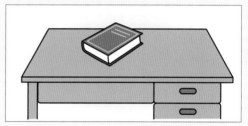

「本がある」という事実について述べている

ふつうの文

The book is on the desk. 〔その本は机の上にあります。〕
主語

There is[are] ～.の文

There is a book on the desk. 〔机の上に本が1冊あります。〕
└─ 主語(単数)

There are two books on the desk. 〔机の上に本が2冊あります。〕
└─ 主語(複数)

ナルホド!

Words & Phrases 次の日本語は英語に, 英語は日本語にしなさい。

☐(1) degree ( )

☐(2) temperature ( )

☐(3) humidity ( )

☐(4) at least ( )

☐(5) 節約する _____

☐(6) 感じる _____

☐(7) 上がる _____

☐(8) 暖かい _____

1 日本語に合うように，（ ）内から適切なものを選び，記号を○で囲みなさい。

- (1) 窓のそばに絵が1枚あります。

  There (ア is イ are) a picture by the window.
- (2) ベッドの上に帽子が2つあります。

  There (ア is イ are) two caps on the bed.
- (3) その部屋にネコ1匹とイヌ1匹がいます。

  There (ア is イ are) a cat and a dog in the room.

注目!

後ろの名詞に注目
There is[are] ～.の文では，後ろの名詞が単数か複数かでisかareかが決まる。
(3)ネコ1匹とイヌ1匹で2匹になるので，主語は複数になる。

2 絵を見て，例にならい，「…に～があります[います]」の文を書きなさい。

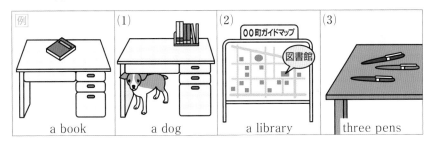

例	(1)	(2)	(3)
a book	a dog	a library	three pens

例 **There is a book on the desk.**

- (1) There ＿＿＿＿＿＿ a dog ＿＿＿＿＿＿ the desk.
- (2) ＿＿＿＿＿＿＿＿＿＿＿＿＿＿＿ in this town.
- (3) ＿＿＿＿＿＿＿＿＿＿＿＿＿＿＿ the table.

テストによく出る!

場所を表す前置詞
There is[are] ～.の文では，ふつう場所を表す前置詞が使われるので覚えておこう。
・on 「～(の上)に」
・in 「～(の中)に」
・under
　「～の(真)下に」
・by 「～のそばに」
・near 「～の近くに」

3 日本語に合うように，＿＿＿に適切な語を書きなさい。

- (1) 私たちはエネルギーを節約する必要があります。

  We ＿＿＿＿＿＿ ＿＿＿＿＿＿ save energy.
- (2) 私たちはどうやったらエネルギーを節約することができますか。

  ＿＿＿＿＿＿ ＿＿＿＿＿＿ we save energy?
- (3) たくさんの方法があります。

  There ＿＿＿＿＿＿ many ＿＿＿＿＿＿.

⚠ミスに注意

(1)「～する必要がある」はhave toを使うよ。
(2)「どうやったら」は，疑問詞Howを使ってね。
(3)「～がある」は，There is[are] ～.の文を使うよ。主語は複数だね。

4 日本語に合うように，（ ）内の語句を並べかえなさい。

- (1) 私の家の近くに病院があります。

  (hospital / there / near / a / my house / is).

  ＿＿＿＿＿＿＿＿＿＿＿＿＿＿＿＿＿＿＿.
- (2) 公園に何人かの少年がいます。

  (some / in / there / the park / are / boys).

  ＿＿＿＿＿＿＿＿＿＿＿＿＿＿＿＿＿＿＿.

Lesson 9

127

ぴたトレ
1
要点チェック

Lesson 9
Helping the Planet (Part 3)ー①

時間 **15**分
解答 p.31

〈新出語・熟語 別冊p.14〉

教科書の重要ポイント 「…に～があるか[いるか]」と質問する 教科書 pp.116～119

Is there a piano in your house? 〔あなたの家にはピアノがありますか。〕
└be動詞(is)をthereの前に置く。

—Yes, there is. / No, there isn't. 〔はい，あります。／いいえ，ありません。〕
└there isを使って答える┘

Are there many comic books in your house? 〔あなたの家にはマンガがたくさんありますか。〕
└be動詞(are)をthereの前に置く。

—Yes, there are. / No, there aren't. 〔はい，あります。／いいえ，ありません。〕
└there areを使って答える┘

▼ There is [are] ～.の文を疑問文にする場合は，be動詞(is / are)をthereの前に置く。

肯定文 There is a book on the desk. 〔机の上に本が1冊あります。〕
thereの前に置く。

疑問文 Is there a book on the desk? 〔机の上に本が1冊ありますか。〕

▼ 疑問文には，there is[are]を使って答える。

疑問文 Is there a book on the desk? 〔机の上に本が1冊ありますか。〕
答え方 —Yes, there is. / No, there isn't. 〔はい，あります。／いいえ，ありません。〕
└there isを使って答える┘
疑問文 Are there any books on the desk? 〔机の上に本が何冊かありますか。〕
答え方 —Yes, there are. / No, there aren't. 〔はい，あります。／いいえ，ありません。〕
└there areを使って答える┘

Words & Phrases 次の日本語は英語に，英語は日本語にしなさい。

☐(1) trash （　　　） ☐(6) 表 ＿＿＿＿

☐(2) graph （　　　） ☐(7) 総計 ＿＿＿＿

☐(3) percent （　　　） ☐(8) ～を燃やす ＿＿＿＿

☐(4) landfill （　　　） ☐(9) 余地，空き場所 ＿＿＿＿

☐(5) recycling （　　　） ☐(10) ～を示す，見せる ＿＿＿＿

1 日本語に合うように，（　）内から適切なものを選び，記号を○で囲みなさい。

□(1) この近くにレストランはありますか。

（ ア Is　イ Are ）there a restaurant near here?

□(2) はい，あります。((1)の答え)

Yes, there (ア is　イ are).

□(3) あなたのかばんに英語の本は入っていますか。

（ ア Is　イ Are ）there any English books in your bag?

□(4) いいえ，入っていません。((3)の答え)

No, there (ア isn't　イ aren't).

テストによく出る!

be動詞の使い分け

There is [are] 〜.の疑問文でも，後ろの名詞が単数か複数かでisかareかが決まる。

(2)(4)答えるときもthere is [are]を使う。

問い文に合わせてisとareを使い分ける。

2 絵を見て，例にならい，「…に〜がありますか[いますか]」の疑問文と，Yes / Noで答える文を書きなさい。

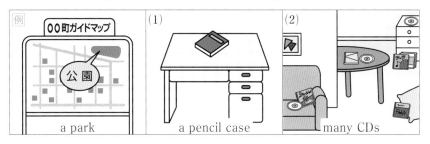

例 **Is there a park in this town? —Yes, there is.**

□(1) ＿＿＿＿＿＿ ＿＿＿＿＿＿ a pencil case on the desk?

—No, ＿＿＿＿＿＿ ＿＿＿＿＿＿.

□(2) ＿＿＿＿＿＿ ＿＿＿＿＿＿ many CDs in the room?

—Yes, ＿＿＿＿＿＿ ＿＿＿＿＿＿.

注目!

疑問文の答え方

There is [are] 〜.の疑問文に答えるときは，there is / there areを使う。

・Is there 〜?には，

—Yes, there is.

—No, there isn't.

・Are there 〜?には，

—Yes, there are.

—No, there aren't.

3 日本語に合うように，＿＿＿に適切な語を書きなさい。

□(1) この表は，ごみの総量を示しています。

This ＿＿＿＿＿＿ ＿＿＿＿＿＿ the amounts of trash.

□(2) シンガポールでは，たくさん再利用するのですね。

You recycle ＿＿＿＿＿＿＿＿＿＿ in Singapore.

4 日本語に合うように，（　）内の語句を並べかえなさい。

□(1) その部屋にエアコンはありますか。

(air conditioner / there / the room / an / is / in)?

＿＿＿＿＿＿＿＿＿＿＿＿＿＿＿＿＿＿＿？

□(2) その通りにたくさんのごみ箱がありますか。

(many / the street / are / on / there / trashcans)?

＿＿＿＿＿＿＿＿＿＿＿＿＿＿＿＿＿＿＿？

⚠ミスに注意

(1)「表」の意味を表す単語は，「テーブル」の意味を表す単語と同じだよ。

(2)「たくさん」の意味を表す副詞句が入るよ。形容詞句のa lot ofとの使い方の違いに注意しよう。

Lesson 9

Lesson 9
Helping the Planet (Part 3) ─②

教科書の重要ポイント　「…に～はいくつあるか[いるか]」と質問する　教科書 pp.116～119

▼ 「…に～はいくつあるか[何人いるか]」とたずねる場合は，
「How many＋名詞の複数形＋are there ...?」の文を使う。

肯定文　There are │two│ books on the desk. 〔机の上に本が│2冊│あります。〕
　　　　　　　　　　　　How manyを文頭に置く。

疑問文　│How many│ books are there on the desk?
　　　　〔机の上に本は│何冊│ありますか。〕

> How manyのあとには名詞の複数形が続くから注意してね。

▼ 数をたずねる疑問文には，数を表す語句を使って答える。

疑問文　│How many│ books are there on the desk?

答え方　—There are │two│ book│s│. 〔本は│2冊│あります。〕
　　　　　　　　　　　　　数を表す語句を使って答える。

　　　　—There is │one│ book. 〔本は│1冊│あります。〕
　　　　　　　　　　　単数（1冊）のときは，be動詞はisになる。

ナルホド!

▼ There is [are] ～.の文を否定文にする場合は，be動詞のあとにnotを置く。

肯定文　There │are│ many books in the box. 〔箱の中にたくさんの本があります。〕

否定文　There │aren't│ many books in the box. 〔箱の中にたくさんの本はありません。〕
　　　　　　＝ are not　←be動詞のあとにnotを置く。

ナルホド!

Words & Phrases　次の日本語は英語に，英語は日本語にしなさい。

☐(1) produce　（　　　　　　　　）　　☐(5) 通り　＿＿＿＿＿＿＿

☐(2) trashcan　（　　　　　　　　）　　☐(6) 賛成する，同意する　＿＿＿＿＿＿＿

☐(3) recycle　（　　　　　　　　）　　☐(7) 減少させる　＿＿＿＿＿＿＿

☐(4) on the other hand　（　　　　　　　　）

1 日本語に合うように，（　）内から適切なものを選び，記号を〇で囲みなさい。

テストによく出る！

How many ～?の文
「いくつ～があるか[いるか]」とたずねるときは，How many ～?を使う。How manyのあとは名詞の複数形が続くので，そのあとのbe動詞はareになる。

□(1) あなたのクラスには何人の男の子がいますか。

　　How（ ア many　イ much ）boys are there in your class?

□(2) あなたのかばんには何冊の本が入っていますか。

　　How many（ ア book　イ books ）are there in your bag?

□(3) 私のかばんには本が3冊入っています。((2)の答え)

　　There（ ア is　イ are ）three books in my bag.

2 絵を見て，例にならい，「…に～はいくつありますか[いますか]」の疑問文と，それに答える文を書きなさい。

注目！

How many ～?の答え
How many ～?の疑問文は必ず複数形でたずねるが，答えるときは，単数か複数かによって，be動詞を使い分ける。
(2)たずねるときは複数形だが，ネコは1匹しかいないので，答えるときは単数形になることに注意しよう。

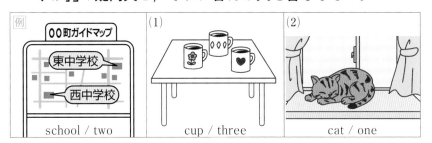

例 school / two　　(1) cup / three　　(2) cat / one

例 **How many schools are there in this town?**
　—There are two schools.

□(1) ＿＿＿＿＿ ＿＿＿＿＿ ＿＿＿＿＿ are there on the table?

　　—There are ＿＿＿＿＿ ＿＿＿＿＿.

□(2) ＿＿＿＿＿ ＿＿＿＿＿ ＿＿＿＿＿ are there by the window?

　　—There ＿＿＿＿＿ one ＿＿＿＿＿.

3 日本語に合うように，＿＿＿に適切な語を書きなさい。

⚠ミスに注意

(1)There is ～.の否定文だよ。「場所」という意味のroomは数えられない名詞なので，be動詞に注意してね。
(2)「～すべきだ」を表す助動詞を使うよ。

□(1) ごみ埋め立て地のための場所があまりありません。

　　There ＿＿＿＿＿ much room ＿＿＿＿＿ landfills.

□(2) 私たちはごみの総量を減少させるべきです。

　　We ＿＿＿＿＿ ＿＿＿＿＿ our amount of trash.

4 （　）内の指示に従って，英文を書きかえなさい。

□(1) There are <u>two</u> parks in this city.（下線部を問う疑問文に）

　　＿＿＿＿＿＿＿＿＿＿＿＿＿＿＿＿＿＿＿＿

□(2) There are a lot of trash on the street.（否定文に）

　　＿＿＿＿＿＿＿＿＿＿＿＿＿＿＿＿＿＿＿＿

① （　）に入る最も適切なものを１つ選び，記号を〇で囲みなさい。

☐(1) Bob got a present from his father and looked (　　).

　　ア sad　　イ famous　　ウ hungry　　エ happy

☐(2) There (　　) a big hospital in my town.

　　ア be　　イ is　　ウ are　　エ were

☐(3) How many colleges (　　) there in this city?

　　ア be　　イ is　　ウ are　　エ was

② 日本語に合うように，＿＿＿に適切な語を書きなさい。

☐(1) あなたはどんな環境問題を選びましたか。

　　＿＿＿＿＿＿＿＿＿ environmental problem did you ＿＿＿＿＿＿＿＿＿?

☐(2) 現代では，どの家庭にも少なくとも１台はエアコンがあります。

　　There is at ＿＿＿＿＿＿＿＿ one air conditioner at ＿＿＿＿＿＿＿＿ home today.

☐(3) 野球とバスケットボールでは，あなたはどちらが好きですか。

　　＿＿＿＿＿＿＿＿ do you like, baseball ＿＿＿＿＿＿＿＿ basketball?

③ （　）内の指示に従って，英文を書きかえなさい。

☐(1) My mother is so tired.　（「～そうに見える」という意味に）

　　＿＿＿＿＿＿＿＿＿＿＿＿＿＿＿＿＿＿＿＿＿＿＿＿＿＿＿＿＿＿＿＿＿＿

☐(2) There are <u>forty</u> students in Aya's class.　（下線部をたずねる疑問文に）

　　＿＿＿＿＿＿＿＿＿＿＿＿＿＿＿＿＿＿＿＿＿＿＿＿＿＿＿＿＿＿＿＿＿＿

☐(3) There is a big library near here.　（疑問文にして，Noで答える）

　　＿＿＿＿＿＿＿＿＿＿＿＿＿＿＿＿＿＿＿ ― ＿＿＿＿＿＿＿＿＿＿＿＿＿

④ 日本語に合うように，（　）内の語句を並べかえなさい。

☐(1) 私の家族は６人家族です。

　　(six / in / are / my family / there / people).

　　＿＿＿＿＿＿＿＿＿＿＿＿＿＿＿＿＿＿＿＿＿＿＿＿＿＿＿＿＿＿＿＿＿＿.

☐(2) あなたの家の近くには，いくつのコンビニエンス・ストアがありますか。

　　(there / many / are / convenience stores / how) near your house?

　　＿＿＿＿＿＿＿＿＿＿＿＿＿＿＿＿＿＿＿＿＿＿＿＿＿＿ near your house?

ヒント　**①** (1)「look＋形容詞」(2)あとにくる名詞でbe動詞が決まる。　**②** (1)「what＋名詞」(3)「どちらが」はwhichを使う。
③ (1)「look＋形容詞」の文に。(2)「何人いるか」の疑問文に。　**④** (1)There are ～.の文。(2)How many ～?の文。

5 読む 次の対話文を読んで，あとの問いに答えなさい。

Kenta :　You recycle a lot in Singapore!

Aya :　Singapore doesn't produce so much trash.　Japan produces a lot of trash.

Bob :　Are there many trashcans on the street in Singapore?

Mei :　Yes, ①(　) (　).

Bob :　②There aren't many on the street in Japan, but the streets look clean.

Mei :　I agree.　How about our school?

　　　　　③(many / are / trashcans / there / how) in our school?

Kenta :　One in every classroom.

Aya :　We should reduce the amount of our trash, too.

☐(1) 下線部①の( )に適切な語を答えなさい。 Yes, ＿＿＿＿＿＿＿＿＿ ＿＿＿＿＿＿＿＿＿ .

☐(2) 下線部②を，manyのあとに省略されている語を明らかにして，日本語にしなさい。
　　(　　　　　　　　　　　　　　　　　　　　　　　　　　　　　　　　)

☐(3) 下線部③が次の意味になるように，( )内の語を並べかえなさい。
　　「私たちの学校には，いくつのごみ箱がありますか。」
　　＿＿＿＿＿＿＿＿＿＿＿＿＿＿＿＿＿＿＿＿＿＿ in our school?

☐(4) 本文の内容に合うように，( )に適切な日本語を書きなさい。
　　1.(　　　　　　　　　　　　　　)の通りには，たくさんのごみ箱がある。
　　2.ケンタたちの学校では，(　　　　　　　　　　　　　　)のごみ箱がある。

6 話す 次の文を声に出して読み，問題に答え，答えを声に出して読んでみましょう。

　　Sea otters are cute and popular animals.　They sometimes cover their eyes with their paws.　They look shy but actually, they do that to warm their paws. They sometimes hold hands.　They don't want to drift apart when they are sleeping.　　　　　(注) sea otter(s) ラッコ　　paw(s) (動物の)足　　drift 漂う

☐(1) When sea otters cover their eyes with their paws, how do they look?
　　—＿＿＿＿＿＿＿＿＿＿＿＿＿＿＿＿＿＿＿＿＿＿＿＿＿＿＿＿＿＿＿＿＿＿

☐(2) Why do sea otters hold hands?
　　—＿＿＿＿＿＿＿＿＿＿＿＿＿＿＿＿＿＿＿＿＿＿＿＿＿＿＿＿＿＿＿＿＿＿

ヒント	**5** (1)Are there ～?のYesの答え。(2)There are ～.の否定文と「look＋形容詞」。(3)How many ～?の文。 (4)1.本文3～4行目の2人のやりとりに着目。 2.本文7～8行目の2人のやりとりに着目。

ぴたトレ
3
確認テスト

Lesson 9 ～ Project 2

時間 30分 ／100点
合格 70点
解答 p.32

教科書 pp.111 ～ 121

❶ 各組で下線部の発音が同じものには〇を，そうでないものには×を書きなさい。

9点

(1) fi_nish
   se_rious

(2) pr_oblem
   t_owel

(3) l_east
   str_eet

❷ 次の語で，最も強く発音する部分の記号を答えなさい。

9点

(1) eve-ry-where
   ア　イ　　ウ

(2) en-vi-ron-men-tal
   ア　イ　ウ　エ　オ

(3) hu-mid-i-ty
   ア　イ ウエ

❸ 次の対話が成り立つように，＿＿＿に適切な語を答えなさい。

18点

(1) *A :* ＿＿＿ ＿＿＿ any comic books in your bag?

   B : No, there aren't.

(2) *A :* ＿＿＿ ＿＿＿ apples are there in the box?

   B : There are seven apples.

(3) *A :* ＿＿＿ your favorite ＿＿＿?

   B : My favorite subject is English.

❹ 日本語に合うように，（　）内の語句を並べかえなさい。

21点

(1) 私の町には，たくさんのコンビニエンス・ストアがあります。

   (of / a / there / convenience stores / are / lot) in my town.

(2) この図書館にはサッカーについての本がありますか。

   (any / soccer / there / books / are / about) in this library?

(3) 気候は世界のいたるところで変化しています。

   (is / the world / changing / in / the climate / everywhere).

❺ 次の対話文を読んで，あとの問いに答えなさい。

29点

Tom :　①How many people are there in your family?

Mai :　There are (　②　). My grandma, father, mother, brother and I.

Tom :　You live with your grandma. I didn't know ③that.

Mai :　She always enjoys her trip.

　　　　She likes visiting many places around the world.

Tom :　Wow. ④(nice / sounds / looks / that).　　（注）around the world 世界中の

成績評価の観点　知…言語や文化についての知識・技能　表…外国語表現の能力

(1) 下線部①を日本語にしなさい。

(2) ②の（　）に適切な1語を答えなさい。表

(3) 下線部③のthatが指す内容を日本語で説明しなさい。表

(4) 下線部④が「それはすてきですね。」という意味になるように，（　）内の語を並べかえなさい。ただし，1語あまります。

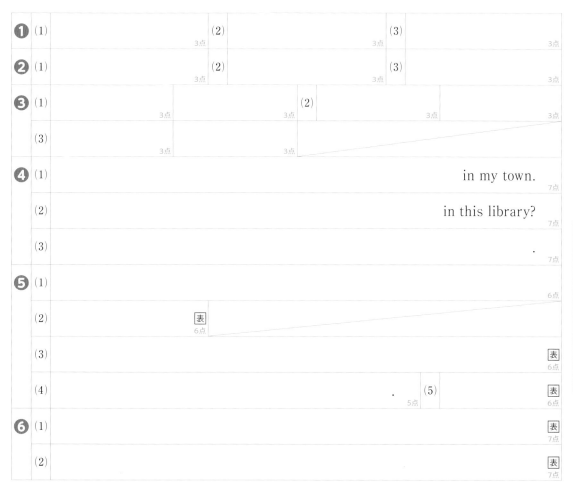

差が
つく (5) 本文の内容に合うものを次から1つ選び，記号で答えなさい。表

　　ア　マイはおじいさんといっしょに住んでいる。

　　イ　マイのおばあさんは遠くに住んでいる。

　　ウ　トムはマイがおばあさんといっしょに住んでいることを知らなかった。

点
UP ⑥ 書く✍ 次のようなとき英語で何と言うか，（　）内の語数で答えなさい。
　　　　　　（.や？は語数に含みません。）表
　　　　　　　　　　　　　　　　　　　　　　　　　　　　　　　14点

(1) 相手にお気に入りの歌手はだれかたずねるとき。（5語）

(2) 自分の家族は4人家族だと説明するとき。（7語）

❶	(1)		(2)		(3)	
		3点		3点		3点
❷	(1)		(2)		(3)	
		3点		3点		3点
❸	(1)			(2)		
		3点	3点		3点	3点
	(3)					
		3点	3点			

❹ (1) 　　　　　　　　　　　　　　　　　　　　　　　in my town. 7点
　 (2) 　　　　　　　　　　　　　　　　　　　　in this library? 7点
　 (3) 　　　　　　　　　　　　　　　　　　　　　　　　　　． 7点

❺ (1) 　　　　　　　　　　　　　　　　　　　　　　　　　　6点
　 (2) 　表 6点
　 (3) 　　　　　　　　　　　　　　　　　　　　　　　　　表 6点
　 (4) 　　　　　　　　　　　　　　　　．　(5) 　　　　　表
　　　　　　　　　　　　　　　　　　　5点　　　　　　6点

❻ (1) 　　　　　　　　　　　　　　　　　　　　　　　　　表 7点
　 (2) 　　　　　　　　　　　　　　　　　　　　　　　　　表 7点

▶ 表 の印がない問題は全て 知 の観点です。

ぴたトレ
1
要点チェック

Reading 3
The Golden Dipper-①

時間
10分

解答
p.33

〈新出語・熟語 別冊p.15〉

教科書の
重要ポイント **There is［are］～.の過去形**   教科書 pp.122～125

▼ There is［are］～.の過去形は，be動詞（is / are）を過去形（was / were）にする。

現在 There ｜is｜ a library in this town. 〔この町には図書館が1つあります。〕

be動詞（is）を過去形に。

過去 There ｜was｜ a library in this town. 〔この町には図書館が1つありました。〕

現在 There ｜are｜ many trashcans on the street.

be動詞（are）を過去形に。 〔通りにはたくさんのごみ箱があります。〕

過去 There ｜were｜ many trashcans on the street.

〔通りにはたくさんのごみ箱がありました。〕

ナルホド!

Words & Phrases 次の日本語は英語に，英語は日本語にしなさい。

☐(1) grass （   ）   ☐(6) 死ぬ _____

☐(2) thirst （   ）   ☐(7) 驚いた _____

☐(3) pitiful （   ）   ☐(8) 興奮した _____

☐(4) anywhere （   ） ☐(9) 与える _____

☐(5) wake up （   ） ☐(10) 十分な _____

1 日本語に合うように，____に適切な語を書きなさい。

☐(1) 昔々，ひどい日照りがありました。

Long, long _____, there _____ a severe drought.

☐(2) 川や小川，そして井戸は干上がりました。

River, streams, and wells _____ _____.

☐(3) たくさんの人たちがのどの渇きで死にました。

Many people _____ _____ thirst.

☐(4) 彼女は新鮮な水を探しました。

She _____ _____ fresh water.

☐(5) ひしゃくは，きれいな水でいっぱいでした。

The dipper _____ _____ of clean water.

⚠ミスに注意

(1)「～があった」は，there isの過去形で表すよ。
(2)(3)(4)「干上がる」はdry out，「～で死ぬ」はdie of ～，「探す」はlook forを使ってね。
(5)「～でいっぱいだ」は，be full of ～で表すよ。

136

Reading 3
The Golden Dipper−②

教科書の重要ポイント　「become＋名詞[形容詞]」の使い方　教科書 pp.122〜125

▼ becomeは，あとに名詞や形容詞が置かれて，「become＋名詞[形容詞]」の形で
「〜になる」という意味を表す。

「become＋名詞」

Tom 　became 　a musician. 〔トムはミュージシャンになりました。〕
　　　　名詞　　Tom＝a musician

「become＋形容詞」

Tom 　became 　famous. 〔トムは有名になりました。〕
　　　　形容詞　　Tom＝famous

「become＋名詞[形容詞]」の文では，主語＝名詞[形容詞]の関係が成り立つので覚えておこう。

ナルホド!

Words & Phrases　次の日本語は英語に，英語は日本語にしなさい。

☐(1) finally 　（　　　　　　）　　　☐(6) 手渡す　＿＿＿＿＿＿＿

☐(2) same 　（　　　　　　）　　　☐(7) 差し出す　＿＿＿＿＿＿＿

☐(3) stranger 　（　　　　　　）　　　☐(8) 飲み込む　＿＿＿＿＿＿＿

☐(4) rise up 　（　　　　　　）　　　☐(9) いずれにせよ　＿＿＿＿＿＿＿

☐(5) Big Dipper 　（　　　　　　）　　　☐(10) 突然　＿＿＿＿＿＿＿

1 日本語に合うように，＿＿＿に適切な語を書きなさい。

☐(1) その時，彼女の小さなひしゃくは銀色になりました。
Then her little dipper ＿＿＿＿＿＿＿ ＿＿＿＿＿＿＿.

☐(2) 彼女は疲れて，草の上に眠りに落ちました。
She ＿＿＿＿＿＿＿ tired and ＿＿＿＿＿＿＿ asleep on the grass.

☐(3) あなたは自分でそれを飲みなさい。
You'd ＿＿＿＿＿＿＿ drink it ＿＿＿＿＿＿＿.

☐(4) 私は，いずれにせよ死ぬでしょう。
I'm ＿＿＿＿＿＿＿ die anyway.

⚠ミスに注意

(1)「〜になる」は，「become＋形容詞」で表すよ。

(3)「〜しなさい」は，You'd better 〜を使ってね。

(4)「(必然的に)〜でしょう」というときはbe going toで表すよ。

Reading 3

❶ （　）に入る最も適切なものを１つ選び，記号を〇で囲みなさい。

☐(1) There (　　) many parks near here ten years ago.

　　ア is　　　　イ are　　　　ウ was　　　　エ were

☐(2) The little dog (　　) thirsty and the girl gave some water to it.

　　ア look　　イ looked　　ウ sound　　エ sounded

☐(3) The seven diamonds (　　) the Big Dipper.

　　ア is　　　　イ becomes　　ウ became　　エ becoming

❷ 日本語に合うように，＿＿＿に適切な語を書きなさい。

☐(1) その見知らぬ人は水を求めました。

　　The stranger ＿＿＿＿＿＿ ＿＿＿＿＿＿ some water.

☐(2) 新鮮な水がひしゃくから流れ出ました。

　　Fresh water ＿＿＿＿＿＿ ＿＿＿＿＿＿ of the dipper.

☐(3) その７つのダイヤモンドは空へ立ち上りました。

　　The seven diamonds ＿＿＿＿＿＿ up ＿＿＿＿＿＿ the sky.

☐(4) ２つのグループは同時に出発しました。

　　The two groups started at the ＿＿＿＿＿＿ ＿＿＿＿＿＿.

☐(5) その小さなイヌはどのように見えましたか。

　　＿＿＿＿＿＿ did the little dog ＿＿＿＿＿＿?

❸ 日本語に合うように，（　）内の語句を並べかえなさい。

☐(1) 今朝，１匹の小さなネコが窓の下にいました。

　　(under / was / the window / a / there / little cat) this morning.

　　＿＿＿＿＿＿＿＿＿＿＿＿＿＿＿＿＿＿＿＿＿＿ this morning.

☐(2) ミキはその本を私の弟に返しました。

　　(the book / Miki / to / gave / back) my brother.

　　＿＿＿＿＿＿＿＿＿＿＿＿＿＿＿＿＿＿＿＿＿＿ my brother.

☐(3) 少女は家から何を持ち出しましたか。

　　(bring / the girl / of / what / her house / did / out)?

　　＿＿＿＿＿＿＿＿＿＿＿＿＿＿＿＿＿＿＿＿＿＿＿?

ヒント　❶ (1)There are 〜.の過去形。(2)「look＋形容詞」(3)「become＋名詞」　❷ (2)「(水が)流れる」はrunを使う。
　　　❸ (1)There is 〜.の過去形。(2)「〜を…に返す」＝give 〜 back to ... (3)「〜を持ち出す」＝bring out 〜

●物語文を読んで，概略や登場人物の気持ちを理解できているかが問われるでしょう。
⇒話の流れを理解して，物語の概略を説明できるようにしましょう。
⇒物語文ならではの表現を確認しておきましょう。

4 読む 次の物語文を読んで，あとの問いに答えなさい。

Long, long ago, there was a severe drought. Rivers, streams, and wells ア(dry) out, and many people and animals イ(die) of thirst. One night, a little girl came out of her house with a small dipper. She looked for water for her sick mother, but didn't find water anywhere. She got tired and ウ(fall) asleep on the grass.

The girl エ(wake) up and was very surprised. The dipper was full of clean, fresh water. She got excited, but she didn't drink the water. "It won't be enough for my mother," she オ(think).

There was a little dog under her feet, and ①it looked pitiful. The girl poured some water in her hand and gave ②it to the dog. Then her little dipper became silver.

The girl カ(bring) the dipper home and handed ③it to her mother. The mother said, "I am going to die anyway. You'd better drink it yourself." She gave the dipper back to the girl. At the same time, the silver dipper became golden.

Lev Tolstoy, *The Big Dipper*

(1) 下線部ア～カの（ ）内の動詞を過去形にしなさい。

ア＿＿＿＿＿ イ＿＿＿＿＿ ウ＿＿＿＿＿
エ＿＿＿＿＿ オ＿＿＿＿＿ カ＿＿＿＿＿

(2) 下線部①②③のitが指すものを文中から見つけて，英語で答えなさい。

①＿＿＿＿＿
②＿＿＿＿＿
③＿＿＿＿＿

(3) 次の文が本文の内容に合っていれば○，違っていれば×を（ ）に書きなさい。

1．ひどい日照りで，たくさんの人や動物がのどが渇いて死んだ。（　）

2．少女は病気の妹のために水を探したが，見つからなかった。（　）

3．少女が目を覚ますと，ひしゃくはきれいな水でいっぱいだった。（　）

4．少女が小さなイヌに水をあげると，ひしゃくは銀色にかわった。（　）

5．少女が見知らぬ人に水をあげると，ひしゃくは金色にかわった。（　）

ヒント **4** (1)不規則動詞に注意しよう。(2)①は9行目，②は10行目，③は12行目の直前の語句に着目。
(3)1.1～2行目に着目。2.3～4行目に着目。3.6～7行目に着目。4.9～11行目に着目。5.最後の3行に着目。

ぴたトレ 1
要点チェック

Further Reading
The Letter−①

時間 **10分**

解答 p.34

〈新出語・熟語 別冊p.15〉

教科書の 重要ポイント	強い否定を表す never	教科書 pp.126〜130

▼ neverは，動詞の前に置いて，「決して〜しない」という強い否定の意味を表す。

Kenta never drinks coffee. 〔ケンタは決してコーヒーを飲みません。〕
「決して〜しない」 ←動詞の前に置く。

▼ be動詞や助動詞を使う場合は，neverはそのあとに置く。

Kenta is never late for school. 〔ケンタは決して学校に遅れません。〕
「決して〜しない」 ←be動詞のあとに置く。

I will never do it again. 〔私は二度とそんなことはしません。〕
「決して〜しない」 ←助動詞のあとに置く。

Words & Phrases 次の日本語は英語に，英語は日本語にしなさい。

☐(1) empty （　　　　　　　　　）　　☐(6) 前方　＿＿＿＿＿＿＿＿

☐(2) mailbox （　　　　　　　　　）　　☐(7) 送る　＿＿＿＿＿＿＿＿

☐(3) something （　　　　　　　　　）　　☐(8) 郵便物　＿＿＿＿＿＿＿＿

☐(4) come along （　　　　　　　　　）　　☐(9) これまでに　＿＿＿＿＿＿＿＿

☐(5) Not ever? （　　　　　　　　　）　　☐(10) 〜にそって　＿＿＿＿＿＿＿＿

1 日本語に合うように，＿＿＿に適切な語を書きなさい。

☐(1) どうしたのですか。
＿＿＿＿＿＿ is the ＿＿＿＿＿＿?

☐(2) 私の姉は決して肉を食べません。
My sister ＿＿＿＿＿＿ ＿＿＿＿＿＿ meat.

☐(3) これまでにだれも私に手紙を送ってきませんでした。
＿＿＿＿＿＿ one ＿＿＿＿＿＿ sent a letter
＿＿＿＿＿＿ me.

☐(4) 彼らはいっしょに悲しみました。
They ＿＿＿＿＿＿ ＿＿＿＿＿＿ together.

☐(5) あなたはあした早く起きる必要があります。
You ＿＿＿＿＿＿ ＿＿＿＿＿＿ get up early tomorrow.

⚠ミスに注意

(2)「決して〜しない」は，強い否定を表すneverを使うよ。

(3)「だれも〜ない」は，no one 〜で表すよ。everの位置に注意してね。

(5)「〜する必要がある」は，「have to＋動詞の原形」で表すよ。

140

ぴたトレ
1
要点チェック

Further Reading
The Letter−②

時 間
10分

解答
p.35

〈新出語・熟語 別冊p.15〉

教科書の
重要ポイント
自分の気持ちとその理由を伝える
教科書 pp.126〜130

▼ happyやgladなどの感情を表す形容詞のあとに「that＋主語＋動詞」を続けて，自分の
気持ちとその理由を伝えることができる。このthatは省略されることが多い。

I'm glad (that) you are my best friend. 〔あなたが私の親友で，私はうれしいです。〕
「うれしい」　　　　「主語＋(be)動詞」

I'm sorry (that) I'm late. 〔遅れてすみません。〕
「残念だ」　　　　「主語＋(be)動詞」

ナルホド!

Words & Phrases 次の日本語は英語に，英語は日本語にしなさい。

(1) snail （　　　　　　　） 　(6) いっしょに ＿＿＿＿＿＿

(2) still （　　　　　　　） 　(7) 急ぐ ＿＿＿＿＿＿

(3) onto （　　　　　　　） 　(8) 紙 ＿＿＿＿＿＿

(4) all the time （　　　　　　） 　(9) 封筒 ＿＿＿＿＿＿

(5) Right away. （　　　　　　） 　(10) 窓 ＿＿＿＿＿＿

1 日本語に合うように，＿＿＿に適切な語を書きなさい。

⚠ミスに注意

(1) カエルくんは1枚の紙を見つけました。

Frog ＿＿＿＿＿＿ a ＿＿＿＿＿＿ of paper.

(2) あなたが私の誕生パーティーに来てくれて，私はうれしいです。

I'm ＿＿＿＿＿＿ ＿＿＿＿＿＿ you came to my birthday
party.

(3) カタツムリはガマくんの家に到着して，彼に手紙をあげました。

The snail ＿＿＿＿＿＿ to Toad's house and
＿＿＿＿＿＿ the letter ＿＿＿＿＿＿ him.

(4) ガマくんはとても長い時間待ちました。

Toad ＿＿＿＿＿＿ for so ＿＿＿＿＿＿.

(5) あなたはなぜ窓から外をずっと見ているのですか。

＿＿＿＿＿＿ are you ＿＿＿＿＿＿ out of the window all
the ＿＿＿＿＿＿?

(1)「(紙が)1枚の〜」は，a
piece of 〜を使うよ。

(2)「〜（ということ）で…
だ」は，「形容詞＋that
＋主語＋動詞」で表す
よ。

(3)「〈人〉に〈もの〉をあげ
る」は，「give＋〈もの〉
＋to＋〈人〉」で表して
ね。

(5)「なぜ」とたずねるとき
は，疑問詞whyで始め
るよ。

Further Reading

141

1 （　）に入る最も適切なものを１つ選び，記号を〇で囲みなさい。

☐(1) What's the matter? You (　　) so sad.

ア sound　　イ look　　ウ sounds　　エ looks

☐(2) I'm happy (　　) you will come to my house.

ア to　　イ it　　ウ this　　エ that

☐(3) My father is pleased (　　) meet your family.

ア to　　イ it　　ウ this　　エ that

2 日本語に合うように，＿＿＿に適切な語を書きなさい。

☐(1) ガマくんは郵便物を一度も受け取っていません。

Toad ＿＿＿＿＿＿＿ gets ＿＿＿＿＿＿＿ mail.

☐(2) この手紙をガマくんの家へ持っていってください。

Please ＿＿＿＿＿＿＿ this letter ＿＿＿＿＿＿＿ Toad's house.

☐(3) カエルくんとガマくんは長い時間待ちました。

Frog and Toad waited ＿＿＿＿＿＿＿ a ＿＿＿＿＿＿＿ time.

☐(4) カエルくんはその紙を封筒（ふうとう）に入れました。

Frog ＿＿＿＿＿＿＿ the paper ＿＿＿＿＿＿＿ an envelope.

3 日本語に合うように，（　）内の語句を並べかえなさい。

☐(1) これまでにだれもガマくんに手紙を送ってきませんでした。

(sent / one / to / ever / Toad / no / a letter).

＿＿＿＿＿＿＿＿＿＿＿＿＿＿＿＿＿＿＿＿＿＿＿＿＿＿＿＿＿ .

☐(2) ガマくんはその手紙を手にして，とてもうれしかったです。

(very / to / was / the letter / Toad / have / pleased).

＿＿＿＿＿＿＿＿＿＿＿＿＿＿＿＿＿＿＿＿＿＿＿＿＿＿＿＿＿ .

☐(3) カタツムリは，いつガマくんの家に到着（とうちゃく）しましたか。

(did / get / Toad's house / when / to / the snail)?

＿＿＿＿＿＿＿＿＿＿＿＿＿＿＿＿＿＿＿＿＿＿＿＿＿＿＿＿＿ ?

☐(4) カエルくんからの手紙について，ガマくんは何と言いましたか。

(Toad / about / what / say / from Frog / did / the letter)?

＿＿＿＿＿＿＿＿＿＿＿＿＿＿＿＿＿＿＿＿＿＿＿＿＿＿＿＿＿ ?

ヒント **1** (1)「look＋形容詞」(2)「～ということ」(3)「～してうれしい」 **2** (2)「～を…へ持っていく」= take ～ to …
3 (1)「だれも～ない」= no one　(2)「～してうれしい」= be pleased to ～　(3)「～に到着する」= get to ～

4 読む 次の物語文を読んで，あとの問いに答えなさい。

Then Frog ran back to Toad's house. Toad was in bed. "Toad," said Frog, "①you have to get up and wait for the mail some more." "No," said Toad, "I waited for so long, and I am tired now." Frog looked out of the window at Toad's mailbox. The snail was not ②there yet. "Toad," said Frog, "someone will send a letter to you." "No, no," said Toad. "I don't think ③so." Frog looked out of the window. The snail was still not there.

"Frog, why are you looking out of the window all the time?" asked Toad. "Because now I am waiting for the mail," said Frog. "But no mail will come," said Toad. "Oh, yes," said Frog, "because I sent a letter to you." "You did?" said Toad. "What did you write in the letter?" Frog said, "I wrote 'Dear Toad, ④(that / my / I / best friend / am / are / glad / you). Frog.'" "Oh," said Toad, "that is a very good letter."

Then Frog and Toad went out onto the front porch and waited for the mail. They sat ⑤there. They were happy together.

☐(1) 下線部①を，have toに注意して，全文を日本語にしなさい。

(　　　　　　　　　　　　　　　　　　　　　　　　　　　　　　　　　)

☐(2) 下線部②⑤のthereが指す場所を文中から見つけて，英語で答えなさい。

②＿＿＿＿＿＿＿＿＿＿＿＿＿＿＿　⑤＿＿＿＿＿＿＿＿＿＿＿＿＿＿＿

☐(3) 下線部③のsoが指す内容を日本語で説明しなさい。

(　　　　　　　　　　　　　　　　　　　　　　　　　　　　　　　　　)

☐(4) 下線部④が次の意味になるように，(　)内の語句を並べかえなさい。

「あなたが私の親友で，私はうれしいです。」

＿＿＿＿＿＿＿＿＿＿＿＿＿＿＿＿＿＿＿＿＿＿＿＿＿＿＿＿＿＿＿＿＿

☐(5) 本文の内容に合うように，(　)に適切な日本語を書きなさい。

1．ガマくんは，長い時間(　　　　　　　　　　　　　　　)ので疲れた。

2．カエルくんは，手紙に(　　　　　　　　　　　　　　　)と書いた。

3．手紙の内容を聞いて，ガマくんは(　　　　　　　　　　　)と言った。

ヒント　**4** (1)「～する必要がある」(2)②直前の文に着目。⑤直前の文に着目。(3)直前のカエルくんの発言に着目。
(4)「形容詞＋that＋主語＋動詞」の文。(5)1. 2～3行目に着目。2.10～11行目に着目。3.11～12行目に着目。

Further Reading

143

| 教科書の
重要ポイント | 場所や時を表す前置詞の使い方 | 教科書 p.131 |

▼ 前置詞のあとには名詞を置き，「前置詞＋名詞」で1つのまとまりになる。

場所を表す前置詞

We are in the classroom. 〔私たちは教室(の中)にいます。〕
「教室(の中)に」 ←「in＋場所」

There is a big park near my house. 〔私の家の近くに大きな公園があります。〕
「私の家の近くに」 ←「near＋場所」

A little dog was under the table. 〔小さなイヌがテーブルの下にいました。〕
「テーブルの下に」 ←「under＋場所」

時を表す前置詞

Haruto gets up at six every morning. 〔ハルトは毎朝6時に起きます。〕
「6時に」 ←「at＋時(時刻)」

Meg goes shopping on Sunday. 〔メグは日曜日に買いものをしに行きます。〕
「日曜日に」 ←「on＋時(曜日)」

I go skiing with my family in winter. 〔私は冬に家族とスキーをしに行きます。〕
「冬に」 ←「in＋時(季節)」

> 場所や時を表す in, on, at, near, under などの語を「前置詞」というよ。

ナルホド！

1 日本語に合うように，＿＿＿に適切な語を書きなさい。

☐(1) 私はたいてい8時前に学校へ行きます。

I usually go ＿＿＿＿＿＿ school ＿＿＿＿＿＿ eight.

☐(2) トムはいつも夕食後にテレビを見ます。

Tom always watches TV ＿＿＿＿＿＿ dinner.

☐(3) 私はあしたまでに宿題を終えなければなりません。

I must finish my homework ＿＿＿＿＿＿ tomorrow.

☐(4) ミキは図書館の前であなたを待っています。

Miki is waiting ＿＿＿＿＿＿ you in ＿＿＿＿＿＿ of the library.

☐(5) 私は窓からその郵便受けを見ていました。

I was looking ＿＿＿＿＿＿ of the window ＿＿＿＿＿＿ the mailbox.

☐(6) 私の家はミドリ市の市役所のそばにあります。

My house is ＿＿＿＿＿＿ the city hall ＿＿＿＿＿＿ Midori city.

> **注目！**
>
> 場所や時を表す前置詞
> 前置詞は，あとに名詞を置き，1つのまとまりとして使われる。同じ前置詞でも，時や場所などいろいろな意味で使われることがあるので注意しよう。
>
> 例 前置詞 on
> ・on the desk
> 「机の上に」
> ・on the wall
> 「壁にかかって」
> ・on Friday
> 「金曜日に」
> ・on July 1st
> 「7月1日に」

\\ 定期テスト //

テスト前に役立つ！

予想問題

チェック！

- テスト本番を意識し，時間を計って解きましょう。
- 取り組んだあとは，必ず答え合わせを行い，まちがえたところを復習しましょう。
- 観点別評価を活用して，自分の苦手なところを確認しましょう。

テスト前に解いて，わからない問題やまちがえた問題は，もう一度確認しておこう！

教科書の単元		本書のページ	教科書のページ
予想問題 1	Springboard ～ Lesson 2	‣ pp.146 ～ 147	pp.4 ～ 33
予想問題 2	Lesson 3 ～ Tips ① for Writing	‣ pp.148 ～ 149	pp.34 ～ 60
予想問題 3	Reading 1 ～ Lesson 6	‣ pp.150 ～ 151	pp.61 ～ 83
予想問題 4	Tips ③ for Reading ～ Project 1	‣ pp.152 ～ 153	pp.84 ～ 97
予想問題 5	Reading 2 ～ Further Reading	‣ pp.154 ～ 155	pp.98 ～ 130

リスニングテスト

‣ pp.156 ～ 165
全 10 回

アプリを使って，リスニング問題を解きましょう。

英作文にチャレンジ！

‣ pp.166 ～ 168

英作文問題に挑戦してみましょう。

英作文ができたらパーフェクトだね！

❶ 読む📖 次の対話文を読んで，あとの問いに答えなさい。　　　　　33点

Ken : ①What do you usually eat (at / for) breakfast?

Liz : I eat bread and salad.　And *tamagoyaki*!　I'm good at making ②it.

Ken : That's great.　③(sometimes / for / I / curry / breakfast / eat).

Liz : Curry for breakfast?

Ken : Yes.　I love curry.　Frozen curry is always in the fridge.

Liz : Oh, you can eat curry anytime.

(注) salad　サラダ

(1) 下線部①の( )内から適切な語を選び，全文を日本語にしなさい。

(2) 下線部②のitが指すものを文中の英語1語で答えなさい。[表]

(3) 下線部③が次の意味になるように，( )内の語を並べかえなさい。

「私はときどき朝食にカレーを食べます。」

差がつく (4) 本文の内容に合うように，( )に適切な日本語を答えなさい。[表]

1. リズは朝食にふつう( )を食べます。

2. ケンの家の冷蔵庫には，いつも( )が入っています。

❷ 次の英文の応答に最も適するものを右から選び，記号で答えなさい。　　16点

(1) When is your birthday?

(2) What sport do you like?

(3) Where do you live?

(4) What's your dog's name?

ア I like basketball.

イ It's Kuro.

ウ It's October 8th.

エ I live in Yokohama.

よく出る ❸ 次の対話が成り立つように，＿＿に適切な語を答えなさい。　　16点

(1) *A :* ＿＿＿＿ ＿＿＿＿ snowboard?

　B : No, I can't.　But I watch winter sports on TV.

(2) *A :* ＿＿＿＿ ＿＿＿＿ do you have dinner?

　B : I have dinner at 7:30.

(3) *A :* ＿＿＿＿ ＿＿＿＿ is your father?

　B : He is 40 years old.

(4) *A :* ＿＿＿＿ ＿＿＿＿ sisters do you have?

　B : I have no sisters.

　成績評価の観点　知…言語や文化についての知識・技能　表…外国語表現の能力

④ 日本語に合うように，（　）内の語句を並べかえなさい。 21点

(1) 私の兄は4か国語を話すことができます。

（ speak / my brother / languages / can / four ）.

(2) 私はスマートフォンで音楽を聞きます。

（ on / listen / I / to / my smartphone / music ）.

(3) あなたはどんな種類の本を読みますか。

（ kind / do / books / what / read / of / you ）?

⑤ 書く✎ 次のようなとき英語で何と言うか，（　）内の語数で答えなさい。（.や?は語数に含みません。） 表 14点

(1) 自分は野球の選手になりたいと伝えるとき。（7語）

(2) 日曜日には何をするか相手にたずねるとき。（6語）

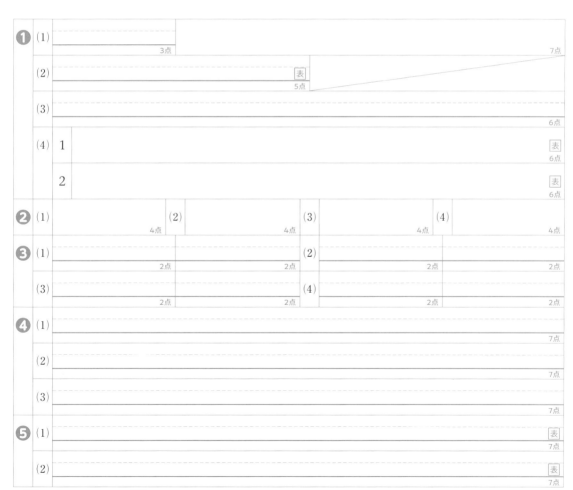

▶ 表 の印がない問題は全て 知 の観点です。

❶　　/33点　❷　　/16点　❸　　/16点　❹　　/21点　❺　　/14点

Lesson 3 ～
Tips ① for Writing

時間 30分 ／100点　合格 70点　解答 p.37

---

① 読む📖 **次のミキの日記を読んで，あとの問いに答えなさい。**　34点

August 17th　　　　　　　　　　　　　　　　　　　　　Cloudy

　This evening, Rika and I ₐ(go) to the summer festival in the park.
We ᵢ(see) a lot of food stalls.　We ᵤ(eat) fried noodles, *yakisoba*.
①We danced (to / in) Japanese music with many people.　*Bon-odori* wasn't so
difficult.　We enjoyed ②it very much.
　After that, we walked to the riverbank.　Soon, the fireworks started.
③They were so beautiful.　We had a wonderful evening.

(1) 下線部ア，イ，ウの(　)内の動詞を過去形にしなさい。

(2) 下線部①の(　)内から適切な語を選び，全文を日本語にしなさい。

(3) 下線部②③が指すものを文中の英語で答えなさい。 表

差がつく (4) 本文の内容に合うように，次の問いに英語で答えなさい。 表

　1. What did Rika and Miki eat at the summer festival?

　2. Was *Bon-odori* difficult for Miki?

よく出る **②** **次の文の(　)内の語を適切な形にかえなさい。**　18点

(1) My sister (study) French every weekend.

(2) Kenta (have) curry and rice for lunch yesterday.

(3) Does Ms. King know (they) well?

(4) My parents (be) in Osaka last week.

(5) I (get) up early this morning.

(6) My grandpa has two (hobby).

---

③ **次の対話が成り立つように，＿＿に適切な語を答えなさい。**　18点

(1) A :　＿＿＿＿ Saki go swimming every day?

　　B :　No, she doesn't.　But she ＿＿＿＿ jogging every day.

(2) A :　＿＿＿＿ ＿＿＿＿ in Tokyo during the summer vacation?

　　B :　Yes, I was.

(3) A :　Did ＿＿＿＿ go back to Singapore?

　　B :　No, I ＿＿＿＿.　I stayed here.

成績評価の観点　知…言語や文化についての知識・技能　表…外国語表現の能力

❹ **日本語に合うように，（　）内の語句を並べかえなさい。**　18点

(1) 母はよく私といっしょにテニスをします。

（ plays / me / my mother / with / often / tennis ）.

(2) 私たちは昨夜，早く寝ませんでした。

（ go / didn't / early / to / we / bed ）last night.

(3) あなたのおばあちゃんは庭で何を育てていますか。

（ your grandma / grow / what / in / does ）her garden?

点UP ❺ 書く✍ **次のようなとき英語で何と言うか，（　）内の語数で答えなさい。**
（.や？は語数に含みません。） 表　12点

(1) 自分の父親は花屋を経営していると伝えるとき。（6語）

(2) 昨日はどこに行ったかを相手にたずねるとき。（5語）

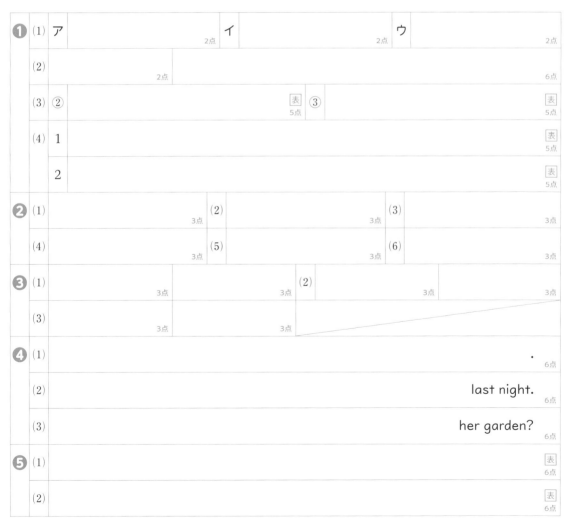

❶
		ア		イ		ウ	
	(1)	ア 　　　　　2点		イ 　　　　　2点		ウ 　　　　　2点	
	(2)	2点					6点
	(3)	②		表 5点	③		表 5点
	(4)	1					表 5点
		2					表 5点

❷
	(1)		(2)		(3)	
	3点		3点		3点	
	(4)　　3点		(5)　　3点		(6)　　3点	

❸
	(1)			(2)		
	3点		3点		3点	3点
	(3)　　3点		3点			

❹
	(1)	・6点
	(2)	last night.　6点
	(3)	her garden?　6点

❺
	(1)	表 6点
	(2)	表 6点

▶ 表 の印がない問題は全て 知 の観点です。

❶　　/34点　　❷　　/18点　　❸　　/18点　　❹　　/18点　　❺　　/12点

❶ 読む📖 ビデオ通話で，サキとトムが話しています。次の対話文を読んで，あとの
問いに答えなさい。　　　　　　　　　　　　　　　　　　　　34点

Saki :　I'm in the library now. ①Some students are ア(read) books, and others
are イ(do) their homework.　That is my friend, Kenta.

Tom :　Is he reading a book?

Saki :　No. ②(is / reading / he / a / not / book).　He is sleeping.

Tom :　Why is he sleeping?

Saki :　(　③　) he practices baseball so hard every day.

Tom :　Oh, he is so tired.　　　　　　(注) some ～ others ...　～する人もいれば，…する人もいる

---

(1) 下線部①のア，イの（　）内の動詞を適切な形にして，全文を日本語にしなさい。

(2) 下線部②が次の意味になるように，（　）内の語を並べかえなさい。
「彼(かれ)は本を読んでいるのではありません。」

(3) ③の（　）に適切な語を次から選び，記号で答えなさい。
ア And　　イ But　　ウ Because　　エ After

差がつく (4) 本文の内容に合うように，次の問いに英語で答えなさい。 表
1．Where is Saki?
2．What is Kenta doing?

よく出る **❷** 次の英文の応答に最も適するものを右から選び，記号で答えなさい。　　16点

(1) Who is playing the trumpet?　　　　　ア I want this red one.

(2) Whose bicycle is that?　　　　　　　イ Haruto is.

(3) Which bag do you want?　　　　　　ウ Because I walk my dog.

(4) Why do you get up so early?　　　　エ It's my brother's.

❸ 次の対話が成り立つように，＿＿に適切な語を答えなさい。　　18点

(1) A :　＿＿＿ ＿＿＿ does your sister go shopping?
B :　About three times a month.

(2) A :　＿＿＿ made these sandwiches?
B :　My mother ＿＿＿.

(3) A :　＿＿＿ ＿＿＿ you doing now?
B :　We're having a 20-minute break after lunch.

　成績評価の観点　知…言語や文化についての知識・技能　表…外国語表現の能力

❹ 日本語に合うように，（　）内の語句を並べかえなさい。　　18点

(1) 何人かの少女たちが合唱コンクールのために練習しています。

(practicing / chorus contest / some girls / for / are / their).

(2) あなたはどのレストランを勧めますか。

(restaurant / do / which / recommend / you)?

(3) だれも彼を恐れていません。

(one / him / is / of / no / afraid).

点UP ❺ 書く✎ 次のようなとき英語で何と言うか，（　）内の語数で答えなさい。
（.や?は語数に含みません。）表　　14点

(1) 自分は友達とテレビ・ゲームをしているところだと伝えるとき。(7 語)

(2) どの季節が好きかを相手にたずねるとき。(5 語)

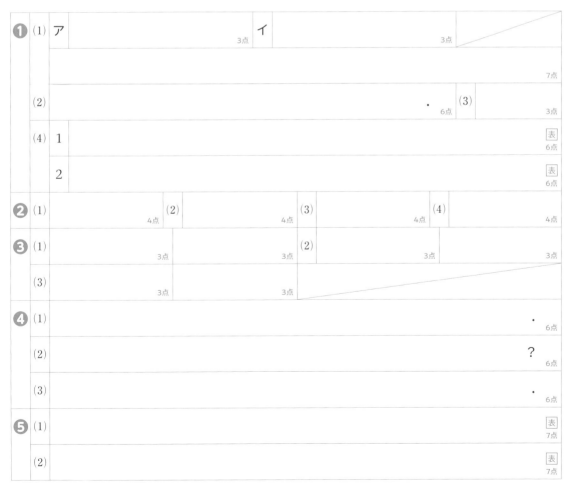

▶ 表 の印がない問題は全て 知 の観点です。

| ❶ | /34点 | ❷ | /16点 | ❸ | /18点 | ❹ | /18点 | ❺ | /14点 |

1 読む📖 英語の授業で，カナが標識クイズを出しています。次の対話文を読んで，あとの問いに答えなさい。 32点

> *Kana :* What does this sign mean?
> *Bill :* ①(take / we / off / our / to / shoes / have).
> *Kana :* That's right. How about this?
> *Miyu :* ②We must not take pictures here.
> *Kana :* Right! What does this mean then?
> *Shota :* Penguins have to cross here.
> *Kana :* No, Shota. Penguins cannot read the sign.
> *Shota :* I was just kidding. ③Drivers (　　) go slowly.
> *Kana :* You're right! Penguins sometimes cross here.

(1) 下線部①が次の意味になるように，（　）内の語を並べかえなさい。
「私たちは靴を脱ぐ必要があります。」

(2) 下線部②を，must notに注意して日本語にしなさい。

(3) 下線部③が次の意味になるように，（　）に適切な1語を答えなさい。
「運転手はゆっくり行かなければなりません。」

差がつく (4) 本文の内容に合うように，次の問いに日本語で答えなさい。表
1．カナが，ショウタの答えが違っていると言った理由は何ですか。
2．運転手がゆっくり行かなければならない理由は何ですか。

2 次の＿＿に最も適切な代名詞を答えなさい。 18点

(1) This is my grandpa. ＿＿＿ runs a flower shop. We love ＿＿＿.

(2) Look at that picture. ＿＿＿ is so beautiful. I like ＿＿＿ very much.

(3) Those boys are my classmates. ＿＿＿ are playing soccer. I love ＿＿＿.

よく出る **3** 次の各組の文が同じ内容を表すように，＿＿に適切な語を答えなさい。 15点

(1) { This is my computer.
　　This computer is ＿＿＿.

(2) { You must not bring pets here.
　　＿＿＿ bring pets here.

(3) { My mother can play the piano well.
　　My mother is ＿＿＿ to play the piano well.

❹ 日本語に合うように，（ ）内の語句を並べかえなさい。 21点

(1) 人々は多くの言語を学ぶ必要がありません。

(have / learn / people / to / languages / don't / many).

(2) この部屋でスマートフォンを使ってもよろしいですか。

(in / use / may / this room / I / a smartphone)?

(3) 兄は今，おふろに入っているかもしれません。

(be / my brother / a bath / may / taking) now.

点UP ❺ 書く✍ 次のようなとき英語で何と言うか，（ ）内の語数で答えなさい。
（.や?は語数に含みません。） 表 14点

(1) 店員がお客に飲みものを勧めるとき。（5語）

(2) 学校に遅れてはいけないと相手に注意するとき。（7語）

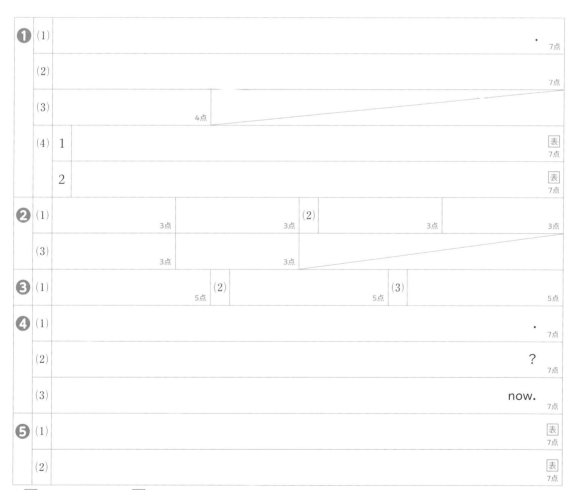

❶	(1)				. 7点
	(2)				7点
	(3)		4点		
	(4)	1			表 7点
		2			表 7点
❷	(1)	3点	3点	(2) 3点	3点
	(3)	3点	3点		
❸	(1)	5点	(2) 5点	(3) 5点	
❹	(1)				. 7点
	(2)				? 7点
	(3)				now. 7点
❺	(1)				表 7点
	(2)				表 7点

▶ 表 の印がない問題は全て 知 の観点です。

❶ /32点　❷ /18点　❸ /15点　❹ /21点　❺ /14点

定期テスト
予想問題

5

Reading 2 ～
Further Reading

時間 30分 ／100点
合格 70点
解答 p.40

❶ 読む📖 次の対話文を読んで，あとの問いに答えなさい。　35点

> *Sam :*　Do you have any plans for the winter vacation, Rika?
> *Rika :*　Yes, ①I'm (　　) (　　) visit my friend Emily in Okinawa.
> *Sam :*　Okinawa?　That's wonderful.
> *Rika :*　Emily was my classmate in elementary school.
> 　　　　She moved to Okinawa last summer.
> *Sam :*　Oh, I see.　What are you going to do ②there?
> *Rika :*　We're going to visit Okinawa Churaumi Aquarium.
> 　　　　③(many / are / fish / of / there / kinds / colorful).　④I'm looking
> 　　　　forward to seeing them.　　　（注）Okinawa Churaumi Aquarium　沖縄美ら海水族館

(1) 下線部①が次の意味になるように，(　)に適切な語を答えなさい。
　　「私は沖縄にいる友達のエミリーを訪ねるつもりです。」

(2) 下線部②のthereが指す場所を日本語で答えなさい。表

(3) 下線部③が次の意味になるように，(　)内の語を並べかえなさい。
　　「たくさんの種類の色彩豊かな魚がいます。」

(4) 下線部④を，themの内容を具体的にして，日本語にしなさい。表

(5) 本文の内容に合うように，次の問いに英語で答えなさい。表
　　1．When did Emily move to Okinawa?
　　2．What are Rika and Emily going to do in Okinawa?

❷ (　)に最も適切な語を▭から選んで答えなさい。ただし，同じものは１度しか使えません。　12点

(1) My sister got up (　　) 6:30 this morning.

(2) I'm listening (　　) music in my room.

(3) I go skiing with my family (　　) winter.

(4) There is a big clock (　　) the wall.

in	on
to	with
at	from

❸ 次の対話が成り立つように，＿＿に適切な語を答えなさい。　18点

(1) *A :*　＿＿＿ ＿＿＿ you going to visit next month?
　　B :　We're going to visit Kyoto.

(2) *A :*　It ＿＿＿ ＿＿＿ rainy this afternoon.
　　B :　Oh, I have to take an umbrella with me.

(3) **A :** _____ _____ colleges are there in this town?

    B : There are two colleges.

❹ 日本語に合うように，（　）内の語を並べかえなさい。　　　　　　21点

(1) メイはあした，シンガポールへ帰る予定です。

    (going / Mei / to / Singapore / is / back) tomorrow.

(2) 彼_{かれ}は長い時間，一言も話しませんでした。

    He (anything / long / say / a / for / didn't / time).

(3) 10年前，この近くにはたくさんの公園がありました。

    (many / there / here / were / near / parks) ten years ago.

点UP **❺** 書く✏ **次のようなとき英語で何と言うか，（　）内の語数で答えなさい。**

    （.や?は語数に含みません。） 表　　　　　　14点

(1) この本はとてもおもしろそうに見えると伝えるとき。(5語)

(2) お年寄りを助けるべきだと相手に提案するとき。(5語)

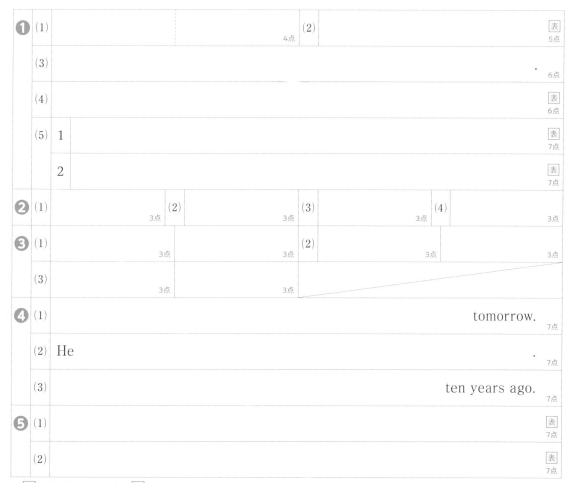

❶	(1)		4点	(2)		表 5点
	(3)				・	6点
	(4)					表 6点
	(5)	1				表 7点
		2				表 7点
❷	(1)	3点	(2)	3点	(3)	3点	(4)	3点
❸	(1)	3点		3点	(2)		3点	3点
	(3)	3点	3点			
❹	(1)				tomorrow.	7点
	(2)	He			・	7点
	(3)			ten years ago.	7点
❺	(1)					表 7点
	(2)					表 7点

▶ 表 の印がない問題は全て 知 の観点です。

❶ 　/35点　❷ 　/12点　❸ 　/18点　❹ 　/21点　❺ 　/14点

❶ これから3つの対話文を読みます。それぞれの内容が絵に合っていれば〇を,
合っていなければ×を書きなさい。英文は2回読まれます。

(4点×3) ポケ❶リス♪

(1)
Takeru

(2)

(3)

(1)		(2)		(3)	

❷ これからマイのスピーチと,その内容についての2つの質問文を放送します。
質問の答えとして最も適切なものをア～エの中から1つずつ選び,記号で答え
なさい。英文は2回読まれます。

(4点×2) ポケ❷リス♪

(1) ア She is a student.
　 イ She is not a student.
　 ウ Yes, she is.
　 エ No, she is not.

(2) ア It is apple pie.
　 イ It is cooking.
　 ウ It is English.
　 エ It is Osaka.

(1)		(2)	

/ 20点

解答 p.41

❶ これから4つの英文を読みます。それぞれの内容に合う絵を1つずつ選び、記号で答えなさい。英文は2回読まれます。

(2点×4) ポケリス♪❸

(1)		(2)		(3)		(4)	

❷ これから3つの対話文を読みます。それぞれの内容が絵に合っていれば〇を、合っていなければ×を書きなさい。英文は2回読まれます。

(4点×3) ポケリス♪❹

(1)

Miki
Yumi

(2)

(3)

Hokkaido

(1)		(2)		(3)	

リスニングテスト

小学校の復習／be動詞

/ 20点

解答 p.42

❶ これから３つの対話文を読みます。それぞれの内容に合う絵を１つずつ選び，記号で答えなさい。英文は２回読まれます。

(4点×3)

ポケ リス♪ ❺

(1)
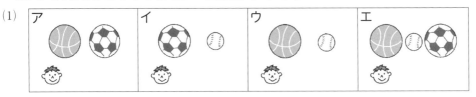

(2)

(3)

(1)		(2)		(3)	

❷ これから２つの対話文を読みます。それぞれの内容に合うものをア～エの中から１つずつ選び，記号で答えなさい。英文は２回読まれます。

(4点×2)

ポケ リス♪ ❻

(1) ア マイクは歩いて学校に行きます。

　 イ マイクはバスで学校に行きます。

　 ウ エミはたいてい歩いて学校に行きます。

　 エ エミはときどき自転車で学校に行きます。

(2) ア ケイトには姉妹がいません。

　 イ ケイトには姉妹が１人います。

　 ウ リョウには姉妹が１人，兄弟が１人います。

　 エ リョウには姉妹が２人います。

(1)		(2)	

解答 p.42

/ 20点

❶ これから3つの対話文を読みます。それぞれの内容が絵に合っていれば〇を，合っていなければ×を書きなさい。英文は2回読まれます。

（4点×3）ポケリス♪ **❼**

(1)

(2)

(3)

(1)		(2)		(3)	

❷ これから放送するジョンと博物館員の対話文を聞いて，その内容に合うものをア〜カの中から2つ選び，記号で答えなさい。英文は2回読まれます。

ア John can take pictures in the museum.

（4点×2）ポケリス♪ **❽**

イ John can take his bag with him.

ウ John can take his dog with him.

エ John can eat in the museum.

オ John can drink in the museum.

カ John can enjoy pictures in the museum before five o'clock.

リスニングテスト

一般動詞／can の文

❶ これから３つの対話文を読みます。それぞれの内容に合う絵を１つずつ選び，記号で答えなさい。英文は２回読まれます。

(4点×3)　ポケリス♪ ❾

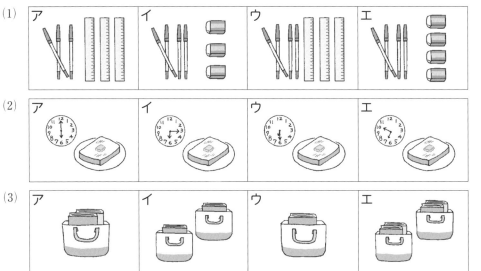

(1)		(2)		(3)	

❷ これからタカシのスピーチと，その内容についての２つの質問文を放送します。質問の答えとして最も適切なものをア～エの中から１つずつ選び，記号で答えなさい。英文は２回読まれます。

(4点×2)　ポケリス♪ ❿

(1) ア He practices the guitar.

　　イ He practices tennis.

　　ウ He practices soccer.

　　エ He practices basketball.

(2) ア She is from Nagano.

　　イ She is a junior high school student.

　　ウ She is seventeen years old.

　　エ She is Takashi's sister.

(1)		(2)	

❶ これから 3 つの対話文を読みます。それぞれの内容に合う絵を 1 つずつ選び，記号で答えなさい。英文は 2 回読まれます。

(4点×3)　ポケリス♪ ⑪

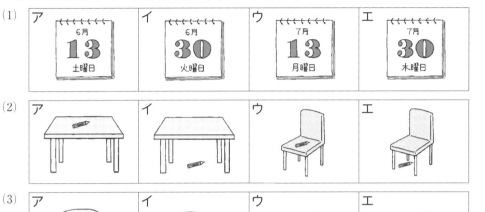

(1)
(2)
(3)

(1)		(2)		(3)	

❷ これから 2 つの対話文を読みます。それぞれの最後にくる文として最も適切なものをア〜エの中から 1 つずつ選び，記号で答えなさい。英文は 2 回読まれます。

(4点×2)　ポケリス♪ ⑫

(1) ア At school.
　イ After school.
　ウ With my friends.
　エ By bus.

(2) ア Every year.
　イ Forty years old.
　ウ In August.
　エ In Australia.

(1)		(2)	

／20点

解答
p.44

❶ これから 4 つの英文を読みます。それぞれの内容に合う人物を絵のア〜キの中から 1 人ずつ選び，記号で答えなさい。英文は 2 回読まれます。　(3点×4)　ポケリス♪ ⑬

(1)	(2)	(3)	(4)

❷ これから放送するベッキーとシンジの電話での対話文を聞いて，その内容に合わないものをア〜カの中から 2 つ選び，記号で答えなさい。英文は 2 回読まれます。　(4点×2)　ポケリス♪ ⑭

　ア Becky is talking with Shinji.

　イ Shinji is eating breakfast with his sister.

　ウ Becky is studying Japanese.

　エ Shinji is reading some kanji for Becky.

　オ Shinji can help Becky after breakfast.

　カ Becky can visit Shinji's house at ten o'clock.

／20点　解答 p.45

❶ これから3つの対話文を読みます。それぞれの内容に合う絵を1つずつ選び，記号で答えなさい。英文は2回読まれます。

(4点×3) ポケ リス♪ ⑮

(1)

(2)

(3)

(1)		(2)		(3)	

❷ これからリカのスピーチと，その内容についての2つの質問文を放送します。質問の答えとして最も適切なものをア～エの中から1つずつ選び，記号で答えなさい。英文は2回読まれます。

(4点×2) ポケ リス♪ ⑯

(1) ア She liked London very much.

　イ During her summer vacation.

　ウ Yes, she did.

　エ No, she didn't.

(2) ア She played soccer with people in London.

　イ She visited some museums.

　ウ She watched some movies.

　エ She had nice food at her friend's house.

(1)		(2)	

リスニングテスト

現在進行形／一般動詞の過去形

❶ これから 3 つの英文を読みます。それぞれの内容に合う絵を 1 つずつ選び，記号で答えなさい。英文は 2 回読まれます。

（4点×3）

ポケリス♪ **17**

(1)		(2)		(3)	

❷ これからトムとユミの対話文と，その内容について 2 つの質問文を放送します。質問の答えとして最も適切なものをア～エの中から 1 つずつ選び，記号で答えなさい。英文は 2 回読まれます。

（4点×2）

ポケリス♪ **18**

(1) ア　Tom.

　イ　Yumi's friends.

　ウ　Yumi's math teacher.

　エ　Tom's teammate.

(2) ア　He was at the music shop.

　イ　He was in the park.

　ウ　He was in the library.

　エ　He was at home.

(1)		(2)	

❶ これから次の表について4つの質問文を読みます。質問の答えとして最も適切なものをア～エの中から1つずつ選び，記号で答えなさい。英文は2回読まれます。

(3点×4) ポケ リス♪ ⑲

名前	Mary	John	Ken	Becky
出身国	オーストラリア	アメリカ	日本	カナダ
クラブ活動	テニス部	サッカー部	野球部	美術部
練習日	火・金	水・木	毎日	月
演奏する楽器	ピアノ	ピアノ，ギター	なし	ギター

(1) ア Australia.　　イ America.
　　ウ Japan.　　エ Canada.

(2) ア Mary.　　イ John.
　　ウ Ken.　　エ Becky.

(3) ア On Tuesdays and Fridays.　　イ On Wednesdays and Thursdays.
　　ウ Every day.　　エ On Mondays.

(4) ア One.　　イ Two.
　　ウ Three.　　エ Four.

(1)		(2)		(3)		(4)	

❷ これからマイクのスピーチと，その内容についての2つの質問文を放送します。質問の答えとして最も適切なものをア～エの中から1つずつ選び，記号で答えなさい。英文は2回読まれます。

(4点×2) ポケ リス♪ ⑳

(1) ア For Kumi.　　イ Two months ago.
　　ウ Last Saturday.　　エ At Kumi's house.

(2) ア She plays basketball with Mike.　　イ She speaks English.
　　ウ She has a party for Mike.　　エ She helps Mike.

(1)		(2)	

❶ 次の２つの絵は，ユカが買い物に行ったときのできごとを表したものです。(1)
〜(3)の条件に当てはまるセリフを英文で書きなさい。

(1)	
(2)	
(3)	

❷ あなたは英語の授業で父親の紹介をすることになりました。次のメモを参考に
して英文の原稿を完成させなさい。

名前：明(Akira)
数学の教師をしている。
歌がじょうずだ。
速く走ることができる。
映画が好きだ。
ときどきいっしょに映画を見に行く。

❸ あなたは日本語を読むことができない外国人の友達と写真展を訪れました。次の日本語で書かれた注意事項を友達に説明する英文を4つ書きなさい。

> 星野太郎写真展　Hoshino Taro Photo Exhibition
>
> 注意事項
>
> 写真撮影は可能です。
>
> 飲食禁止
>
> 写真にさわらないでください。
>
> 大声で話さないでください。

(1)	
(2)	You can't
(3)	You
(4)	Please

❹ 次の絵を説明する文を3つ書きなさい。

(1)	
(2)	
(3)	

❺ 次のグラフは，タカシがクラスの生徒全員にスマートフォンを持っているかをたずねる調査をした結果をまとめたものです。ここから読み取れることを３つの英文にまとめなさい。ただし，数字も英語のつづりで書くこと。

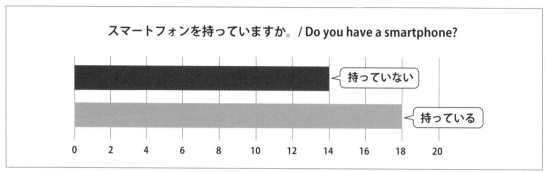

1人の生徒は携帯電話 (mobile phone)を持っていると回答

❻ 次の質問文に対する応答文を，５つの英文にまとめなさい。行った場所やしたことついて書き，最後に感想を書きなさい。ただし，５文のうち１つはbe動詞の過去形を使った文にしなさい。

What did you do during summer vacation?

教科書ぴったりトレーニング
〈教育出版版・ワン ワールド1年〉
この解答集は取り外してお使いください。

Springboard

pp.6～7 ぴたトレ1

1 (1) b (2) d (3) q (4) t
(5) A (6) G (7) H (8) R

2 (1) A B C D E F G
(2) H I J K L M N
(3) m n o p q r s
(4) t u v w x y z

3 (1) I'm Ono Ayaka.
(2) Do you like sports?

4 (1) Are you from Japan?
(2) No, I'm not.

解き方

1 特に，大文字と小文字の形が違う文字の書き方に注意しよう。

2 アルファベットの順番も覚えよう。

3 英語の書き方のルールに従って，4線の上にきちんと書こう。

4 (1)文の最初の単語や国名が大文字で始まっていないので，大文字に。疑問文なので，終わりにはクエスチョン・マークをつける。
(2)文の最初の単語が大文字で始まっていないので，大文字に。I'mはI amを短縮したものなので，アポストロフィをつける。

pp.8～9 ぴたトレ1

1 (1)ウ (2)イ (3)エ (4)ア
2 (1)ウ (2)エ (3)オ (4)ア (5)イ
3 (1) Listen to (2) How, spell
(3) How, in

解き方

1 先生が使う英語の表現とそれを表す動作の絵を結びつけられるようになろう。

(1)「黒板を見なさい。」→ ウ
(2)「起立してください。」→ イ
(3)「席についてください。」→ エ
(4)「手をあげてください。」→ ア

2 いろいろな場面での決まり文句を使えるようになろう。
(1)ウ「何とおっしゃいましたか？（もう一度お願いします。）」
(2)エ「すみません。」
(3)オ「質問があります。」
(4)ア「ごめんなさい。」
(5)イ「ありがとう。」

3 (1)指示する文は，動詞で始める。文の最初は大文字にするのを忘れないように。
(2)「どのように」という疑問詞はhowを使う。
(3)「～は英語で何と言うか」は，
How do you say ～ in English? で表す。

Lesson 1

pp.10～11 ぴたトレ1

1 (1)ア (2)イ (3)ア
2 (1) are from
(2) Ms. King is our English teacher.
3 (1) is (2) Please call
4 (1) I am from Canada(.)
(2) I like Japanese food(.)

解き方

1 (1)(2)主語がIのときの動詞はam。
「～の出身だ」は，I'm from ～.で表す。
(3)excitingは形容詞なのでisを使う。

2 絵に合わせて，「主語＋動詞（am / are / is）～.」という文をつくる。
(1)「あなたは日本の出身です。」
主語がyouなので，areを使う。
(2)「キング先生は私たちの英語の先生です。」
主語がMs. Kingなのでisを使う。

3 (1)主語がI，you以外なのでisを使う。

(2)人に何かお願いするときはpleaseを使う。
pleaseは文の最初でも最後でもよいが，最
後に置くときには，pleaseの前にカンマ(，)
をつけるので注意しよう。

④ 英語の文の語順を確認しておこう。
(1)主語 → 動詞「〜です」→ その他
(2)主語 → 動詞「好きだ」→ その他

---

pp.12〜13 ぴたトレ1

Words & Phrases

(1)質問はありますか。 (2)interesting

(3)manga (4)writer

1 (1)イ (2)イ (3)ア

2 (1)like (2)like reading

(3)I like playing soccer.

3 (1)like playing (2)want

(3)This is

解き方

1 どれも一般動詞の文。動詞の意味を確認し
て，日本語に合う動詞を選ぼう。

2 絵に合わせて，I like 〜.の文をつくる。
(1)「私は動物が好きです。」
(2)「私は読書(読むこと)が好きです。」
(3)「私はサッカーをするのが好きです。」

3 (1)「テレビゲームをすること」は，playing
video gamesで表す。
(2)「〜したい」は，「want to＋動詞」で表す。
(3)「これ[こちら]は〜です」と紹介するとき
は，this isのあとに紹介したいものや人を
続ける。

---

pp.14〜15 ぴたトレ1

Words & Phrases

(1)起きる (2)寝る (3)free

1 (1)イ (2)ア (3)ア

2 (1)Do，play —Yes, I do.

(2)Do you play the guitar?
—No, I don't.

3 (1)Are you from Australia(?)

(2)Do you play video games(?)

解き方

1 (1)be動詞の疑問文。
(2)(3)一般動詞の疑問文。
(3)のplayingは「(野球を)すること」という
意味の名詞なので，動詞のplayを選ぶ。

2 絵に合わせて，一般動詞の疑問文とその答
えの文をつくる。
疑問文の形は「Do＋主語(you)＋動詞〜?」
になり，答えるときはdoやdon'tを使う。
(1)「あなたはバスケットボールをしますか。」
「はい，します。」
(2)「あなたはギターを弾きますか。」
「いいえ，弾きません。」

3 (1)be動詞の疑問文。「〜の出身だ」は「be動
詞＋from＋出身地」で表す。
(2)一般動詞の疑問文。

---

pp.16〜17 ぴたトレ1

Words & Phrases

(1)親愛なる〜 (2)サーフィン

(3)but (4)Sydney

1 (1)ア (2)イ (3)ア

2 (1)What's (2)Who

(3)Where (4)When

3 (1)Who is your favorite singer(?)

(2)What is your dog's name(?)

(3)Where do you want to go
next vacation?

解き方

1 (1)「何」→ what
(2)「どこに」→ where
(3)「ごきげんいかがですか」は，相手の体調
をたずねるあいさつ。そのまま覚えよう。

2 (1)「何」→ what　空所が1つなので短縮形
を使う。 what is → what's
(2)「だれ」→ who
(3)「どこへ」→ where
(4)「いつ」→ when

3 (1)「Who＋be動詞の疑問文」の語順に。
(2)「What＋be動詞の疑問文」の語順に。
「あなたの飼い犬の名前」は，
your dog's nameで表す。
(3)「Where＋一般動詞の疑問文」の語順に。
「行きたい」は，want to goで表す。

ぴたトレ**1**

Words & Phrases

(1)タコ　(2)少し

(3) popular　(4) yourself

1 (1)ア　(2)イ　(3)イ

2 (1) What music

　　—I like pop music.

(2) What animals do you like?

　　—I like dogs.

3 (1) How old　(2) What time

(3) How many

解き方

1 (1)「どんな[何の]〜」→「what＋名詞」
(2)「何歳」→「how＋形容詞(old)」
(3)「何個の〜」
→「how many＋名詞の複数形」

2 絵に合わせて,「What＋名詞＋do you like?」の疑問文とその答えの文をつくる。
答えは「I like＋名詞.」の形で答える。
(1)「あなたは, どんな音楽が好きですか。」
「私はポップ・ミュージックが好きです。」
(2)「あなたは, どんな動物が好きですか。」
「私はイヌが好きです。」

3 (1)「何歳」→ how old でたずねる。
(2)「何時に」→ what time でたずねる。
(3)「何人の〜」→「how many＋名詞の複数形」でたずねる。

ぴたトレ**2**

① (1)ウ　(2)ア　(3)イ

② (1) but，don't　(2) can，a little

③ (1) Do you love playing sports?

(2) When is your birthday?

④ (1) What do you do in your free time?

(2) I sometimes eat sushi at

a Japanese restaurant.

⑤ (1) Do　あなた(たち)は野球が好きですか。

(2) to　私は野球部に入りたいです。

(3)1.野球　2.体育

⑥ (1) It's a popular food in Singapore.

(2) No, he's not.[No, he isn't.]

(3) Yes, he is.

解き方

① (1)My favorite word までが主語なので, 主語がI, you以外のときのbe動詞を選ぶ。
「私の大好きなことばは『ありがとう』です。」
(2)「in＋国」で「〜(の中)で」の意味。「すしはオーストラリアでとても人気があります。」
(3)授業(classes)の数をたずねる文。
「今日は, 何時間の授業がありますか。」

② (1)but は「しかし, ところが」という意味の接続詞。「好きではない」は一般動詞の否定文で表すので, don't を使う。
(2)「話せる」は, 助動詞can を使って「can＋動詞」の形で表す。「少し」＝ a little

③ (1)一般動詞の疑問文は, 主語の前にDoを置く。意味は「あなたはスポーツをするのが大好きですか。」になる。
(2)誕生日の日付に下線がついているので, when を使った時をたずねる疑問文にする。
「あなたの誕生日はいつですか。」になる。

④ (1)what を使った一般動詞の疑問文。do が2つあるが, 1つは疑問文をつくるdo, もうひとつは「する」という意味の動詞のdoなので違いを覚えておこう。
(2)一般動詞の肯定文。
sometimes(ときどき)のような頻度を表す副詞は, 動詞の前に置くので注意しよう。

⑤ (1)一般動詞の疑問文。→ Doを選ぶ。
スピーチなので, この文のyouは複数(聞いている人たち)であると思われる。
(2)want to 〜で「〜したい」という意味。
(3)1.本文2行目に「私は野球をすることが好きです」とある。2.本文3行目に「私の大好きな教科は体育です」とある。

⑥ (1)本文1〜2行目のチェンの発言に着目。
(2)本文5行目のソラの発言に着目。
(3)本文最終行のチェンの発言に着目。

ぴたトレ**3**

① (1)×　(2)×　(3)○

② (1)ア　(2)ア　(3)イ

③ (1) See, in　(2) How, no

(3) Please, yourself

④ (1) Ms. King is our English teacher(.)

(2) Who is your favorite comedian(?)

(3) What time do you go to bed(?)

⑤ (1)① on ③ do

(2) CDs

あなたは何枚のCDを持っていますか。

(3) I sometimes play the guitar(.)

(4) 1. サッカー 2. 50

⑥ 例 Hello. I'm Yuta.

I'm from Osaka.

I like[love] math.

[My favorite subject is math.]

I like[love] reading manga.

解き方

① (1)下線部の発音は「エイ」と「オー」。

(2)下線部の発音は「ウー」と「ア」。

(3)下線部の発音はどちらも「ア」。

② (1)形「人気がある」 (2)形「おもしろい」

(3)代「あなた自身」

③ (1)「～の授業で会いましょう。」は，See you in ～ class.で表す。See you ～.は，人と別れるときに使う決まり文句。

(2)How manyで始まる数をたずねる疑問文。「ひとりも[だれも]～ない，何も～ない」というときはnoを使って表す。

(3)「～してください」と，人に何かお願いするときはpleaseを使う。この文では，文の最初に置かれている。

④ (1)be動詞の肯定文。「主語＋be動詞 ～.」の語順にする。

(2)疑問詞で始まるbe動詞の疑問文。「疑問詞(Who)＋be動詞＋主語?」の語順。

(3)「疑問詞＋名詞」で始まる一般動詞の疑問文。「疑問詞(What)＋名詞(time)＋do＋主語＋動詞～?」の語順にする。「寝る」＝go to bed

⑤ (1)① 曜日の前の前置詞はon。

③ Do you ～?に対するYesの答え。

(2)数をたずねる疑問文。How manyのあとには名詞の複数形が続くので，CDを複数形にする。

(3)一般動詞の肯定文。sometimesは動詞の

前に置くので，入れる位置に注意しよう。

(4) 1. 本文1～2行目のやりとりに着目。

2. 本文5行目のfifty CDsに着目。

全訳

ミキ：あなたは日曜日にふつう何をするの？

トム：ぼくはふつうサッカーをするよ。君はどうなの？

ミキ：私は音楽を聞くわ。CDをたくさん持っているの。

トム：君はCDを何枚持っているんだい？

ミキ：だいたい50枚のCDを持っているわ。あなたは音楽が好きなの？

トム：うん，好きだよ。ぼくはときどきギターを弾くんだ。

⑥ ユウタの立場で，メモをもとにして自己紹介する文が書かれていればよい。

・「～の出身」は，I'm from ～.を使う。

・「～が好き」は，I like ～.を使う。

「数学が好き」は，My favorite subject is math.を用いてもよい。

英作文の採点ポイント
□単語のつづりが正しい。（4点）
□3文以上で書かれている。（2点）
□be動詞や一般動詞の文が正しく使えている。（6点）

Lesson 2

pp.24～25 ぴたトレ1

Words & Phrases

(1)スマートフォン (2)テレビ・ドラマ

(3)料理 (4)毎日 (5) early

(6) family (7) meter(s)

1 (1)イ (2)ア (3)イ

2 (1) like music / do

(2) Do you like reading? / don't

3 (1) What's (2) listen to

(3) I'm on

解き方

1 (1)一般動詞の疑問文は主語の前にDoを置く。

(2)be動詞の疑問文は主語の前にbe動詞を置くので，Areを選ぶ。

(3)canの疑問文は主語の前にCanを置く。

2 絵に合わせて，Do you like 〜?の疑問文と，その答えの文をつくる。
(1)「あなたは音楽が好きですか。」
「はい，好きです。私はポップ・ミュージックが好きです。」
(2)「あなたは読書が好きですか。」
「いいえ，好きではありません。ですが，私はマンガ本は好きです。」

3 (1)空所が1つなのでwhat isの短縮した形を使う。what is → what's
(2)「(音楽など)を聞く」というときはlisten to 〜を使う。
(3)「(野球などのチームに)入っている」というときはbe on 〜を使う。

pp.26〜27 ぴたトレ**1**

Words & Phrases
(1)冷凍した（れいとう） (2)冷蔵庫 (3)シリアル
(4) often (5) or (6) anytime

1 (1)ア (2)イ (3)ア

2 (1) can make
(2) Bob can speak Japanese.

3 (1) can't[cannot]，for
(2) Can，see

4 (1) Dan can play the violin.
(2) Can you eat curry anytime?

解き方
1 助動詞canを使った文は，主語に関係なく同じ形「can＋動詞の原形」で表す。
(1)主語がIの一般動詞の文なので，speakを選ぶ。
(2)主語がyouのcanを使った文。
(3)主語がI, you以外のcanを使った文。
2 絵に合わせて，canを使った文をつくる。
(1)主語がyou。
「あなたはケーキをつくることができます。」
(2)主語がI, you以外。
「ボブは日本語を話すことができます。」
3 (1)canを使った否定文。動詞の前にcan't[cannot]を置く。「朝食に」はforを使う。
(2)canを使った疑問文。主語の前にCanを置く。この文のcanは，「(条件が整っているので)〜することができる」という意味で

使われているので注意しよう。
4 (1)canを使った文にするので，canのあとの動詞を原形にするのを忘れないようにしよう。plays → play
(2)canの疑問文は主語の前にCanを置く。

pp.28〜29 ぴたトレ**1**

Words & Phrases
(1)〔複数の人・ものについて〕あの〜
(2)〜のあとに (3)ストーリー，話
(4)主人公 (5)マンガ本
(6) they (7) them (8) like
(9) kind (10) so

1 (1)イ (2)ア (3)ア

2 (1) She (2) He is my brother.

3 (1) Who is (2) is not

4 (1) Is he our English teacher?
(2) She is not my favorite writer.

解き方
1 それぞれ，すでに話題にのぼった人やものを表す代名詞を選ぶ。
(1)ユキは女性なので，Sheを選ぶ。
(2)ケイは男性なので，Heを選ぶ。
(3)that dog(あのイヌ)はhe / she以外の単数なので，Itを選ぶ。
2 絵に合わせて，「こちらは〜です。彼[彼女]（かれ・かのじょ）は…です」と紹介する文をつくる。
(1)Miyu → she 「こちらはミユです。彼女はテニスの選手です。」
(2)Makoto → he 「こちらはマコトです。彼は私の弟です。」
3 (1)疑問詞を使ったbe動詞の疑問文。「だれ」は疑問詞whoを使う。
(2)be動詞の否定文。isのあとにnotを置く。
4 (1)疑問文は，isを主語の前に置く。
(2)否定文は，isのあとにnotを置く。

pp.30〜31 ぴたトレ**1**

Words & Phrases
(1)チェス (2)〜をうらやましく思う
(3)ハムスター
(4) keep[have] (5) live (6) pet

1 (1)ア (2)イ (3)イ

2 (1) any books / books

(2) Do you have any CDs? / any CDs

3 (1) you, any　(2) We, some

(3) They, so

解き方

1 (1)「何匹か[いくつか]」→ some

(2)日本語には表されていないが,「何人か」の意味を持たせるためにanyを使う。

(3)「1つも〜ない」→ not 〜 any

2 絵に合わせて, Do you have any 〜?の疑問文と, それに答える文をつくる。

(1)「あなたは本を持っていますか。」

「はい。私は本を何冊か持っています。」

(2)「あなたはCDを持っていますか。」

「いいえ。私はCDを1枚も持っていません。」

3 (1)youは単数の場合と複数の場合があるが, ここでは複数の意味で使われている。

(2)(1)に答えている文。

(3)(2)に続く文。代名詞に注意。

pp.32〜33　ぴたトレ1

Words & Phrases

(1)うわあ　(2)ペンギン　(3)昼間

(4) snowboard　(5) character

1 (1)ア　(2)イ　(3)イ

2 (1) that

(2) Is this / —Yes, it is.

(3) Is that / —No, it isn't.

3 (1) Is this your favorite comic book?

(2) That is not my sister, Rika.

解き方

1 (1)This is 〜.の肯定文。

(2)That is 〜.の疑問文。

(3)This is 〜.の否定文。

2 絵に合わせて, Is this[that] 〜?の疑問文とその答えの文をつくる。

答えはitで受けるので注意しよう。

(1)「あれはあなたの飼い犬ですか。」

「いいえ, 違います。」

(2)「これはあなたの帽子ですか。」

「はい, そうです。」

---

(3)「あれはあなたのギターですか。」

「いいえ, 違います。」

3 (1)疑問文は, isをthisの前に置く。

(2)否定文は, isのあとにnotを置く。

pp.34〜35　ぴたトレ2

1 (1)イ　(2)ア　(3)ウ

2 (1) can, can't[cannot]

(2) any, about

3 (1) Can your father speak four languages?

(2) Is that your cat? — No, it isn't.

4 (1) I like reading at home(.)

(2) Are you on the tennis team(?)

5 (1) on

私はインターネットでチェスをします。

(2) Do you have any pets(?)

(3) 1. (インターネットで)チェス

2. ハムスター

6 (1) No, she can't.

(2) Yes, I can.[No, I can't.]

解き方

1 (1)Ms. Saitoを代名詞で受ける。Ms.は女性につける敬称なので, Sheを選ぶ。

(2)those girlsを代名詞で受ける。「あの少女たち」は「彼女らは」で受ける。

(3)not 〜 anyで,「1つも〜ない」という意味を表す。

2 (1)「〜することができる」は, 助動詞canを使う。「〜することができない」は, canの否定形のcan't [cannot]を使う。

(2)「〜について」は, aboutを使う。

3 (1)canの疑問文は, 主語の前にcanを置く。意味は「あなたのお父さんは4か国語を話すことができますか。」になる。

(2)That is 〜.の疑問文は, thatの前にisを置く。答えはitで受けるので注意しよう。意味は「あれはあなたの飼いネコですか。」「いいえ, 違います。」になる。

4 (1)「〜が好きだ」は, I like 〜.で表す。「家で」を表すat homeは文末に置く。

(2)be動詞の疑問文。「(チームに)入ってい

6　英語

る」というときの前置詞はonを使う。

⑤ (1)on the Internetで「インターネット<u>で</u>」の意味を表す。itは，前文のアヤの発言から「チェス」を指していると判断できる。

(2)一般動詞の疑問文。anyはpetsの前。

(3)1．本文1〜2行目の2人のやりとりから，「チェス」だと判断できる。

2．本文最終行のアヤの発言に「何匹かハムスターを飼っている」とある。

⑥ (1)本文3行目のアオイの発言に着目。

(2)自分自身について，何か演奏できるかをYes / Noで答えよう。

pp.36〜37 **ぴたトレ3**

❶ (1)× (2)× (3)〇

❷ (1)イ (2)ア (3)ア

❸ (1)can，anytime (2)don't，any

(3)want，be

❹ (1)We always play baseball after lunch(.)

(2)What do you usually eat for breakfast(?)

(3)Can your sister draw a picture well(?)

❺ (1)Japanese comic books

(2)What kind of comic books do you like(?)

(3)on
あなたはテレビで『名探偵コナン』を見ることができます。

(4)1．おもしろい 2．『名探偵コナン』

❻ (1)Can you speak three languages?

(2)Do you have any books about soccer?

解き方 ❶ (1)下線部の発音は「ア」と「オウ」。
(2)下線部の発音は「エ」と「イ」。
(3)下線部の発音はどちらも「ア」。

❷ (1)名「探偵」 (2)名「インターネット」
(3)動「スノーボードをする」

❸ (1)「〜することができる」は，動詞の前にcanを置いて表す。
(2)「1個も持っていない」は，not 〜 anyを使って表す。
(3)「〜になりたい」はwant to 〜を使って表すが，toのあとには動詞の原形が続くので，be動詞の原形のbeを使う。

❹ (1)一般動詞の肯定文。
頻度を表す副詞always「いつも」は，動詞の前に置かれるので覚えておこう。
(2)疑問詞で始まる一般動詞の疑問文。
usually「ふつうは」も頻度を表す副詞なので，動詞の前に置かれる。
(3)canを使った疑問文。「Can＋主語＋動詞の原形 〜?」の語順にする。
「絵を描く」= draw a picture

❺ (1)themは，直前の文の「日本のマンガ本」を指している。
(2)「どんな種類の〜」はwhat kind of 〜で表す。あとには名詞の複数形が続く。
(3)canを使った肯定文。on TVで「テレビで」の意味を表す。itは，直前のサムの発言から『名探偵コナン』を指していると判断できる。
(4)1．本文1〜2行目のやりとりに着目。
2．本文4〜5行目のやりとりに着目。

全訳

クミ：あなたは日本のマンガ本を読むの？

サム：うん，ぼくは日本のマンガ本が大好きだよ。ストーリーがおもしろいんだ。

クミ：どんな種類のマンガ本が好きなの？

サム：ぼくは推理ものが好きなんだ。
『名探偵コナン』がとても好きだよ。

クミ：私も好きよ。『名探偵コナン』はテレビで見ることができるわよ。

❻ (1)canを使った疑問文。「Can＋主語＋動詞の原形 〜?」の語順で表す。
(2)一般動詞の疑問文。「Do＋主語＋一般動詞 〜?」の語順で表す。

英作文の採点ポイント

□単語のつづりが正しい。（2点）
□（ ）内の語数で書かれている。（1点）
□canや一般動詞の疑問文の形を理解している。
（4点） ＊（ ）内はそれぞれの配点

Lesson 3

pp.38～39 ぴたトレ1

Words & Phrases

(1)週末　(2)〜の出身である

(3)〜が大好きだ

(4) his　(5) her　(6) bicycle[bike]

1 (1)ア　(2)イ　(3)ア

2 (1) studies Japanese

(2) Saki watches soccer games.

3 (1) has　(2) comes[is] from

4 (1) Bill wants a new bike.

(2) Amy goes shopping every day.

解き方

1 (1)主語 (we) は複数。→ s をつけない。
(2)主語 (my brother) はIと you 以外で単数（3人称・単数）。→ s をつける。
(3)主語 (Tom and Mei) は3人称だが複数。→ s をつけない。

2 絵に合わせて，主語が3人称・単数で現在の文をつくる。動詞の終わりにs(es)をつけるのを忘れないようにしよう。
(1)「ボブは日本語を勉強します。」
study → studies
(2)「サキはサッカーの試合を見ます。」
watch → watches

3 どちらの主語も3人称・単数。
(1)「持っている」は動詞haveを使う。
haveの3人称・単数・現在形はhas。
(2)「〜の出身である」= come from 〜

4 主語が3人称・単数になるので，動詞の終わりにs(es)をつけて文を書きかえる。
(1)「ビルは新しい自転車がほしいです。」
(2)「エイミーは毎日買いものに行きます。」
goはesをつけるので注意しよう。

pp.40～41 ぴたトレ1

Words & Phrases

(1)クラリネット　(2)ビデオ　(3)恋愛小説

(4) Chinese　(5) there　(6) glove

1 (1)イ　(2)ア　(3)ア

2 (1) like　(2) doesn't speak

(3) Sho doesn't[does not] play soccer.

3 (1) My father doesn't read love stories(.)

(2) My sister doesn't play the guitar(.)

(3) Elly doesn't come from Brazil(.)

解き方

1 主語が3人称・単数で現在の一般動詞の否定文では，doesn't [does not] を使う。
doesn't [does not] のあとの動詞は原形に。
(1)主語 (Aya) は3人称・単数で，現在の否定文。→ doesn'tを選ぶ。
(2)doesn'tのあとの動詞は原形を使う。
(3)主語 (Liz and I) は複数。→ don'tを選ぶ。

2 絵に合わせて，主語が3人称・単数で現在の一般動詞の否定文をつくる。
(1)「マコトは野菜が好きではありません。」
doesn'tのあとの動詞は原形を使う。
(2)「キング先生は日本語を話しません。」
(3)「ショウはサッカーをしません。」

3 主語が3人称・単数で現在の一般動詞の否定文の語順は，「主語 + doesn't [does not] + 動詞の原形 〜.」になる。
(2)「(楽器)を弾く」=「play the + 楽器」
(3)「〜の出身である」= come from 〜

pp.42～43 ぴたトレ1

Words & Phrases

(1)彼らの，彼女らの，それらの　(2)庭
(3)ほかの　(4)もう1つの，別の

(5) sound　(6) grow

(7) busy　(8) run

1 (1)イ　(2)ア　(3)ア

2 (1) Does, play —Yes, she does.

(2) Does Ms. Ito speak English?
—No, she doesn't.

3 (1) Does Miyu have many comic books(?)

(2) Does Bill study Japanese
every day(?)

解き方

1 主語が3人称・単数で現在の一般動詞の疑問文は，Doesを主語の前に置き，動詞は原形を使う。

8　英語

(1)主語(your sister)は3人称・単数で，現在の疑問文。→ Does を選ぶ。

(2)主語(Ken and you)は複数。→ Do を選ぶ。

(3)疑問文の動詞は原形を使う。

2 絵に合わせて，主語が3人称・単数で現在の一般動詞の疑問文「Does＋主語＋動詞の原形 ～?」とその答えの文をつくる。

(1)「ミキはピアノを弾きますか。」「はい，弾きます。」 答えるときも does を使う。

(2)「伊藤先生は英語を話しますか。」「いいえ，話しません。」 空所が2つなので，短縮形の doesn't を使う。

3 主語が3人称・単数で現在の一般動詞の疑問文の語順は，「Does＋主語＋動詞の原形 ～?」になる。

(1)many は comic books の前に置く。

(2)every day「毎日」は文末に置く。

pp.44～45 **ぴたトレ1**

Words & Phrases

(1)俳優　(2)パフォーマンス　(3)～を見る

(4) everyone　(5) tall　(6) tell

1 (1)イ　(2)ア　(3)イ

2 (1) five pencils

(2) I have two watches.

3 (1) has，hobbies

(2) uses，knives

4 (1) Dan has some photos of animals.

(2) Aya buys three potatoes for dinner.

解き方 1 (1)hamster(ハムスター)は数えられる名詞なので複数形を選ぶ。→ hamsters

(2)water(水)は数えられない名詞なので複数形にしない(単数扱い)。→ water

(3)apple は母音(ア，イ，ウ，エ，オ)で始まる語。→ an apple

2 絵に合わせて，数を表す語と名詞の複数形を使った文をつくる。

(1)「私は5本の鉛筆を持っています。」

(2)「私は2つの腕時計を持っています。」 チの音(ch)で終わる名詞は es をつける。

3 どちらも主語が3人称・単数なので，動詞は3人称・単数・現在形にする。

(1)hobby(趣味)は y で終わる名詞なので，y を i にかえて es をつける。→ hobbies

(2)knife(ナイフ)は fe で終わる名詞なので，fe を ves にかえる。→ knives

4 a を複数を表す語にかえると，そのあとの名詞も複数形になる。

(1)の photo(写真)のような o で終わる名詞は原則通り s をつけるが，(2)の potato(ジャガイモ)のように es をつけるものがあるので注意しよう。

(1)「ダンは動物の写真を何枚か持っています。」

(2)「アヤは夕食のためにジャガイモを3個買います。」

pp.46～47 **ぴたトレ1**

Words & Phrases

(1)一員　(2)アメリカ合衆国　(3)競技会

(4)プロの，職業上の　(5)ジャンプ競技選手

(6) will　(7) hope　(8) win　(9) know

1 (1) We　(2) her　(3) them

2 (1)イ　(2)ア　(3)ア　(4)ア

3 (1) I，me　(2) He

(3) They　(4) them

解き方 1 (1)Tom and I → We
「私たちはテニス部に所属しています。」

(2)my mother → her
「私は毎週日曜日に彼女を手伝います。」

(3)my grandparents → them
「あなたは彼らを知っていますか。」

2 (1)with(前置詞)のあとの代名詞は「～を[に]」の形を使う。

(2)Ms. King → She　主語

(3)my favorite book → It　主語

(4)that melon → it　目的語

3 (1)「私は」→ I／「私を」→ me

(2)my grandpa → He　主語

(3)those boys → They　主語

(4)two cats → them　目的語

pp.48～49 **ぴたトレ2**

◆ (1)ウ　(2)ア　(3)エ

◆ (1) plays，me　(2) What does

③ (1) Kumi doesn't[does not] read detective stories.

(2) Does Bill go swimming every day? —Yes, he does.

④ (1) Kenta likes science very much(.)

(2) Does Elly play any sports(?)

⑤ (1) a lot of

(2)② does ④ doesn't

(3) runs
彼[おじいちゃん]は花屋を経営しています。

(4)1. 62 2. 花

⑥ (1) No, he doesn't.

(2) He grows rice.

解き方
① (1)主語は3人称・単数。studyは，yをiにかえてesをつける。「キング先生は毎週末に日本語を勉強します。」
(2)主語は3人称・複数。→ sをつけない。「ケンとトムは毎週日曜日にサッカーをします。」
(3)主語は3人称・単数の否定文。→ doesn'tを使う。「姉[妹]は朝食にカレーは食べません。」

② (1)主語は3人称・単数。playは，そのままsをつける。withのあとの代名詞は「～を[に]」の形を使う。
(2)疑問詞で始まる疑問文。「何を」はwhatでたずねる。主語は3人称・単数なのでdoesを使う。

③ (1)主語が3人称・単数の否定文は，動詞の前にdoesn't[does not]を置き，動詞を原形にする。「クミは推理小説を読めません。」
(2)疑問文は，主語の前にDoesを置き，動詞を原形にする。答えの文の主語は代名詞にする。「ビルは毎日泳ぎに行きますか。」—「はい，行きます。」

④ (1)主語が3人称・単数で現在の肯定文。「主語＋一般動詞 ～.」の語順で表す。very muchは文の最後に置く。
(2)主語が3人称・単数で現在の疑問文。「Does＋主語＋動詞の原形 ～?」の語順にし，

「何か」を表すanyはsportsの前に置く。

⑤ (1)「たくさんの」の意味ではmanyでもよいが，「3語」と限定しているのでa lot ofを使う。
(2)②も④も，Does he ～?に対するYes / Noの答えなので，doesを使って答える。
(3)主語が3人称・単数で現在の肯定文なので，動詞runにsをつける。また，動詞runの意味に注意。ここでは「走る」ではなく，「～を経営する」という意味で使われている。
(4)1. 本文1行目のボブの発言に着目。
2. 本文最終行のボブの発言に着目。

⑥ (1)本文3～4行目の2人のやりとりに着目。
(2)本文2行目のソラの発言に着目。

---

pp.50〜51 ぴたトレ3

❶ (1)× (2)○ (3)×

❷ (1)イ (2)ア (3)ウ

❸ (1) an, one[bike] (2) not, but

(3) hope, will

❹ (1) Kenta sometimes eats curry for breakfast.

(2) Pedro doesn't like practicing early in the morning.

(3) Does your grandpa enjoy his hobbies every weekend?

❺ (1) doesn't
彼女[キング先生]は魚が好きですが，タコは好きではありません。

(2)② has ③ goes

(3)1. シドニー 2. 自転車 3. 買いもの

❻ 例 I have a new friend.
Her name is Kana.
She likes music.
She plays the piano every day.

解き方
❶ (1)下線部の発音は「ア」と「オー」。
(2)下線部の発音はどちらも「イ」。
(3)下線部の発音は「ズ」と「ス」。3人称・単

数・現在形の末尾の発音を確認しておこう。
② (1)形「もう１つの，別の」
　(2)代「皆さん，みんな」
　(3)名「クラリネット」
③ (1)old bikeの前のaは，oldが母音(ア，イ，ウ，エ，オ)で始まる語なので，anにする。oneはbikeの代わりに使われている。oneは，「〔前に出た名詞をさして〕もの」という意味で使われるので覚えておこう。
　(2)「確かではありませんが，…。」
　＝I'm not sure, but ....
　(3)「〜が…するといいなと思う。」
　＝I hope 〜 will ....
④ (1)主語が３人称・単数で現在の肯定文。「主語＋一般動詞 〜.」の語順にする。sometimesが入る位置(動詞の前)に注意。
　(2)主語が３人称・単数で現在の否定文。「主語＋doesn't＋動詞の原形 〜.」の語順。
　(3)主語が３人称・単数で現在の疑問文。「Does＋主語＋動詞の原形 〜?」の語順にする。hisの位置(hobbiesの前)に注意。
⑤ (1)主語が３人称・単数で現在の否定文ではdoesn'tを使う。
　(2)どちらも，３人称・単数・現在形にする。
　②have → has　③go → goes
　(3)1.本文３行目のSydneyに着目。
　　2.本文最終行のbicycleに着目。
　　3.本文最終行のgo shoppingに着目。

全訳　皆さん，こんにちは。
私は，キング先生について話そうと思います。
彼女は私たちの英語の先生です。彼女はオーストラリアのシドニー出身です。
彼女はすしが好きです。魚が好きですが，タコは好きではありません。
彼女は新しい自転車を持っています。毎週末にそれに乗って買いものに行きます。
⑥ 新しい友達カナについて，次の内容を紹介する文が書かれていればよい。
　・彼女は音楽が好きである。
　・彼女は毎日ピアノを弾く。

英作文の採点ポイント
□単語のつづりが正しい。(４点)
□３文以上で書かれている。(１点)
□３人称・単数・現在形が正しく使えている。(５点)

Lesson 4 ～ Tips ① for Writing

pp.52～53　　　　　ぴたトレ1

Words & Phrases
　(1)屋台　(2)焼きそば
　(3)evening　(4)difficult
① (1)ア　(2)イ　(3)イ
② (1)cooked　(2)studied math
　(3)My brother got up early yesterday.
③ (1)had　(2)saw, lot　(3)didn't eat
④ (1)We danced to Japanese music this evening.
　(2)Dan walked to the riverbank in the morning.
　(3)Aya had dinner with her grandma yesterday.

解き方
① (1)every day(毎日)は習慣的な行動を表すときに使われるので，現在形を選ぶ。
　(2)yesterday(昨日)は過去を表すときに使われるので，過去形を選ぶ。
　(3)主語(Tom)は３人称・単数だが，「〜しました」なので過去形を選ぶ。
② 絵に合わせて，「…は昨日〜しました」という過去を表す文をつくる。主語が３人称・単数でも，動詞の形は同じ過去形を使う。
　(1)「父は昨日，夕食を料理しました。」
　cook → cooked
　(2)「サキは昨日，数学を勉強しました。」
　study → studied
　(3)「兄[弟]は昨日，早く起きました。」
　get → got　get up「起きる」
③ (1)「(時間など)を過ごす」はhaveを使う。不規則動詞haveの過去形はhad。
　(2)不規則動詞seeの過去形はsaw。
　「たくさんの〜」＝a lot of 〜
　(3)「〜しませんでした」なので過去の否定文。空所の数からdidn'tを使い，「主語＋didn't＋動詞の原形 〜.」の形で表す。
④ 過去の文は，動詞を過去形にする。
　(1)dance → danced　意味は「私たちは今晩，日本の音楽に合わせて踊りました。」
　(2)walks → walked　意味は「ダンは午前中，川岸へ歩きました。」になる。
　(3)has → had　意味は「アヤは昨日，おばあちゃんといっしょに夕食を食べました。」

　　　　　　　　ぴたトレ**1**

Words & Phrases

(1)その代わりに　(2)川岸　(3)soon　(4)just

1 (1)ア　(2)イ　(3)ア　(4)イ

2 (1)were　(2)were in

(3)Ms. King was in Kyoto yesterday.

3 (1)were just　(2)wasn't so

4 (1)This cake wasn't[was not] delicious.

(2)The festival wasn't[was not] exciting.

(3)Bob and I weren't[were not] classmates.

解き方

1 (1)(3)today(今日は)やnow(今)は現在を表すときに使われるので、現在形を選ぶ。

(2)yesterday(昨日)は過去を表すときに使われるので、過去形を選ぶ。

(4)主語(they)が複数で「〜にいました」なので、wereを選ぶ。

2 絵に合わせて、「…は昨日〜でした[いました]」という過去を表す文をつくる。主語によって、be動詞の過去形(was/were)を使い分けることが大切。

(1)「あなたは昨日眠(ねむ)そうでした。」

(2)「私たちは昨日、大阪にいました。」

(3)「キング先生は昨日、京都にいました。」

3 (1)「〜でした」なので過去のbe動詞の文。主語が複数なのでwereを使う。

「本当に」を表すjustは、形容詞の前に置く。

(2)「〜ではありませんでした」なので過去のbe動詞の否定文。主語は単数で、空所の数からwasn'tを使う。「そんなに」を表すsoは、形容詞(difficult)の前に置く。

4 be動詞の過去の否定文は、be動詞のあとにnotを置いて表す。

(1)(2)was → wasn't[was not]

意味は、(1)「このケーキはおいしくありませんでした。」、(2)「その祭りはわくわくさせるものではありませんでした。」になる。

(3)were → weren't[were not]

意味は「ボブと私はクラスメートではありませんでした。」になる。

　　　　　　　　ぴたトレ**1**

Words & Phrases

(1)〜へ帰る　(2)たくさん　(3)国立公園

(4)back　(5)during　(6)stay

1 (1)ア　(2)イ　(3)ア

2 (1)Did, go / he didn't

(2)Did, go / he did

(3)Did Kumi visit Kyoto / she didn't

3 (1)Were you in Kobe during the vacation(?)

(2)Did Ms. King go back to Australia(?)

(3)How was your summer vacation(?)

解き方

1 (1)主語(your brother)が3人称(にんしょう)・単数で、「〜でしたか」なので、Wasを選ぶ。

(2)「〜しましたか」なので、Didを選ぶ。

(3)疑問文の動詞は原形を使うので、seeを選ぶ。

2 絵に合わせて、「…は〜しましたか」という過去の疑問文とその答えの文をつくる。

疑問文は、主語が何であっても「Did+主語+動詞の原形 〜?」の形になる。

(1)「あなたのお父さんは9時に寝(ね)ましたか。」

「いいえ、寝ませんでした。」

空所が2つなので、短縮形のdidn'tを使う。

(2)「ショウは泳ぎに行きましたか。」

「はい、行きました。」

(3)「クミは昨日、京都を訪(おとず)れましたか。」

「いいえ、訪れませんでした。」

3 (1)be動詞の過去の疑問文。

「Were+主語(you) 〜?」の語順になる。

「休みの間」を表すduring the vacationは文の最後に置く。

(2)一般(いっぱん)動詞の過去の疑問文。

「Did+主語+動詞の原形 〜?」の語順になる。

「〜へ帰る」はgo back to 〜で表す。

(3)疑問詞で始まるbe動詞の過去の疑問文。

「どうでしたか」なので、疑問詞Howで始める。

　　　　　　　　ぴたトレ**1**

Words & Phrases

(1)午前　(2)午後　(3)更新(こうしん)する

(4)怖(こわ)い、恐(おそ)ろしい　(5)幸運な

(6)parents　(7)sleep　(8)minute(s)

(9)yesterday　(10)say

1 (1)ア　(2)イ　(3)ア　(4)ア

2 (1)watched　(2)studied English

(3)Kenta came home

3 (1)built, slept　(2)see, other

(3)didn't attack

4 (1)Did Rika get up at six this morning?

(2)Jack didn't[did not] come to Tokyo last week.

1 (1)every day（毎日）は習慣的な行動を表すときに使われるので，現在形goを選ぶ。
(2)last night（昨夜）は過去を表すときに使われるので，過去形wentを選ぶ。
(3)一般動詞の過去の疑問文の動詞は<u>原形</u>を使うので，goを選ぶ。
(4)否定文の動詞も<u>原形</u>を使うので，goを選ぶ。

2 絵に合わせて，「…は～しました」という過去を表す文をつくる。規則動詞と不規則動詞の過去形の違いに注意する。
(1)「私の姉[妹]は昨夜，テレビを見ました。」
watch → watch<u>ed</u>
(2)「ユリは昨夜，英語を勉強しました。」
study → stud<u>ied</u>
(3)「ケンタは昨日，5時に家に帰りました。」
come → <u>came</u>　come home「家に帰る」

3 (1)「（テント）を組み立てる」は，buildを使う。不規則動詞buildの過去形はbuilt。
「寝る」はsleepを使い，sleepは不規則動詞で過去形はslept。
(2)疑問文の動詞は原形を使う。
「何かほかの～」= any other ～
(3)「～しませんでした」なので過去の否定文。空所は2つなので「didn't＋動詞の原形」を入れる。

4 (1)過去の疑問文は，「Did＋主語＋動詞の原形 ～?」の形にする。意味は「リカは今朝6時に起きましたか。」になる。
(2)過去の否定文は，「主語＋didn't[did not]＋動詞の原形 ～.」の形にする。
意味は「ジャックは先週，東京に来ませんでした。」になる。

---

pp.60～61　　　　ぴたトレ**1**

1 (1)watched　(2)was　(3)ate　(4)were
2 (1)September　(2)went to, sister
(3)visited, with　(4)ate[had], at
(5)enjoyed

1 それぞれ，動詞の過去形を入れる。
(1)「見ました」　watch → watch<u>ed</u>
(2)「～でした」　主語がIt → was
(3)「食べました」　eat → <u>ate</u>
(4)「～にいました」　主語がWe → were

2 メモに合わせて，日記文を完成させる。
(1)日付・天気 → 月名（September）
(2)「私は姉といっしょに鎌倉に行きました。」

---

go（行く）の過去形はwent。
(3)「私たちは祖父母<u>といっしょに</u>，きれいな場所を訪れました。」
visit（訪れる）の過去形はvisited。
(4)「私たちはレストランでおいしい昼食を<u>食べました。</u>」「食べた」はeat[have]の過去形ate[had]を使う。
(5)「私たちはとても鎌倉を楽しみました。」
enjoy（楽しむ）の過去形はenjoy<u>ed</u>。

---

pp.62～63　　　　ぴたトレ**2**

1 (1)エ　(2)ウ　(3)イ
2 (1)were, during　(2)Did, to　(3)How was
3 (1)Haruto studied math yesterday.
(2)My sister didn't [did not] go to bed early last night.
(3)Was Ms. King back in Sydney?
—No, she wasn't.
4 (1)Mei did not eat fried noodles(.)
(2)Did your parents see any other animals(?)
5 (1)①was　②didn't
(2)③stayed　④went
(3)私たち[アヤと私]は夏祭りをたくさん楽しみました。
(4)1．アメリカ　2．シンガポール
3．夏祭り
6 (1)No, she didn't.
(2)It's in Kanazawa.
(3)No, she didn't.

1 (1)last monthから過去の文であることがわかるので，過去形の動詞を選ぶ。
「私の父は先月，その博物館を訪れました。」
(2)yesterdayから過去の疑問文であることがわかるので，Wereを選ぶ。
「その少年たちは昨日，公園にいましたか。」
(3)過去の否定文なのでdidn'tを選ぶ。
「カナは今晩，ピアノを弾きませんでした。」

2 (1)be動詞の過去の文。主語がWeなのでwereを使う。「～の間」はduringを使う。
(2)一般動詞の過去の疑問文。文頭にDidを置く。「（音楽に）合わせて」はtoを使う。
(3)疑問詞で始まる疑問文。
「どう」はhowでたずねる。
主語は3人称・単数なのでwasを使う。

③ (1)過去の文は，動詞を過去形にする。studyは，yをiにかえてedをつける。意味は「ハルトは昨日，数学を勉強しました。」
(2)否定文は，動詞の前にdidn't[did not]を置き，動詞を原形にする。意味は「私の姉[妹]は昨夜，早く寝ませんでした。」
(3)疑問文は，主語の前にwasを置く。答えの文の主語は代名詞にする。意味は「キング先生はシドニーに戻（もど）っていましたか。」「いいえ，戻っていませんでした。」

④ (1)一般（いっぱん）動詞の過去の否定文。「主語＋did not＋動詞の原形 〜.」の語順にする。
(2)一般動詞の過去の疑問文。「Did＋主語＋動詞の原形 〜?」の語順にする。「何かほかの〜」はany other 〜で表す。

⑤ (1)①Were you 〜?に対するYesの答え。答えの主語はIなのでwasを使う。
②Did you 〜?に対するNoの答えで，1語なので，didn'tを使う。
(2)③stayは規則動詞で，そのままedをつける。④goは不規則動詞。go → went
(3)itは直前の文のthe summer festival（夏祭り）を指している。a lotは「たくさん」という意味で，動詞を修飾（しゅうしょく）している。
(4)1.本文1〜2行目のやりとりで，夏休みの間ボブはアメリカに戻っていたことがわかる。
2.本文2〜3行目のやりとりで，夏休みの間メイはシンガポールへ帰らなかったことがわかる。
3.本文最後のメイの発言からわかる。

⑥ (1)本文1〜2行目のやりとりに着目。
(2)本文最後のソラの発言で「金沢に行きたい」と言っているので，21世紀美術館は金沢にあることがわかる。
(3)本文2行目のエミリーの発言に着目。

pp.64〜65 ぴたトレ3

① (1)○　(2)×　(3)×

② (1)ア　(2)イ　(3)ア

③ (1)no / back
(2)shot，every
(3)have，like

④ (1)Mei studied about Japan a lot(.)
(2)We were not in Tokyo during (the summer vacation.)
(3)Was the TV drama a lot of fun(?)

⑤ (1)①went　②played　④visited
(2)イ
(3)a new guitar
(4)1．サッカー　2．アメリカ
3．(新しい)ギター

⑥ (1)How was the summer festival?
(2)Did you enjoy your [the] summer vacation?

解き方

① (1)下線部の発音はどちらも「イ」。
(2)下線部の発音は「エイ」と「ア」。
(3)下線部の発音は「ト」と「イッド」。
規則動詞の過去形のedの発音を確認しよう。

② (1)名「夕方，晩」
(2)副「その代わりに」
(3)形「難しい，困難な」

③ (1)Long time no see!（久しぶり！）は決まり文句。そのまま覚えよう。
「〜へ帰る」＝ go back to 〜
(2)「噴（ふ）き出す」＝ shoot out　shoot → shot
「〜分おきに」＝ every 〜 minute(s)
(3)「〜がある」はWe have 〜.で表すことができる。「〜のような」は前置詞のlikeを使う。動詞のlikeとの違（ちが）いに注意しよう。

④ (1)一般動詞の過去の肯定文。「たくさん」を表すa lotは，動詞に続く語句のあとに置く。
(2)be動詞の過去の否定文。「主語＋were not 〜.」の語順にする。
(3)be動詞の過去の疑問文。「Was＋主語 〜?」の語順にする。「たくさんの〜」を表すa lot ofは，fun（名詞）の前に置く。

⑤ (1)どれも過去形にする。①は不規則動詞。②④は規則動詞でedをつける。
(2)直後にエイミーが「家にいた」と言っていることから，外出しなかったことがわかる。
(3)直前の文に着目。「おばあちゃんは私に新しいギターをくれた」と言っていることから，itはa new guitarを指しているとわかる。
(4)1．本文1〜2行目のやりとりに着目。
2．本文4行目のエイミーの発言に着目。
3．本文最終行のエイミーの発言に着目。

全訳

エイミー：この前の日曜日は何をしたの？
ケン：ぼくは公園に行って，友達とサッカーをしたよ。君はどうなの？　外出したのかい？

エイミー：いいえ，外出しなかったわ。家にいたの。アメリカから，おばあちゃんが私たちを訪_{たず}ねてきたのよ。

ケン：ああ，本当に？　彼女_{かのじょ}といっしょに楽しい時間を過ごしたかい？

エイミー：ええ，過ごしたわ。彼女は私に新しいギターをくれたの。私はそれがとても気に入っているのよ。

⑥ (1)疑問詞で始まるbe動詞の過去の疑問文。「疑問詞＋was［were］＋主語 〜?」の語順。
(2)一般動詞の過去の疑問文。「Did＋主語＋動詞の原形 〜?」の語順で表す。

英作文の採点ポイント

☐ 単語のつづりが正しい。（２点）
☐ （　）内の語数で書かれている。（１点）
☐ be動詞や一般動詞の過去の疑問文の形を理解している。（３点）　＊（　）内はそれぞれの配点

Reading 1

p.66　　　　　　　　ぴたトレ1

Words & Phrases

(1)簡単な，やさしい，たやすい
(2)〜について来る［行く］　(3)ひとりで
(4)すぐに　(5)いくつかの
(6)find　(7)believe　(8)ask
(9)act　(10)these

1 (1)Didn't, him　(2)No, didn't
(3)all, away　(4)One, cold

解き方 1 (1)Didn'tで始まる過去の否定疑問文。
(2)Didn't 〜?に対する答え。日本語は「はい」だが，英語はNoになるので注意しよう。
(3)allは複数を表す主語のあとに置く。
「逃_にげ出す」＝ run away
(4)「ある日」＝ one day
「かぜをひく」＝ catch a cold

---

p..67　　　　　　　　ぴたトレ1

Words & Phrases

(1)うそつき　(2)〜をだます　(3)やはり，結局
(4)ひとり言で　(5)〜を恐_{おそ}れる
(6)happen　(7)wait　(8)only　(9)himself

1 (1)no sisters　(2)no food
(3)no　(4)No, runs

解き方 1 (1)「no＋数えられる名詞（複数）」で，「何も［１人も］〜ない」の意味を表す。
(2)「no＋数えられない名詞」で，「少しも〜ない」の意味を表す。
(3)「決して〜などではない」と，強く否定し「むしろその逆だ」の意味を持つ文。
(4)「だれも〜ない」は，no one 〜で表す。no oneは３人称・単数あつかいなので，runにsをつける。

---

pp.68〜69　　　　　　　　ぴたトレ2

1 (1)ウ　(2)ア　(3)イ
2 (1)Didn't, believe　(2)no, for
(3)look, run　(4)afraid, not
(5)After, only
3 (1)Didn't you do your homework (last night?)
(2)No one is afraid of me(.)
(3)Why are you always with him(?)
4 (1)these days　(2)②エ　③ウ
(3)Long time no see(!)
(4)to　トラに何が起こったのですか。
(5)1. ○　2. ×　3. ×　4. ○

解き方 1 (1)動詞のあとの代名詞は，「〜を［に］」の形(him)を選ぶ。「ある日，トラはキツネを見つけ，彼_{かれ}を襲_{おそ}います。」
(2)助動詞canのあとには動詞の原形が続くので，playを選ぶ。「私の姉［妹］は，ピアノを弾_ひくことができます。」
(3)「no＋数えられる名詞(brothers)」の文。「リカには兄弟が１人もいません。」
2 (1)Didn'tで始まる過去の否定疑問文。
(2)「決して〜などではない」と，強く否定し「むしろその逆だ」の意味を持つ文。「私(にとって)の」はforを使う。
(4)「〜を恐れている」＝ be afraid of 〜
「〜ではなく」というときはnotを使う。
(5)「やはり」＝ after all
3 (1)過去の否定疑問文。「Didn't＋主語＋動詞の原形 〜?」の語順にする。
(2)「だれも〜ない」はno one 〜で表す。「No one＋動詞（３人称・単数・現在形）〜.」の語順にする。
(3)疑問詞whyで始まるbe動詞の疑問文。頻度_{ひんど}を表す副詞alwaysはbe動詞のあとに置かれるが，疑問文なので主語のあとに。

④ (2)②直前のサルとウサギのやりとりから，話題にのぼっているのはキツネだとわかる。
③直前のサルの「クマに頼もう」という発言から判断できる。
(4)happen to ~で「~に起こる」を表す。
(5)1.本文2行目に「近ごろでは，キツネはいつもトラといっしょにいる」とある。
2.本文3行目に「キツネは王様のようにふるまっている」とある。→×
3.本文7行目でキツネが「私は動物たちの王様である」と言っている。→×
4.本文最後のキツネの発言で「私は今日はトラといっしょにいない」と言っている。

Lesson 5 ～ Tips ② for Listening

ぴたトレ**1**

Words & Phrases
(1)皆さん，みんな，だれでも
(2)休み，休憩 (3)1時限
(4)午前の軽食，お茶
(5)first (6)chat (7)bring (8)bench

1 (1)ア (2)イ (3)イ (4)ア

2 (1)are practicing
(2)is running
(3)They are having breakfast now.

3 (1)sitting, right (2)are chatting

4 (1)I'm[I am] using this computer now.
(2)My brother is drinking milk now.

解き方
1 (1)every day(毎日)は習慣的な行動を表すときに使われるので，現在形を選ぶ。
(2)(3)「今~しているところだ」は，現在進行形「be動詞＋動詞の-ing形」を選ぶ。
(4)このhaveは「持っている」という状態を表す意味なので，現在進行形にならない。
2 絵に合わせて，「今~しているところです」という現在進行形「be動詞＋動詞の-ing形」の文をつくる。主語によって，be動詞を使い分けることが大切。
(1)主語がweで複数 → are
practiceはeをとってingをつける。
「私たちは今，歌の練習をしています。」
(2)主語がShoで3人称・単数 → is
runはnを重ねてingをつける。
「ショウは今，飼い犬と走っています。」

(3)主語がtheyで複数 → are
haveはeをとってingをつける。
「彼らは今，朝食を食べています。」
3 (1)sitはtを重ねてingをつける。
「~ですよね」＝~, right?
(2)chatはtを重ねてingをつける。
4 「今~しているところだ」は，現在進行形「be動詞＋動詞の-ing形」にする。
(1)主語がI → be動詞はamを使う。
useはeをとってingをつける。「私は今，このコンピューターを使っています。」
(2)主語がmy brotherで3人称・単数 → is
drinksは原形に戻してingをつける。
「兄[弟]は今，牛乳を飲んでいます。」

ぴたトレ**1**

Words & Phrases
(1)もの，こと (2)だれか，ある人
(3)競争する (4)すばらしい。
(5)classmate (6)behind
(7)different (8)prize

1 (1)Is, eating / she is
(2)Are, playing / they aren't

2 (1)Is, writing (2)Are, running
(3)What, doing

3 (1)Are you having a 20-minute break(?)
(2)Are they practicing for the chorus contest(?)
(3)What are Dan and Liz making(?)
(4)What are your classmates doing(?)

解き方
1 絵に合わせて，現在進行形の疑問文「Be動詞＋主語＋動詞の-ing形 ~?」とその答えの文をつくる。
(1)主語がKumiで3人称・単数 → is
「クミはスパゲッティを食べているところですか。」「はい，そうです。」
(2)主語がAmy and Mikaで複数 → are
答えの空所は2つなので，短縮形のaren'tを使う。Amy and Mika → 代名詞はthey。
「エイミーとミカはバドミントンをしているところですか。」「いいえ，違います。」
2 (1)現在進行形の疑問文。主語はAyaで3人称・単数なので，be動詞はisを使う。
writeはeをとってingをつける。
(2)主語はtheyで複数 → are
runはnを重ねてingをつける。

(3)疑問詞whatで始まる現在進行形の疑問文。「する」という意味の動詞doをing形にして使う。

3 (1)現在進行形の疑問文。「Be動詞＋主語＋動詞の-ing形 ～?」の語順になる。
(2)語順は(1)と同じ。「合唱コンクールのために」for the chorus contestは動詞のあと。
(3)「何をつくっているか」をたずねるwhatで始まる現在進行形の疑問文。「What＋be動詞＋主語＋動詞の-ing形?」の語順。
(4)「何をしているか」をたずねるwhatで始まる現在進行形の疑問文。語順は(3)と同じ。

pp.74～75 **ぴたトレ1**

Words & Phrases
(1)部屋をきれいにする　(2)床をモップがけする
(3)～にえさをやる　(4)フラスコを洗う
(5)…に～を入れる　(6)…から～を取り出す
(7)手をふる　(8)壁にポスターをはる

1 (1)イ　(2)ア　(3)イ
2 (1)not playing
(2)My brother is not watching a movie.
3 (1)singing by[near]　(2)putting, on
(3)cleaning, behind
4 (1)I'm not having morning tea now.
(2)We are not chatting on the bench.
(3)My sister is not taking a bath now.

解き方
1 現在進行形の文の形を確認しておこう。
(1)「主語＋be動詞＋動詞の-ing形 ～.」
「～にえさをやる」は，動詞feedを使う。
(2)「Be動詞＋主語＋動詞の-ing形 ～?」
(3)否定文はbe動詞のあとにnotを置く。
「主語＋be動詞＋not＋動詞の-ing形 ～.」
2 絵に合わせて，現在進行形の否定文をつくる。否定文は，be動詞のあとにnotを置く。
(1)主語がwe → are 「私たちは卓球をしているのではありません。」
(2)主語がmy brotherで3人称・単数 → is 「私の兄[弟]は映画を見ているのではありません。」
3 (1)現在進行形の文なので，「be動詞＋動詞の-ing形」で表す。
「～のそばで」は，前置詞byを使う。
(2)「壁にポスターをはる」はput a poster on the wallで表す。putはtを重ねてingをつける。「壁に」は，前置詞onを使う。

(3)「机をふく」はclean the deskで表す。
「～のうしろに」は前置詞behindを使う。
4 現在進行形の否定文は，be動詞のあとにnotを置いて表す。

pp.76～77 **ぴたトレ2**

1 (1)エ　(2)ウ　(3)イ
2 (1)doing different
(2)read only
(3)Is, singing
3 (1)The boy is running in the school ground.
(2)What is Ms. King playing?
(3)What is Yuki doing by the window?
4 (1)What are those girls doing(?)
(2)They are having a 15-minute break after (lunch.)
5 (1)① sitting　② having
④ eating　⑤ chatting
(2)私たちは1時限のあとに30分間の休憩をとります。
(3)1. 芝生の上に
2. おしゃべり
3. 家から持ってきた
6 (1)She is wearing a costume from "Sailor Moon."
(2)Yes, they are.

解き方
1 (1)現在進行形の肯定文なので，動詞の-ing形のdoingを選ぶ。「図書館で宿題をしている生徒たちもいます。」
(2)現在進行形の疑問文。主語がyour fatherで3人称・単数なのでbe動詞はIsを選ぶ。「あなたのお父さんは今，夕食を料理していますか。」
(3)現在進行形の否定文。主語がBobで3人称・単数なので，isn'tを選ぶ。「ボブは本を読んでいるのではありません。彼は寝ています。」
2 (1)「～をしている」はdoのing形を使う。「いろいろなこと」はdifferentを使う。
(2)「かな文字だけは」はonlyをkana lettersの前に置く。letter(s)は，「手紙」ではなく「文字」の意味で使われているので注意する。
(3)現在進行形の疑問文。「だれか」を表すsomeoneは3人称・単数あつかいなので，be動詞はisを使う。

③ (1)現在進行形の文なので，「be動詞＋動詞の-ing形」で表す。runsは原形に戻して，nを重ねてingをつける。意味は「その少年は校庭を走っています。」になる。

(2)「ピアノ」に下線がついているので，「何を弾いているのか」という疑問文にする。

(3)動詞の-ing形に下線がついているので，「何をしているのか」という疑問文にする。

④ (1)Whatで始まる現在進行形の疑問文。「What＋be動詞＋主語＋動詞の-ing形？」の語順にする。

(2)現在進行形の肯定文。「主語＋be動詞＋動詞の-ing形 ～.」の語順にする。「休みをとる」はhaveを使う。

⑤ (1)どれも現在進行形の文なので，動詞をing形にする。①⑤どちらも「短母音＋子音字」で終わる動詞なので，子音字を重ねてingをつける。②eで終わる動詞は，eをとってingをつける。

(2)haveは「～を経験する，過ごす」の意味で使われていて，have recess for 30 minutesで「30分間の休憩をとる」という意味になる。

(3)1. 本文1～2行目のやりとりからエマは芝生の上にすわっていることがわかる。

2. 本文5行目のエマの発言からわかる。

3. 本文最後の2行のやりとりから，エマは家から持ってきた昼食を食べることがわかる。

⑥ (1)本文4行目のアオイの発言に着目。

(2)本文最終行のチェンの発言に着目。

---

pp.78～79　　　　　ぴたトレ3

❶ (1)〇　(2)×　(3)×

❷ (1)ア　(2)イ　(3)ア

❸ (1)What / have

(2)long / It's

(3)time / at

❹ (1)My brother is taking a CD out of the case(.)

(2)What is your mother doing after (dinner?)

(3)What time is it in Queensland (now?)

❺ (1)①playing　④running　⑤practicing

(2)ウ

(3)ギター

(4)1. ケンタ　2. ダンスの練習　3. リカ

❻ (1)I'm studying English in the library.

(2)What are you doing after lunch?

18　英語

解き方

❶ (1)下線部の発音はどちらも「ア」。

(2)下線部の発音は「アイ」と「イ」。

(3)下線部の発音は「エイ」と「エ」。

スペルが同じでも発音は違うので注意する。

❷ (1)名「皆さん，みんな」

(2)前「～のうしろの[に]」

(3)形「異なった，いろいろな」

❸ (1)A:「生徒たちは1時限のあとに何を食べますか。」

B:「彼らは朝の軽食を食べます。」

(2)A:「1時限のあとの休憩はどのくらい（の長さ）ですか。」　B:「20分間です。」

How long ～?で，時間の長さをたずねる。答えるときは，It's ～ long.を使う。

(3)A:「生徒たちは何時に昼食を食べますか。」　B:「彼らは12時30分に昼食を食べます。」　「～時に」は「at＋時刻」で表す。

❹ (1)現在進行形の肯定文。「主語＋be動詞＋動詞の-ing形 ～.」の語順にする。「…から～を取り出す」は，take ～ out of …で表す。

(2)「～は何をしているか」は，「What＋be動詞＋主語＋動詞の-ing形 ～?」の語順にする。

(3)時刻をたずねる文。

「～では」と場所を限定するときは，「in＋場所」を文末に置く。

❺ (1)どれも現在進行形の文なので，動詞をing形にする。④runは「短母音＋子音字」で終わる動詞なので，nを重ねてingをつける。⑤practiceはeで終わる動詞なので，eをとってingをつける。

(2)直後にマキが「彼女はユリです」と答えているので，人をたずねる疑問詞whoが入ることがわかる。

(3)直前のトムの発言に着目。「この少女はギターを弾いている」と言っていることから，itはギターを指しているとわかる。

(4)1. 本文4～5行目のやりとりに着目。

2. 本文6～7行目のやりとりに着目。

3. 本文最後の行のマキの発言に着目。

全訳

マキ：これは私の家の近くの公園よ。

トム：この少女はギターを弾いているね。彼女はだれだい？

マキ：彼女はユリよ。彼女はギターを弾くのがとてもじょうずなの。

トム：おや，これはケンタだよね？　彼は飼い犬といっしょに走っているよ。

マキ：そうよ。彼は毎日，飼い犬といっしょに公園に来るのよ。

トム：この少女たちを見てよ。彼女たちはダンスの練習をしているよ。

マキ：彼女たちはリカとサキよ。リカは私の妹なの。

6 (1)現在進行形の肯定文。「主語＋be動詞＋動詞の-ing形 〜.」の語順で表す。6語と限定しているので，I amの短縮形を使う。
(2)Whatで始まる現在進行形の疑問文。「What＋be動詞＋主語＋動詞の-ing形 〜?」の語順で表す。

英作文の採点ポイント

□単語のつづりが正しい。（2点）
□（ ）内の語数で書かれている。（1点）
□語順が正しい。（1点）
□現在進行形の形を理解していて，主語によるbe動詞の使い分けができている。（2点）

＊（ ）内はそれぞれの配点

Lesson 6 〜 Useful Expressions

pp.80〜81 ぴたトレ **1**

Words & Phrases

(1)色彩豊かな，カラフルな　(2)看板，標識
(3)春巻　(4)gate　(5)order　(6)say

1 (1)イ　(2)ア　(3)ア

2 (1)Which book
(2)Which food, eat
(3)Which smartphone do you want?

3 (1)What, say　(2)says

4 (1)Which TV program do you like(?)
(2)Which do you want to order(?)

解き方
1 (1)は「どちらが」，(2)は「どの〜」とたずねているので，(1)はWhich（どちらが），(2)はWhich bag（どのバッグ）を選ぶ。
(3)oneとitの使い分けに注意。oneは，前に出た名詞を指して，「もの」という意味で使われる。
2 絵に合わせて，「Which＋名詞＋do you＋動詞の原形 〜?」の形の疑問文をつくる。
(1)「あなたはどの本を勧めますか。」
(2)「あなたはどの食べものを食べますか。」
(3)「あなたはどのスマートフォンがほしいですか。」

3 (1)「（看板・標識など）に書いてある」というときは動詞sayを使う。
(2)文頭のItはthat signを指している。主語はItなので，sayに3人称・単数・現在形のsをつけるのを忘れないように。

4 (1)「どの〜」とたずねているので，「Which＋名詞＋do you＋動詞の原形?」の語順に。
(2)「どちらを」とたずねているので，「Which＋do you＋動詞の原形 〜?」の語順に。「〜したい」はwant to 〜で表す。

pp.82〜83 ぴたトレ **1**

Words & Phrases

(1)〜を勧める　(2)それの　(3)中華街
(4)which　(5)because

1 (1)イ　(2)イ　(3)イ　(4)ア

2 (1)Why, speak / Because, study
(2)Why, like / Because, can skate

3 (1)Why, get　(2)Because, walk

4 (1)Why do you recommend this book(?)
(2)Because it is interesting(.)

解き方
1 (1)(2)「なぜ」とたずねるときは文頭に疑問詞Whyを置き，「なぜなら〜」と答えるときは文頭にBecauseを置いて表す。
(3)Meiが主語で3人称・単数なので，doesを選ぶ。
(4)あとにdeliciousという形容詞が続いているので，be動詞のareを選ぶ。
2 絵に合わせて，「Why＋do / can＋you＋動詞の原形 〜?」の形の疑問文と，Becauseを使ったそれに答える文をつくる。
(1)「あなたはなぜ英語を話すことができるのですか。」「なぜなら，毎日英語を勉強するからです。」
(2)「あなたはなぜ冬が好きなのですか。」「なぜなら，スケートができるからです。」
3 (1)「なぜ」とたずねるときは文頭に疑問詞Whyを置く。「起きる」＝get up
(2)Why 〜?に「なぜなら〜だから」と答えるときは，答えの文の文頭にBecauseを置く。「（犬など）を散歩させる」という動詞はwalkを使う。
4 (1)「Why＋do＋主語＋動詞の原形 〜?」の語順の「理由」をたずねる文。
(2)「Because＋主語＋be動詞 〜.」の語順の「理由」を答える文。

Words & Phrases

(1)ぎょうざ　(2)マンゴー・プリン
(3)杏仁豆腐（あんにんどうふ）　(4)〜してもいいですか。
(5)full　(6)everything　(7)both

1 (1)ア　(2)イ　(3)イ　(4)イ

2 (1)Who, swim / can

(2)Who made this cake? / did

3 (1)Who ate seven dumplings(?)

(2)Who is your English teacher(?)

(3)Who can run fast (in your class?)

解き方

1 (1)(3)be動詞を使ったwhoの疑問文では
Whoのあとにbe動詞の疑問文が続くが，
一般動詞（いっぱん）やcanを使ったwhoの疑問文では
whoが主語になるので，Whoのあとは肯定（こうてい）
文と同じ語順になる。動詞は，主語が単数
の場合の形になるので注意しよう。
(2)(1)のthat girlを代名詞で受けるので，
Sheを選ぶ。
(4)(3)は3人称（にんしょう）・単数・現在の疑問文なので，
doesを選ぶ。

2 絵に合わせて，「Who＋動詞（主語が単数の
場合の形）〜?」の形の疑問文と，それに答
える文の「主語＋助動詞」をつくる。
(1)canの疑問文なので，答えるときもcan
を使う。
(2)一般動詞の過去の疑問文なので，答える
ときはdidを使う。

3 (1)Whoが主語の一般動詞の過去の疑問文。
「Who＋動詞の過去形 〜?」の語順になる。
(2)Whoを使ったbe動詞の疑問文。
「Who＋be動詞＋主語?」の語順になる。
(3)Whoが主語のcanの疑問文。
「Who＋can＋動詞の原形 〜?」の語順になる。

Words & Phrases

(1)電話　(2)ブログ　(3)ありがとう。
(4)take　(5)dish

1 (1)ア　(2)イ　(3)イ

2 (1)Whose dog / Kenta's

(2)Whose, this / yours

(3)Whose box is that? / mine

3 (1)Is, yours　(2)not mine

4 (1)mine　(2)Haruto's

解き方

1 (1)「だれの〜」とたずねているので，「Whose
＋名詞」で始まる疑問文にする。
(2)「アヤの」と所有の意味を表すときは，「人
の名前＋'s」で表す。ここでは，Aya'sのあ
とに名詞が続いているので，Aya'sは「アヤ
の」という意味になる。
(3)「私の母のもの」と所有の意味を表すとき
は，「名詞＋'s」で表す。ここでは，所有を
表す語句のあとに名詞が続いていないので，
my mother'sは「私の母のもの」という意味
になる。

2 絵に合わせて，「Whose＋名詞＋is this[that]?」
の形の疑問文と，それに答える文の「It's＋所
有を表す語」をつくる。
(1)「あれはだれのイヌですか。」
「ケンタのものです。」
(2)「これはだれの本ですか。」
「あなたのものです。」
(3)「あれはだれの箱ですか。」
「私のものです。」

3 (1)持ち主をたずねるbe動詞の疑問文。
「あなたのもの」はyoursを使う。
(2)「それは〜のものではない」と否定すると
きは，「It's not＋所有代名詞」で表す。

4 (1)「これは私の筆入れではありません。」
＝「この筆入れは私のものではありません。」
(2)「あれはハルトのコンピューターですか。」
＝「あのコンピューターはハルトのものです
か。」

Words & Phrases

(1)見事な　(2)アップロードする
(3)それでは，それじゃ
(4)yours　(5)mine

1 (1)イ　(2)イ　(3)ア

2 (1)How often / once, week

(2)How often do you go fishing?

—I go fishing once a month.

3 (1)How, does

(2)times, month

4 (1)How often do you use a computer(?)

(2)How often does your father play
baseball(?)

解き方

1 (1)「どのくらいよく」と頻度（ひんど）をたずねている
ので，how oftenを使う。

(2)「1回」はふつう<u>once</u>を使う。

(3)「月に[1か月に]」は<u>a month</u>を使う。

2 絵に合わせて，「How often do you＋動詞の原形 〜?」という疑問文と，それに頻度を答える文をつくる。

(1)「あなたはどのくらいよく夕食を料理しますか。」「私は週に1度[回]，夕食を料理します。」

(2)「あなたはどのくらいよく魚釣りに行きますか。」「私は月に1度[回]，魚釣りに行きます。」

3 (1)How often 〜?と頻度をたずねる疑問文。主語がAmyで3人称・単数なので，does を使う。(2)「3回」以上は，time を使い，three times のように表す。

4 どちらも「どのくらいよく」と頻度をたずねる疑問文。「How often do[does]＋主語＋動詞の原形 〜?」の語順になる。

pp.90〜91 ぴたトレ1

1 (1)We (2)his (3)her (4)them (5)hers

2 (1)He, my (2)made, him

(3)gave her (4)took / They

3 ①My sister and I ②my mother

③some coffee beans

④birthday dinner

解き方

1 それぞれ，適切な代名詞にかえる。

(1)「ボブと私」→「私たち」we

(2)「ケンタの」→「彼の」his

(3)「私のおばあちゃんを」→「彼女を」her

(4)「私の兄弟を」→「彼らを」them

(5)「ユキのもの」→「彼女のもの」hers

2 日本語に合わせて，代名詞を入れる。

(2)前置詞(for)のあとは目的格に。

(3)「AにBをあげる」＝「give＋A＋B」

「あげました」で過去のことなので，give を過去形(gave)にする。

(4)「写真を撮る」というときはtakeを使う。過去なので，take を過去形(took)にする。

3 代名詞が示す内容を把握しよう。

①we は話し手(書き手)をふくむ複数の人を指す。前の部分に登場した「だれかと私」の代わりに使われていると考える。

②she は，すでに登場した1人の女性を指す。

③them は，前に出てきた複数の人やものを指す。前の部分の複数形の単語の代わり

に使われていると考える。④it は，前に出てきた1つのものを指す。前の部分の単数形の単語の代わりに使われていると考える。

全訳 この前の日曜日，姉と私は買いものに行きました。私たちは母の誕生日プレゼントを買いたかったのです。私たちは彼女にコーヒー豆を買いました。彼女は本当にコーヒーが好きなんです。1日に5回もコーヒーを飲みます。彼女はコーヒー豆をとても気に入ってくれました。

姉は母のために誕生日ディナーをつくりました。それはとてもおいしかったです。私たちは誕生日ディナーを大変楽しみました。

pp.92〜93 ぴたトレ1

Words & Phrases

(1)肉まん (2)ウーロン茶

(3)グラス1杯の〜 (4)カップ1杯の〜

(5)〜てもよろしいですか。

1 (1)I'd like (2)I'd like an apple pie.

(3)I'd like French fries.

2 (1)May, take (2)Sure

(3)Would, drink (4)I'd, cup

3 (1)What would you like(?)

(2)I'd like a glass of Oolong tea(.)

(3)Would you like a dessert(?)

解き方

1 絵に合わせて，「I'd like＋名詞(注文したいもの)」の文をつくる。

2 (1)「〜てもよろしいですか」と許可を求めるときは，May I 〜?を使う。同じ許可を求める表現にCan I 〜?があるが，Can I 〜?よりMay I 〜?のほうが，よりていねいな言い方になる。「注文を<u>とる</u>」というときは，動詞takeを使う。

(3)「〜はいかがですか」とものを勧めるときは，Would you like 〜?を使う。

(4)Would you like 〜?に対して，「〜がほしい」と答えるときは，I'd like 〜.を使う。

「カップ1杯の」＝ a cup of 〜

3 (1)飲食店で店員が注文を聞くときに使う表現。決まり文句なので，このまま覚えよう。

(2)飲食店でお客が注文するときに使う表現。I'dはI wouldを短縮した形。

「グラス1杯の」＝ a glass of 〜

(3)飲食店で店員が食べものや飲みものを勧めるときに使う表現。Would you likeのあとに直接名詞(ほしいもの)を続ける。

❶ (1)ウ　(2)エ　(3)イ

❷ (1)mine　(2)my mother's　(3)yours

❸ (1)Do you know them?

　(2)Who made these sandwiches?

　(3)How often does Kenta go swimming?

❹ (1)Which is your brother's cap(?)

　(2)Why do you recommend this movie(?)

❺ (1)yours　(2)whose

　(3)How often do you upload pictures(?)

　(4)1．ボブのもの　2．ブログのため

　　　3．およそ週に3回[度]

❻ (1)Because she can relax in it.

　(2)No, it doesn't.

解き方

❶ (1)動詞のあとにくる代名詞は目的格。「あちらはキング先生です。私の父は<u>彼女を</u>(かのじょ)知っています。」

　(2)「それの」と所有を表す代名詞が入る。「タケシは犬を1匹(ぴき)飼っています。<u>それの</u>名前はクロです。」

　(3)「マコトのもの」と答えているので，持ち主をたずねる疑問文であることがわかる。→Whoseを選ぶ。「これはだれのノートですか。」「マコトのものです。」

❷ どれも「〜のもの」と所有を表す表現で答える。

　(1)「これは私のコンピューターです。」＝「このコンピューターは<u>私のもの</u>です。」

　(2)「あれは私の母の自転車です。」＝「あの自転車は<u>私の母のもの</u>です。」

　(3)「あれはあなたのネコですか。」＝「あのネコは<u>あなたのもの</u>ですか。」

❸ (1)those boys(あの少年たち) → them(彼(かれ)らを)　動詞のあとは目的格を使う。意味は「あなたは彼らを知っていますか。」になる。

　(2)whoで「だれが」とたずねる疑問文に。Whoが主語なので，語順はそのままに。意味は「このサンドウィッチをつくったのはだれですか。」になる。

　(3)how oftenで頻度(ひんど)をたずねる疑問文にする。How oftenのあとには一般動詞の疑問文が続く。意味は「ケンタはどのくらいよく泳ぎに行きますか。」になる。

❹ (1)「どちらが」なのでWhich 〜?の疑問文。「Which＋be動詞＋主語?」の語順にする。

　(2)「なぜ」なのでWhy 〜?の疑問文。「Why do you＋一般動詞の原形 〜?」の語順に。

❺ (1)「このスマートフォンはあなたのものですか，ケンタ。」という意味になるので，yoursを選ぶ。

　(2)直後のボブの発言から，持ち主をたずねる疑問文であることがわかる。

　(3)頻度をたずねる疑問文。「How often do＋主語＋動詞の原形 〜?」の語順になる。

　(4)1．本文1〜4行目のやりとりから，スマートフォンはケンタではなく<u>ボブのもの</u>であることがわかる。

　　2．本文5〜6行目のやりとりから，ボブは<u>ブログのために</u>料理の写真を撮(と)ったことがわかる。

　　3．本文最後の2人のやりとりから，ボブは<u>およそ週に3回</u>，写真をアップロードすることがわかる。

❻ (1)本文1〜2行目のやりとりに着目。

　(2)本文4〜5行目のアオイの発言で「こたつはたくさんの電力を使わない」と言っている。

❶ (1)○　(2)×　(3)○

❷ (1)ウ　(2)ア　(3)イ

❸ (1)エ　(2)ウ　(3)オ　(4)ア　(5)イ

❹ (1)Why do you like Ms. Goto's math class(?)

　(2)Who can swim very fast in (your class?)

　(3)Did you take any good pictures of the dishes(?)

❺ (1)①Why　③How

　(2)some pictures of the dishes

　(3)1．昼食[ランチ]　2．春巻

　　　3．ブログ　4．2回[度]

❻ (1)May I take your order?

　(2)Which do you want to order?

解き方

❶ (1)下線部の発音はどちらも「エイ」。

　(2)下線部の発音は「ア」と「オウ」。

　(3)下線部の発音はどちらも「アイ」。

❷ (1)**動**「〜を勧(すす)める」

　(2)**動**「アップロードする」　(3)**形**「見事な」

❸ (1)「あなたはどのくらいよくスキーに行きますか。」エ「私は毎年冬にスキーに行きます。」

　(2)「お飲みものはいかがですか。」ウ「グラス1杯(ばい)の水をください。」

　(3)「あなたはなぜマンゴー・プリンが好きなのですか。」オ「なぜなら，おいしいからです。」

(4)「あなたはどの季節が好きですか。」
ア「私は夏が好きです。」
(5)「これはだれのスマートフォンですか。」
イ「それは私のものです。」

❹ (1)「なぜ」なのでWhy 〜?の疑問文。
「Why do you＋一般動詞の原形 〜?」
(2)「だれ」なのでWhoが主語の疑問文。
「Who＋can＋一般動詞の原形 〜?」
(3)一般動詞の過去の疑問文。「Did＋主語＋
一般動詞の原形 〜?」の語順。「何か」を表す
anyは，good picturesの前に置く。

❺ (1)①直後のビルの発言はBecause 〜.で答
えているので，Why 〜?の疑問文になる。
③直後のビルの発言は頻度を答えているの
で，How often 〜?の疑問文になる。
(2)themは前に出てきた複数のものや人の
代わりに使われる。直前のビルの発言に着
目する。
(3)1.本文1行目のビルの発言に着目。
2.本文3行目のビルの発言に着目。
3.本文6行目のビルの発言に着目。
4.本文最終行のビルの発言に着目。

全訳
ビル：友達とぼくはきのう，中華街でランチを
食べたよ。
リカ：ランチを楽しんだの？
ビル：うん。ぼくたちは春巻とぎょうざを食べ
たよ。ぼくは春巻が気に入ったんだ。春
巻はおいしかったよ。それに料理の写真
も撮ったんだ。
リカ：なぜ料理の写真を撮ったの？
ビル：ブログのための写真がほしかったんだ。
リカ：あなたは，どのくらいの頻度で写真を
アップロードするの？
ビル：だいたい週に2回だよ。ぼくのブログ見
てよ。

❻ (1)May I 〜?は飲食店で店員が注文をとっ
てもいいか許可を求めるときに使う表現。
(2)「Which＋一般動詞の疑問文?」の形を使
う。「注文したい」＝want to order

英作文の採点ポイント

□単語のつづりが正しい。（2点）
□（ ）内の語数で書かれている。（1点）
□語順が正しい。（1点）
□飲食店で店員が注文をとるときに使う表現や
Whichで始まる疑問文を理解している。（2点）
＊（ ）内はそれぞれの配点

Lesson 7 〜 Project 1

pp.98〜99 　　　　　　　　　ぴたトレ1

Words & Phrases
(1)みやげ　(2)隣人（りんじん）　(3)クラゲ　(4)温泉
(5)symbol　(6)mean　(7)idea　(8)relax

1 (1)ア　(2)イ　(3)ア

2 (1)have, practice　(2)has, clean
(3)They have to play tennis hard.

3 (1)doesn't have　(2)have no

4 (1)You have to cook dinner today.
(2)Aya has to memorize her speech.

解き方

1 (1)主語が複数(We) → have to
(2)主語が3人称・単数(My brother)
→ has to
(3)「〜する必要がない」= don't have to 〜

2 絵に合わせて，「have[has] to＋動詞の原
形」の文をつくる。主語によって，have to
とhas toを使い分ける。
(1)主語がweで複数 → have to
(2)主語がKumiで3人称・単数 → has to
(3)主語がtheyで複数 → have to

3 (1)「〜する必要がない」は，主語が3人称・
単数のときはdoesn't have toになる。

4 「〜する必要がある」は，「have[has] to＋動
詞の原形」を使って表す。
(1)主語がYou → have to 「あなたは今日，
夕食を料理する必要があります。」
(2)主語がAyaで3人称・単数 → has to
memorizeは原形（もど）に戻す。「アヤはスピー
チを暗記する必要があります。」

pp.100〜101 　　　　　　　　ぴたトレ1

Words & Phrases
(1)横断する　(2)運転手　(3)ゆっくり
(4)区域，地域　(5)ほんの冗談（じょうだん）です。
(6)answer　(7)ready　(8)rest　(9)kid

1 (1)ア　(2)イ　(3)ア

2 (1)must study
(2)must play tennis
(3)must, take
(4)You mustn't [must not] watch TV

3 (1)must do　(2)mustn't talk

4 (1)私は毎朝ジョギングに行かなければなりま
せん。

(2)(あなたは)ここにペットを連れてきてはい
けません。

(3)この部屋でスマートフォンを使ってもよろ
しいですか。

1 (1)「～しなくてはいけない」= must ～
(2)「～してはいけない」= must not ～
(3)「～てもよろしいですか」= May I ～?

2 絵に合わせて，(1)(2)は「must＋動詞の原形」，
(3)(4)は「must not＋動詞の原形」の文をつくる。
(1)「私は数学を一生懸命に勉強しなければな
りません。」
(2)「私たちは毎日テニスをしなければなりま
せん。」
(3)「(あなたは)ここで写真を撮ってはいけま
せん。」
(4)「(あなたは)夜遅くにテレビを見てはいけ
ません。」

3 (1)「～しなければならない」はmustを使う。
「宿題をする」= do my homework
(2)「～してはいけない」は「must not＋動詞
の原形」で表すが，空所の数からmust not
を短縮した形mustn'tを使う。

4 (1)mustは，「～しなくてはいけない」という
強い意志を表す。
(2)must notは，「～してはいけない」という
禁止を表す。
(3)May I ～?は，「～てもよろしいですか」
とていねいに許可を求めるときに使う。

pp.102～103 ぴたトレ**1**

Words & Phrases
(1)世界的な，地球上の (2)社会
(3)簡単に，やさしく (4)安全 (5)learn
(6)language (7)create (8)important

1 (1)イ (2)ア (3)イ (4)ア
2 (1)are, swim (2)is, speak
(3)My sister is able to skate well.
3 (1)were, find, easily (2)Do, have
(3)stands for (4)for, are

1 (1)(2)「～かもしれない」は，「may＋動詞の
原形」で表す。(2)は進行形(be動詞＋動詞の
-ing形)が続いているので，be動詞の原形
beを使う。
(3)(4)「～することができる」は，「be able to
＋動詞の原形」で表す。be動詞は，主語の
人称や数に合わせる。

2 絵に合わせて，「be able to＋動詞の原形」
の文をつくる。be動詞は，主語の人称や数
に合わせることが大切。
(1)「あなたは速く泳ぐことができます。」
(2)「加藤先生は英語を話すことができます。」
(3)「私の姉[妹]はじょうずにスケートをする
ことができます。」

3 (1)「～することができた」は「be able to＋動
詞の原形」のbe動詞を過去形にして表す。
主語が複数なのでwereを使う。
(2)have toの疑問文は，一般動詞の疑問文
と同じに考える。
(3)「～を意味する[表す]」はstand forで表す。
主語がGreen(緑色)で3人称・単数なので，
standに3単現のsをつける。
(4)主語はMany pictograms for emergency
exitsで複数なので，be動詞はareになる。

pp.104～105 ぴたトレ**2**

① (1)イ (2)ウ (3)ア
② (1)have, in (2)must, be
(3)Don't, too
③ (1)Dan is able to play the trumpet well.
(2)Do you have to get up early tomorrow?
(3)My brother doesn't [does not] have to
clean his room.
④ (1)My father is able to speak three
languages(.)
(2)Liz doesn't have to finish her homework
(by tomorrow.)
⑤ (1)① a souvenir from my neighbor
② this symbol
(2)We have to take off our clothes (in this
place.)
(3)1. Yes, he does.
2. It means a hot spring.
⑥ (1)It's about a manhole toilet.
(2)We have to open the manhole.

① (1)主語が3人称・単数 → has to
「カナはテストに向けて理科を勉強する必要
があります。」
(2)have toの否定文で主語がYouなので，
don'tを選ぶ。「あなたは今日，学校へ行く
必要はありません。」

(3)mayに続く動詞は原形。「母は今，夕食を料理しているかもしれません。」

❷ (1)「～する必要がある」は，「have [has] to＋動詞の原形」を使って表す。主語がYouなのでhave toを使う。
「英語で」というときはinを使う。
(2)「～してはいけない」はmust notで表す。「～に遅れる」＝ be late for ～
(3)「～してはいけない」という禁止はmust notもあるが，Don't ～.で表すこともできる。「～を食べすぎる」＝ eat ～ too much

❸ (1)「be able to＋動詞の原形」で表す。
意味は「ダンはトランペットをじょうずに吹くことができます。」になる。
(2)一般動詞の疑問文と同様に考える。
意味は「あなたはあした早く起きる必要がありますか。」になる。
(3)一般動詞の否定文と同様に考える。
意味は「兄[弟]は自分の部屋を掃除する必要はありません。」になる。

❹ (1)「～することができる」の文は，「主語＋be動詞＋able to＋動詞の原形 ～.」の語順で表す。
(2)「～する必要がない」の文は，「主語＋do / does not＋have to＋動詞の原形 ～.」の語順で表す。

❺ (1)①直前のアヤの発言から，itは「隣人からのみやげ」を指していることがわかる。
②直前のボブの発言から，itは「この記号」を指していることがわかる。
(2)「～する必要がある」は，「have to＋動詞の原形」で表す。「～を脱ぐ」＝ take off ～
(3)1.質問は「ボブは別のヒントをほしがっていますか。」 本文6行目のボブの発言から「別のヒントをほしがっている」ことがわかる。
2.質問は「この記号は何を意味していますか。」 本文最後の2人のやりとりから「この記号は温泉を意味している」ことがわかる。

❻ (1)質問は「この記事は何についてですか。」本文1行目に着目。
(2)質問は「もしあなたがトイレを使いたいなら，最初に何をする必要がありますか。」本文1～2行目に着目。

❶ (1)〇　(2)〇　(3)×

❷ (1)イ　(2)ア　(3)ウ

❸ (1)may be　(2)Do, have　(3)can, to

❹ (1)You have to put your shoes into the shoe box(.)
(2)We don't have to take off our shoes (in this room.)
(3)My father is able to read difficult English books(.)

❺ (1)must not　(2)pictograms in Japan
(3)for the first time
(4)Visitors were able to find first-aid rooms easily(.)
(5)1．(トムは)あまり知りません。
2．1964年

❻ (1)I must study hard this week.
(2)You must not play video games.

解き方

❶ (1)下線部の発音はどちらも「エイ」。
(2)下線部の発音はどちらも「オウ」。
(3)下線部の発音は「イ」と「アイ」。

❷ (1)形「重要な，大切な」
(2)名「言語，ことば」　(3)名「みやげ」

❸ (1)「～かもしれない」は「may＋動詞の原形」で表す。進行形が続いているので，be動詞の原形beを使う。
(2)「～する必要があるか」なので，have toの疑問文。主語がIの疑問文はめずらしいので，このまま覚えよう。
(3)「～することができる」の文だが，空所が1つなので，be able toではなくcanを使う。「音楽に合わせて」はtoを使う。

❹ (1)「～する必要がある」の文は，「主語＋have to＋動詞の原形 ～.」の語順で表す。「AをBに入れる」＝ put A into B
(2)「～する必要がない」の文は，「主語＋don't have to＋動詞の原形 ～.」の語順。「～を脱ぐ」＝ take off ～
(3)「～することができる」の文は，「主語＋be動詞＋able to＋動詞の原形 ～.」の語順で表す。

❺ (1)「～してはいけない」＝ must not ～
(2)直前のミキの発言に着目。「日本のピクトグラムについて知っていますか」とたずねていることからわかる。

(4)「～することができた」なので，「主語＋be動詞の過去形＋able to＋動詞の原形 ～.」の語順で表す。

(5)1.本文4～5行目の2人のやりとりに着目。トムは「日本のピクトグラムについてあまり知らない」と言っている。

2.本文最後の2行のミキの発言に着目。

全訳

トム：標識は，ぼくたちの生活にとってとても大切だよね。

ミキ：そうね。私たちはたくさんの種類の標識を見ることができるわ。
この標識の意味は何？

トム：ここでは写真を撮ってはいけないだよ。

ミキ：正解よ。あなたは日本のピクトグラムについて知ってる？

トム：ぼくは日本のピクトグラムについてあまり知らないんだ。

ミキ：1964年に，日本オリンピック委員会は初めてたくさんのピクトグラムを考案したのよ。来訪者たちは簡単に救急室を見つけることができたの。

❻ (1)「～しなければならない」というときはhave toとmustの両方が考えられるが，6語と限定しているので，mustを使って表す。
「主語＋must＋動詞の原形 ～.」

(2)「～してはいけない」というときはmust notを使って表すが，6語と限定しているので，must notの短縮形は使わない。
「主語＋must not＋動詞の原形 ～.」の語順で表す。

英作文の採点ポイント

☐単語のつづりが正しい。（2点）

☐（ ）内の語数で書かれている。（1点）

☐語順が正しい。（1点）

☐mustやmust notの意味・使い方を理解している。（3点）　　＊（ ）内はそれぞれの配点

Reading 2

p.108　ぴたトレ1

Words & Phrases

(1)のどが渇いた　(2)静かな　(3)クッキー

(4)～に入る　(5)席につく

(6)woman　(7)foot　(8)glass

(9)lonely　(10)anything

1 (1)went into　(2)at, near

(3)sat, at, next

解き方 1 (1)「～に入る」＝go into ～　過去の文なのでgoを過去形にする。intoは，inとtoが合わさった「～の中へ」のイメージ。

(2)「テーブルに」というときはat，
「～の近くに」というときはnearを使う。

(3)「席につく」＝sit down
「～のとなりの」＝next to ～

p.109　ぴたトレ1

Words & Phrases

(1)答える　(2)かむ　(3)人に慣れた
(4)叫ぶ　(5)跳び上がる　(6)buy　(7)inside

(8)even　(9)reach　(10)think

1 (1)asked　(2)said　(3)answered [replied]

(4)thought

解き方 1 どれも「直接話法」の文。

(1)「たずねた」→ askを過去形に。

(2)「言った」→ sayを過去形に。

(3)「答えた」→ answerを過去形に。

(4)「思った」→ thinkを過去形に。

pp.110～111　ぴたトレ2

① (1)ウ　(2)イ　(3)ア

② (1)to, talked to　(2)thought

(3)didn't, bit　(4)even afraid

(5)It, said

③ (1)My brother bought a glass of juice(.)

(2)Haruto sat down next to the girl(.)

(3)My mother was very afraid of dogs(.)

④ (1)She didn't say anything for a long time(.)

(2)② cookies　③ a cookie

④ the dog　⑤ Meg

(3)1.〇　2.×　3.×　4.〇　5.×

解き方 ① (1)天候を表すitを主語にする。「『ここの屋内は心地よいです』と彼女は言いました。」

(2)内容から，atが最も適切。「ケンタは，窓の近くのテーブルにいました。」

(3)not ～ anythingで，「何も～しない」という意味を表す。「その年老いた女性は何も言いませんでした。」

② (1)go to ～のtoも，talk to ～のtoも「～の方へ」という方向性を表している。

(2)「思った」はthink（～と思う）の過去形で表す。

(3)過去の文なので did't で否定する。
bite（かむ）の過去形は bit。
(4)「〜さえ」を表す even は副詞なので，be
動詞のあとに置く。
(5)天候を表す主語は It を使う。
「言った」は say（〜と言う）の過去形で表す。
③(1)一般動詞の過去の肯定文。
「グラス 1 杯の〜」= a glass of 〜
(2)一般動詞の過去の肯定文。
「席につく」= sit down
「〜のとなりの」= next to 〜
(3)be 動詞の過去の肯定文。「とても」を表す
very は副詞なので，be 動詞のあとに置く。
「〜を怖がる」= be afraid of 〜
④(1)「長い時間」= for a long time
「何も〜しない」= not 〜 anything
(2)②they は複数のものや人を指すので，そ
れに合うものを直前のメグの発言から探す。
③it は単数のものを指すので，それに合う
ものを前の文から探す。④he は単数の男性
を指すが，ここでは（オスの）イヌを指して
いる。動物を指す場合はふつう it を使うが，
ペットなどの場合，擬人化して he や she を
使うことがあるので覚えておこう。
(5)her は単数の女性を指すが，それに合う
人を前の文から探す。
(3)1．本文 1 〜 2 行目にある。
2．本文 3 行目に，「メグはグラス 1 杯の
ジュースとクッキーを買った」とある。→×
3．本文13行目に，「テーブルの下のイヌは
メグをかんだ」とある。→×
4．本文14行目にある。
5．本文最後の 2 行で，年老いた女性が「そ
れは私のイヌではない」と言っている。→×

Lesson 8 〜 Tips ④ for Listening

pp.112〜113　　　　　　ぴたトレ**1**

Words & Phrases

(1)休日　(2)フィンランド　(3)小学校
(4)plan　(5)move
① (1)ア　(2)ア　(3)イ
② (1)are, practice
(2)is going to cook dinner
(3)Tom and I are going to play soccer
③ (1)We're, visit　(2)Is, have
(3)What, going, do

④ (1)Aya is going to study English.
(2)Are they going to see a movie?

解き方 ① (1)「〜するつもりだ」は「be 動詞 + going to
＋動詞の原形」で表す。
(2)be going to のあとは動詞の原形。
「スキーに行く」= go skiing
(3)「宿題をする」= do one's homework
② 絵に合わせて，「be 動詞 + going to + 動詞
の原形」を使った文をつくる。
(1)主語が we → be 動詞は are。
(2)主語が 3 人称・単数 → be 動詞は is。
(3)主語が複数 → be 動詞は are。
③ (1)主語が「私たち(we)」なので be 動詞は are。
We と are の短縮した形を使う。
(2)主語が Naomi なので be 動詞は is。
be going to の疑問文は，be 動詞を主語の
前に置く。「試合がある」というときの動詞
は have を使う。
(3)「何をするつもりか」なので，文頭に
What を置いた疑問文。動詞は do を使う。
④ (1)主語が 3 人称・単数なので，be going
to の be 動詞は is を使う。意味は「アヤは英
語を勉強するつもりです。」になる。
(2)be going to の疑問文は，be 動詞を主語
の前に置く。意味は「彼らは映画を見るつも
りですか。」になる。

pp.114〜115　　　　　　ぴたトレ**1**

Words & Phrases

(1)場所，名所　(2)宝石，貴金属類
(3)日の出（の時刻）　(4)場面，場所
(5)もちろん　(6)多少の〜
(7)camera　(8)appear　(9)ice
(10)yet　(11)tomorrow　(12)snow
① (1)ア　(2)イ　(3)ア
② (1)will be
(2)It will be rainy and humid
(3)It will be cloudy and cool tomorrow.
③ (1)it snowing　(2)will appear
(3)I'll tell　(4)want, take
④ (1)It will be sunny this afternoon.
(2)Kenta will go to the park today.

解き方 ① (1)(2)「〜（になる）でしょう」は「will + 動詞の
原形」で表す。
(3)will のあとは動詞の原形を使う。

2 絵に合わせて、「～になるだろう」=「will be＋形容詞」を使った文をつくる。
(1)「あしたは雪が降って寒いだろう。」
(2)「あしたは雨が降って蒸すだろう。」
(3)「あしたは曇って涼しいだろう。」

3 (1)「～しているか」なので、現在進行形の疑問文。主語は天候を表すitを使う。
(2)「～でしょう」=「will＋動詞の原形」
(3)「～するつもりだ」を、未来の意志を表すwillを使って表す。I will → I'll
(4)「～したい」=「want to＋動詞の原形」「写真を撮る」というときの動詞はtake。

4 「will＋動詞の原形」を使った文にする。
(1)is → be　意味は「今日の午後は晴れるでしょう。」になる。
(2)goes → go　意味は「ケンタは今日、公園へ行くでしょう。」になる。

pp.116〜117 ぴたトレ**1**

Words & Phrases

(1)記事　(2)動物園の飼育係
(3)事態、状況　(4)下絵、スケッチ
(5)ところで　(6)〜の中に入る
(7)arrive　(8)difference　(9)display
(10)natural　(11)fly

1 (1)ア　(2)イ　(3)イ

2 (1)are coming　(2)is going to school
(3)They are moving to Chiba

3 (1)We're arriving
(2)between, and　(3)Here

4 (1)I'm going to go back to Tokyo (next Sunday.)
(2)My father is coming back to Tokyo (tomorrow.)

解き方 1 (1)「～するつもりだ」は「be going to＋動詞の原形」で表す。
(2)「～します」と現在進行形で未来を表す。「～へ引っ越す」= move to ～
(3)未来を表す現在進行形。「～へ帰ってくる」= come back to ～

2 絵に合わせて、未来を表す現在進行形「be動詞＋動詞の-ing形」を使った文をつくる。
(1)「私たちはまもなく家に帰ります。」
(2)「ケンタはまもなく学校へ行きます。」
(3)「彼らは今週末千葉に引っ越します。」

3 (1)未来を表す現在進行形。主語のWeとareの短縮した形を使う。
(2)「AとBの間に」= between A and B
(3)Here you are.は、ものを手渡すときの決まり文句。Here it is.でもよい。

4 (1)「～するつもりだ」なので、「be going to＋動詞の原形」の文。
(2)「～します」なので、未来を表す現在進行形「be動詞＋動詞の-ing形」の文。

pp.118〜119 ぴたトレ**1**

Words & Phrases

(1)ふるまい　(2)環境　(3)施設　(4)実現する
(5)ついに、とうとう　(6)たくさんの種類の〜
(7)draw　(8)true　(9)village
(10)huge　(11)cage

1 (1)イ　(2)イ　(3)イ

2 (1)should study　(2)should get up early
(3)should clean your room

3 (1)will see　(2)wanted, change
(3)came, last

4 (1)Naomi won't give up the next match(.)
(2)You should help your mother (on Sunday.)

解き方 1 (1)「～しないでしょう」は「will not＋動詞の原形」で表す。
(2)won't = will not
sunnyは形容詞なので、be動詞が必要。
(3)「～すべきである」と提案するときは、助動詞shouldを使う。

2 絵に合わせて、「～すべきである」=「should＋動詞の原形」を使った文をつくる。
(1)「あなたは毎日数学を勉強すべきです。」
(2)「あなたは毎日早く起きるべきです。」
(3)「あなたは毎日部屋を掃除すべきです。」

3 (1)「～でしょう」なので、「will＋動詞の原形」で表す。
(2)「～したいと思っていた」=「wanted to＋動詞の原形」
(3)「実現する」= come true　過去なので、comeを過去形に。「ついに」= at last

4 (1)「～しないでしょう」は「won't[will not]＋動詞の原形」で表す。「～をあきらめる」= give up ～
(2)「～すべきである」は「should＋動詞の原形」で表す。

❶ (1)イ (2)ア (3)イ
❷ (1)taking, with (2)Please tell
(3)get, kinds
❸ (1)My sister is going to have a tennis match today.
(2)What are you going to do tomorrow?
❹ (1)We are arriving at the station (soon.)
(2)The party will start at six(.)
(3)Miki won't come to school (tomorrow.)
❺ (1)I'm going to visit my friend (in Hokkaido.)
(2)あなたたちは北海道で何をするつもりですか。
(3)1.小学校　2.旭山動物園
❻ (1)He is going to visit New Zealand.
(2)She recommends a Maori village.

解き方

❶ (1)be going toの文。主語が3人称・単数なのでbe動詞はisを選ぶ。「ケンは今週末おばあちゃんを訪ねるつもりです。」
(2)willの文。willのあとの動詞は原形。「あしたは曇って湿度が高いでしょう。」
(3)shouldのあとの動詞は原形。「(あなたは)たくさんの本を読むべきです。」
❷ (1)未来を表す進行形の疑問文。「〜を持っていく」は「take＋もの＋with＋人」で表す。
(2)ていねいに命令するときは，pleaseを使う。命令文は動詞で始める。
(3)canのあとの動詞は原形。「〜の中に入る」＝get into 〜「たくさんの種類の〜」＝many kinds of 〜
❸ (1)「be going to＋動詞の原形」の文にする。主語が3人称・単数なので，be動詞はisを使う。意味は「私の姉[妹]は今日，テニスの試合がある予定です。」になる。
(2)文頭にWhatを置いて，「何をするつもりか」の疑問文にする。意味は「あなたはあした何をするつもりですか。」になる。
❹ (1)近い未来を表す現在進行形の文。「主語＋be動詞＋動詞の-ing形 〜.」の語順。「〜に到着する」＝arrive at 〜
(2)willの肯定文。「主語＋will＋動詞の原形 〜.」の語順。
(3)willの否定文。「主語＋won't[will not]＋動詞の原形 〜.」の語順。
❺ (1)be going toの肯定文。「主語＋be動詞＋going to＋原形 〜.」の語順。

「私は北海道にいる友達を訪ねるつもりです。」という意味になる。
(2)疑問詞で始まるbe going toの疑問文。thereが指す場所は，話の流れから「北海道」であることがわかる。
(3)1.本文6行目で，アヤが「彼女(ハンナ)は小学校のときの私のクラスメートでした」と発言している。
2.本文最後の行で，アヤが「私たちは旭山動物園を訪れるつもりです」と発言している。
❻ (1)問い文は「ソラは夏休みの間にどこへ行くつもりですか。」本文3行目のソラの発言に着目。
(2)問い文は「ベル先生はどんな場所を勧めていますか。」本文最後の2人のやりとりに着目。

❶ (1)× (2)〇 (3)×
❷ (1)ア (2)イ (3)ウ
❸ (1)Are, going (2)What is (3)Where are
❹ (1)Do you have any plans for the winter vacation(?)
(2)Makoto is moving to Okinawa (next Saturday.)
(3)I'm looking forward to the party(.)
❺ (1)Are you going to go to Hawaii (next week?)
(2)あなたはハワイ料理を食べるべきです[食べたほうがいいです]。
(3)ウ
(4)1.He is going to stay in Honolulu.
2.He wants to swim in the sea.
❻ (1)What are you going to do this weekend?
(2)It will be sunny tomorrow.

解き方

❶ (1)下線部の発音は，「アイ」と「イ」。
(2)下線部の発音はどちらも「ウー」。
(3)下線部の発音は，「ア」と「エイ」。
❷ (1)名「違い」 (2)名「環境」
(3)形「初歩の」
❸ (1)Yesで答えているので，疑問詞のつかないbe going toの疑問文である。
A「あなたは次の日曜日に映画を見るつもりですか。」 B「はい，私は『名探偵コナン』の映画を見るつもりです。」

(2)「ケーキをつくるつもりだ」と答えているので、「何をつくるつもりか」をたずねる文にする。 A「リカはお母さんと何をつくるつもりですか。」 B「彼女はケーキをつくるつもりです。」

(3)「北海道を訪れるつもりだ」と答えているので、「どこを訪れるつもりか」をたずねる文にする。 A「あなたたちは次の夏にどこを訪れるつもりですか。」 B「私たちは北海道を訪れるつもりです。」

4 (1)「何か〜があるか」は、「Do you have any＋名詞の複数形 〜?」で表す。

(2)未来を表す現在進行形の文。「主語＋be動詞＋動詞の-ing形 〜.」の語順。「〜へ引っ越す」= move to 〜

(3)「(私は)〜を楽しみにしている」＝I'm looking forward to 〜.

5 (1)be going toの疑問文。「Be動詞＋主語＋going to＋動詞の原形 〜?」の語順。

(2)shouldは「〜すべきである、〜したほうがいい」と提案するときに使われる。

(3)themは前に出てきた複数の人やものを指す。話の流れからパンケーキを指す。

(4)1.問い文は「サムはハワイのどこに滞在するつもりですか。」
本文2行目のサムの発言に着目。
2.問い文は「サムはハワイで何がしたいですか。」 本文2行目のサムの発言に着目。

全訳

ミユ：あなたは来週ハワイに行く予定なの？
サム：うん、ホノルルに滞在する予定だよ。
　　　ぼくは海で泳ぎたいんだ。
ミユ：あなたはハワイ料理を食べるべきよ。
サム：何がお勧めなんだい？
ミユ：私はパンケーキが好きだわ。パンケーキはおいしいのよ。
サム：わかった。パンケーキを楽しむよ。

6 (1)「疑問詞(What)＋be動詞＋主語＋going to＋動詞の原形 〜?」の語順で表す。

(2)天候を表す主語Itを使ったwillの肯定文。「主語(It)＋will＋動詞の原形 〜.」

英作文の採点ポイント

□単語のつづりが正しい。(2点)
□( )内の語数で書かれている。(1点)
□be going toやwillの意味・使い方を理解している。(4点)　＊( )内はそれぞれの配点

Lesson 9 ～ Project 2

pp.124～125　　　　　　ぴたトレ1

Words & Phrases

(1)問題　(2)気候　(3)消える、見えなくなる
(4)どこでも、いたるところで　(5)環境の
(6)地球温暖化　(7)finish　(8)choose
(9)late　(10)earth　(11)planet　(12)future

1 (1)イ　(2)イ　(3)ア

2 (1)look　(2)looks tired
(3)looks excited

3 (1)sounds, scary　(2)on, melting
(3)may, in

4 (1)That bird looks beautiful.
(2)This song sounds exciting.

解き方

1 (1)「〜そうに見える」=「look＋形容詞」
(2)主語(this book)が3人称・単数なのでlooksを選ぶ。
(3)「〜そうに聞こえる」
＝「sound(s)＋形容詞」

2 絵に合わせて、「look＋形容詞」を使った文をつくる。
(1)「あなたは悲しそうに見えます。」
(2)「ミキは疲れているように見えます。」
(3)「ハルマは興奮しているように見えます。」

3 (1)「〜そうに聞こえる」=「sound(s)＋形容詞」
(2)「溶けている」を現在進行形で表す。
(3)「〜かもしれない」は、mayを使う。

4 (1)「〜そうに見える」は「look＋形容詞」で表す。be動詞のisをlook(s)にかえる。
(2)「〜そうに聞こえる」は「sound＋形容詞」で表す。be動詞のisをsound(s)にかえる。

pp.126～127　　　　　　ぴたトレ1

Words & Phrases

(1)(温度などの)度　(2)温度
(3)湿度、湿気　(4)少なくとも
(5)save　(6)feel　(7)rise　(8)warm

1 (1)ア　(2)イ　(3)イ

2 (1)is, under
(2)There is a library
(3)There are three pens on

3 (1)have to　(2)How can　(3)are, ways

4 (1)There is a hospital near my house(.)
(2)There are some boys in the park(.)

解き方 **1** 後ろの名詞が主語になるので，それが単数か複数かでbe動詞が決まる。

(1)a picture → is
(2)two caps → are
(3)a cat and a dog → are

2 絵に合わせて，「…に～がある[いる]」＝「There is[are]＋名詞(主語)....」を使った文をつくる。

(1)a dog → is
「机の下にイヌが1匹います。」
(2)a library → is
「この町には図書館が1つあります。」
(3)three pens → are
「テーブルの上にペンが3本あります。」

3 (1)「～する必要がある」＝ have to ～
(2)「どうやったら～できるか」
＝「How can＋主語＋動詞の原形 ～?」
(3)「～がある」はThere is[are] ～.で表す。

4 「…に～がある[いる]」は「There is[are]＋名詞(主語)＋場所を表す語句.」の語順。

---

pp.128〜129 ぴたトレ**1**

Words & Phrases
(1)ごみ (2)グラフ，図表 (3)パーセント
(4)ごみ埋め立て地 (5)再利用
(6)table (7)amount (8)burn
(9)room (10)show

1 (1)ア (2)ア (3)イ (4)イ
2 (1)Is there / there isn't
(2)Are there / there are
3 (1)table shows
(2)a lot
4 (1)Is there an air conditioner in the room(?)
(2)Are there many trashcans on the street(?)

解き方 **1** There is[are] ～.の疑問文は，be動詞(is / are)をthereの前に置く。
(1)主語はa restaurant → Is
(2)Is there ～?には，there isで答える。
(3)主語はany English books → Are
(4)Are there ～?には，there areで答える。
aren't = are not
2 絵に合わせて，「Is[Are] there＋名詞(主語)...?」の文と，それに答える文をつくる。
(1)主語はa pencil case → Is there
机の上にあるのは本なので，Noで答える。

「机の上に筆入れはありますか。」
「いいえ，ありません。」
(2)主語はmany CDs → Are there
「その部屋にたくさんのCDがありますか。」
「はい，あります。」

3 (1)この文では，tableを「テーブル」という意味ではなく，「表」という意味で使われているので注意しよう。
(2)a lotは「たくさん」という意味の副詞句なので動詞のあとに置かれる。「たくさんの～」という意味のa lot of ～は形容詞句なので，あとに名詞が置かれる。使い方の違いを覚えておこう。

4 どちらも「Is[Are] there＋名詞(主語)＋場所を表す語句?」の語順になる。
(1)は単数，(2)は複数の疑問文。

---

pp.130〜131 ぴたトレ**1**

Words & Phrases
(1)生み出す，つくり出す
(2)ごみ箱 (3)～を再利用する
(4)他方では，これに対して
(5)street (6)agree (7)reduce

1 (1)ア (2)イ (3)イ
2 (1)How many cups / three cups
(2)How many cats / is, cat
3 (1)isn't, for
(2)should reduce
4 (1)How many parks are there in this city?
(2)There aren't[are not] a lot of trash on the street.

解き方 **1** (1)(2)「いくつ～があるか[いるか]」とたずねるときは，「How many＋名詞の複数形 are there ...?」を使う。
(3)答えるときは，There is[are] ～.の文で数を答える。主語はthree books → are。
2 絵に合わせて，「How many＋名詞の複数形＋ are there＋場所を表す語句?」の文とその答えの文をつくる。
(1)テーブルの上にカップが3つあるので，three cupsと答える。
「テーブルの上にいくつのカップがありますか。」「3つのカップがあります。」
(2)ネコは1匹しかいないので，there isを使って単数で答える。「窓のそばには何匹のネコがいますか。」「1匹のネコがいます。」

英語 | 31

(1)There is ～.の否定文なのでisn't[is not]を使う。roomは、「部屋」という意味では数えられる名詞あつかいだが、「余地，空き場所」という意味では数えられない名詞あつかいなので，be動詞は単数形を使い，isn'tになっている。注意しよう。

(2)「～すべきである」と提案するときは，「should＋動詞の原形」で表す。

④ (1)数(two)に下線がついているので，数をたずねるHow many ～?の文にする。
意味は「この市には，いくつの公園がありますか。」になる。

(2)There are ～.の否定文なので，be動詞areのあとにnotを置く。意味は「通りにはたくさんのごみはありません。」になる。

❶ (1)エ (2)イ (3)ウ

❷ (1)What, choose (2)least, every
(3)Which, or

❸ (1)My mother looks so tired.
(2)How many students are there in Aya's class?
(3)Is there a big library near here?
—No, there isn't.

❹ (1)There are six people in my family(.)
(2)How many convenience stores are there (near your house?)

❺ (1)there are
(2)日本の通りにはたくさんのごみ箱はありませんが，通りはきれいそうに見えます。
(3)How many trashcans are there (in our school?)
(4)1.シンガポール 2.教室ごとに1個

❻ (1)They look shy.
(2)Because they don't want to drift apart when they are sleeping.

解き方 ❶ (1)文意から「look＋形容詞(happy)」で表す。「ボブは父親からプレゼントをもらい，うれしそうに見えました。」
(2)主語は a big hospital → is
「私の町には大きな病院が1つあります。」
(3)How many ～?の文では複数形でたずねる。→ are 「この市にはいくつの大学がありますか。」

❷ (1)「どんな～」は，「What＋名詞」を文頭に置いてたずねる。
(2)「少なくとも」＝ at least
「どの[すべての]～」＝「every＋単数名詞」
(3)「AとBでは，どちらが～ですか」は，Which ～, A or B?を使う。

❸ (1)「～そうに見える」は「look＋形容詞」で表す。be動詞のisをlook(s)にかえる。
意味は「母はとても疲れているように見えます。」になる。
(2)数(forty)に下線がついているので，数をたずねるHow many ～?の文にする。
意味は「アヤのクラスには何人の生徒がいますか。」になる。
(3)疑問文はIsをthereの前に置き，there isを使って答える。
意味は「この近くに大きな図書館がありますか。」「いいえ，ありません。」になる。

❹ (1)「There are＋複数名詞(主語)＋場所を表す語句.」の語順に。
(2)数をたずねるHow many ～?の疑問文。
「How many＋名詞の複数形＋are there＋場所を表す語句?」の語順に。

❺ (1)Are there ～?に対するYesの答え。
(2)There are ～.の否定文と，「look＋形容詞」の文。aren't = are not
(3)How many ～?の文。「How many＋名詞の複数形＋are there ...?」の語順に。
(4)1.本文3行目で，ボブが「シンガポールでは通りにたくさんのごみ箱がありますか」とたずねたのに対して，4行目でメイが「はい，あります」と答えている。
2.本文7行目で，メイが「私たちの学校にはいくつのごみ箱がありますか」とたずねたのに対して，8行目でケンタが「教室ごとに1個あります」と答えている。

❻ (1)問い文は「ラッコが自分の足で目をおおうとき，彼らはどのように見えますか。」本文1～2行目の内容に着目。
(2)問い文は「ラッコはなぜ手をつなぐのですか。」 本文3～4行目の内容に着目。

❶ (1)○ (2)× (3)○

❷ (1)ア (2)エ (3)イ

❸ (1)Are there (2)How many
(3)What's, subject

④ (1)There are a lot of convenience stores
(in my town.)
(2)Are there any books about soccer (in
this library?)
(3) The climate is changing everywhere
in the world(.)

⑤ (1)あなたの家族は何人家族ですか。　(2)five
(3)マイがおばあさんといっしょに住んでいる
こと。
(4)That sounds nice(.)
(5)ウ

⑥ (1)Who is your favorite singer?
(2)There are four people in my family.

解き方
① (1)下線部の発音はどちらも「イ」。
(2)下線部の発音は，「ア」と「アウ」。
(3)下線部の発音はどちらも「イー」。

② (1)副「どこでも，いたるところで」
(2)形「環境の」　(3)名「湿度，湿気」

③ (1)No, there aren't.と答えているので，
Are there ～?の疑問文だとわかる。
A「あなたのかばんの中にはマンガ本があり
ますか。」　B「いいえ，ありません。」
(2)リンゴの数を答えているので，リンゴの
数をたずねる文だとわかる。
A「箱の中には何個のリンゴがありますか。」
B「7個のリンゴがあります。」
(3)大好きな教科を答えているので，大好き
な教科をたずねる文だとわかる。
A「あなたが大好きな教科は何ですか。」
B「私が大好きな教科は英語です。」

④ (1)There are ～.の文。
「たくさんの～」= a lot of ～
(2)Are there ～?の疑問文。
「サッカーについての」を表すabout soccer
は，any booksのあとに置く。
(3)現在進行形(be動詞＋動詞の-ing形)の
肯定文。everywhereは副詞なので，動詞
の-ing形のあとに置く。

⑤ (1)家族の人数をたずねている。
(2)本文2行目のマイの発言から，マイの家
族は，おばあさん，お父さん，お母さん，
お兄さん[弟]とマイの5人とわかる。
(3)thatは直前のトムの発言の内容を指すの
で，「マイがおばあさんといっしょに住んで
いること」を指すことがわかる。
(4)直前のマイの発言に対して言っているの

で，「sound(s)＋形容詞」の文になる。
looksがあまる。
(5)ア　マイは，おじいさんではなく，おばあ
さんといっしょに住んでいる。
イ　おばあさんはマイといっしょに住んでい
るので，遠くには住んでいない。
ウ　本文3行目のトムの発言に着目。

全訳
トム：君は何人家族なの？
マイ：5人よ。おばあちゃん，お父さん，お母
さん，兄さん[弟]と私。
トム：君はおばあさんといっしょに住んでいる
んだね。知らなかったよ。
マイ：彼女はいつも旅を楽しんでいるわ。世界
中の多くの場所を訪れるのが好きなの。
トム：うわあ。それはすてきだね。

⑥ (1)疑問詞Whoで始まる，お気に入りの歌手
をたずねるbe動詞の疑問文。
(2)There are ～.を使った家族の人数を表
す文。「There are ＋主語(複数名詞) ＋ in
my family.」

英作文の採点ポイント
□単語のつづりが正しい。(2点)
□(　)内の語数で書かれている。(1点)
□疑問詞(Who)で始まるbe動詞の疑問文や
There are ～.の文の構造を理解している。
(4点)　　　　　　＊(　)内はそれぞれの配点

Reading 3

p.136　　　　　　　　　　　　ぴたトレ1

Words & Phrases
(1)草　(2)(のどの)渇き
(3)かわいそうな　(4)どこにも
(5)目を覚ます　(6)die　(7)surprised
(8)excited　(9)give　(10)enough

① (1)ago, was　(2)dried out　(3)died of
(4)looked for　(5)was full

解き方
① (1)There is ～.の過去の文。be動詞isの過
去形wasを使う。「昔々」= long, long ago
(2)「干上がる」= dry out
dryの過去形は，yをiにかえてedをつける。
(3)「～で死ぬ」= die of ～
(4)「～を探す」= look for ～
(5)「～でいっぱいだ」= be full of ～

Words & Phrases

(1)とうとう　(2)同じ　(3)見知らぬ人
(4)立ちのぼる　(5)北斗七星
(6)hand　(7)offer　(8)swallow
(9)anyway　(10)suddenly

1 (1)became silver　(2)got, fell
(3)better, yourself　(4)going to

解き方 1 (1)「〜になる」は「become＋形容詞」で表す。becomeの過去形はbecame。
(2)「疲れる」＝ get tired
「眠りに落ちる」＝ fall asleep
(3)「〜しなさい」は、「〜したほうがいい」というYou'd[You had] better 〜で表す。
(4)「〜でしょう」はbe going to 〜を使う。このbe going toは、何らかの要因があって「(必然的に)〜でしょう」という意味で使われている。

1 (1)エ　(2)イ　(3)ウ
2 (1)asked for　(2)ran out　(3)rose, to
(4)same time　(5)How, look
3 (1)There was a little cat under the window (this morning.)
(2)Miki gave the book back to (my brother.)
(3)What did the girl bring out of her house(?)
4 (1)ア dried　イ died　ウ fell
エ woke　オ thought　カ brought
(2)①a little dog　②some water
③the dipper
(3)1. ○　2. ×　3. ○　4. ○　5. ×

解き方 1 (1)ten years ago(10年前に)とあるので過去の文。主語がmany parksなので複数だとわかる。「10年前は、この近くにはたくさんの公園がありました。」
(2)文意から「look＋形容詞」の文。gaveとあるので過去だとわかる。
「その小さなイヌはのどが渇いているように見えたので、少女は水をあげました。」
(3)文意から「become＋名詞」の文だとわかる。
「その7つのダイヤモンドは北斗七星になりました。」

2 (1)「〜を求める」＝ ask for 〜
(2)「〜から流れ出す」＝ run out of 〜
run(流れる)の過去形はran。
(3)「〜へ立ちのぼる」＝ rise up to 〜
rise(上がる)の過去形はrose。
(4)「同時に」＝ at the same time
(5)「どのように」とたずねる疑問詞はhowを使う。

3 (1)There is 〜.の過去の文。「There was＋名詞(主語)＋場所を表す語句.」の語順。
(2)「〜を…に返す」＝ give 〜 back to …
(3)Whatで始まる一般動詞の過去の疑問文。「〜を持ち出す」＝ bring out 〜

4 (1)アイは規則動詞。アdryの過去形は、yをiにかえてedをつける。イdieの過去形はdだけをつける。ウエオカは不規則動詞。
(2)itは単数のものを指すので、それに合うものを直前の語句から探す。
①「それはかわいそうに見えた」から判断する。②「少女はそれをそのイヌにあげた」から判断する。③「少女はそれを彼女の母親に手渡した」から判断する。
(3)1. 本文1〜2行目にある。
2. 本文3〜4行目に「少女は病気の母親のために水を探した」とある。→×
3. 本文6〜7行目にある。
4. 本文9〜11行目にある。
5. 本文最後の3行に「母親が少女にひしゃくを返すと同時に、銀のひしゃくは金色になった」とある。→×

Further Reading

Words & Phrases

(1)空の　(2)郵便受け　(3)何か
(4)やって来る　(5)一度もない？　(6)front
(7)send　(8)mail　(9)ever　(10)along

1 (1)What, matter　(2)never eats
(3)No, ever, to　(4)were sad
(5)have to

解き方 1 (1)相手の様子をうかがう決まり文句。
(2)「決して〜しない」はneverを使う。主語が3人称・単数なので、動詞に注意。
(3)「だれも〜ない」＝ no one 〜
everは動詞の前に置く。位置に注意。
(5)「〜する必要がある」＝ have to 〜

Words & Phrases

(1)カタツムリ　(2)まだ　(3)〜の上へ　(4)ずっと
(5)すぐに。　(6)together　(7)hurry　(8)paper
(9)envelope　⑽window

1 (1)found, piece　(2)glad[happy] that
(3)got, gave, to　(4)waited, long
(5)Why, looking, time

解き方 **1** (1)紙などの数えられない名詞が「1枚の〜」のときはa piece of 〜で表す。複数のときは，two pieces of 〜(2枚の〜)とする。
(2)「〜でうれしい」のように自分の気持ちとその理由を伝えるときは，「感情を表す形容詞(+that)+主語+動詞」の形で表す。
(3)「〜に到着する」= get to 〜
「〜を…にあげる」= give 〜 to ...
(4)「〜を待つ」= wait for 〜
(5)「見ている」は，現在進行形で表す。
「ずっと」= all the time

❶ (1)イ　(2)エ　(3)ア
❷ (1)never, any　(2)take, to
(3)for, long　(4)put, in
❸ (1)No one ever sent a letter to Toad(.)
(2)Toad was very pleased to have the letter(.)
(3)When did the snail get to Toad's house(?)
(4)What did Toad say about the letter from Frog(?)
❹ (1)あなたは起きて，もうしばらく郵便物を待つ必要があります。
(2)②Toad's mailbox　⑤the front porch
(3)だれかがガマくんに手紙を送ってくるだろうということ。
(4)I am glad that you are my best friend(.)
(5)1.郵便物[手紙]を待っていた
2.ガマくんが親友で自分[私]はうれしい
3.それはとてもよい手紙だ

解き方 ❶ (1)「look+形容詞」で，「〜そうに見える」の意味を表す。「どうしたのですか。あなたはとても悲しそうに見えます。」
(2)「感情を表す形容詞+that+主語+(助)

動詞」の文。「あなたが私の家に来てくれると，私はうれしいです。」
(3)「be pleased to+動詞の原形」の文。「父はあなたの家族にお会いすることができて，喜(よろこ)んでいます。」
❷ (1)「一度も〜ない」はneverを使う。
(2)「〜を…へ持っていく」= take 〜 to ...
(3)「長い時間」= for a long time
(4)「〜を…に入れる」= put 〜 in ...
putは不規則動詞で，過去形もput。
❸ (1)「だれも〜ない」= no one 〜
everは副詞なので動詞の前に置く。
(2)「〜してうれしい」= be pleased to 〜
veryは副詞なのでpleasedの前に置く。
(3)「〜に到着する」= get to 〜
「いつ」を表す疑問詞whenは文頭に置く。
(4)「何」を表す疑問詞whatは文頭に置く。
❹ (1)「have to+動詞の原形」で，「〜する必要がある」という意味を表す。
(2)どちらのthereも「そこに」という意味で，前に出た場所を指している。どちらも直前の文に着目する。
(3)直前のカエルくんの発言に対して，ガマくんがI don't think so.と言っている。
(4)「(〜すること)でうれしい」は，「感情を表す形容詞(glad)+that+主語+(be)動詞」の形で表す。
(5)1.本文2〜3行目に着目。
2.本文10〜11行目に着目。
3.本文11〜12行目に着目。

前置詞のまとめ

1 (1)to, before　(2)after　(3)by
(4)for, front　(5)out, at　(6)by, in

1 (1)「学校へ行く」= go to school
「(時間的に)〜前に」はbeforeを使う。
(2)「(時間的に)〜のあとに」はafterを使う。
(3)「(完了の期限)〜までに」はbyを使う。
byは「ある時までに動作が完了すること」を表し，untilは「ある時まで動作が続いていること」を表す。使い分けに注意。
(4)「〜を待つ」= wait for 〜
「〜の前で」= in front of 〜
(5)「(窓など)〜から」= out of 〜
「〜を見る」= look at 〜

pp.146〜147　　　　予想問題 1

出題傾向

＊主語とbe動詞の関係や，一般動詞の文の形を問う問題が必ず出題される。また，疑問詞で始まる疑問文とその答え方も確認しておこう。

❶ (1) for

あなたは朝食にふつうは何を食べますか。

(2) *tamagoyaki*

(3) I sometimes eat curry for breakfast(.)

(4) 1. パンとサラダと卵焼き
　　2. 冷凍したカレー

❷ (1)ウ　(2)ア　(3)エ　(4)イ

❸ (1) Can you　(2) What time

(3) How old　(4) How many

❹ (1) My brother can speak four languages(.)

(2) I listen to music on my smartphone(.)

(3) What kind of books do you read(?)

❺ (1) I want to be a baseball player.

(2) What do you do on Sunday(?)

解き方

❶ (1)疑問詞で始まる一般動詞の疑問文。（　）内の語は，「朝食に［として］」という意味で使われる前置詞を選ぶ。→ for
(2)itをふくむ文の意味は「私はそれをつくるのがじょうずです」なので，itは直前の文の「卵焼き」を指していることがわかる。
(3)一般動詞の肯定文。sometimesの位置に注意。sometimesは「ときどき」と頻度を表す副詞なので，動詞の前に置かれる。
(4)1.本文2行目のリズの発言に着目。
2.本文5行目のケンの発言に着目。

全訳

ケン：君は朝食にふつうは何を食べるんだい？
リズ：パンとサラダよ。それと卵焼き！
　　　私，卵焼きをつくるのがじょうずなの。
ケン：それはすごいね。ぼくはときどき，朝食にカレーを食べるんだよ。
リズ：朝食にカレー？
ケン：そうだよ。ぼくはカレーが大好きなんだ。冷蔵庫には，いつも冷凍したカレーが入っているんだよ。
リズ：まあ，あなたはいつでもカレーが食べられるのね。

❷ (1)「あなたの誕生日はいつですか。」
　─ウ「10月8日です。」
(2)「あなたはどんなスポーツが好きですか。」
　─ア「私はバスケットボールが好きです。」
(3)「あなたはどこに住んでいますか。」
　─エ「私は横浜に住んでいます。」
(4)「あなたの飼い犬の名前は何ですか。」
　─イ「クロです。」

❸ (1)A「あなたはスノーボード（をすること）ができますか。」　B「いいえ，できません。ですが，私はテレビで冬のスポーツを見ます。」
(2)A「あなたは何時に夕食を食べますか。」
B「私は7時30分に夕食を食べます。」
(3)A「あなたのお父さんは何歳ですか。」
B「彼は40歳です。」
(4)A「あなたには何人の姉妹がいますか。」
B「私にはひとりも姉妹がいません。」

❹ (1)canを使った肯定文。「主語＋can＋動詞の原形 〜.」の語順で表す。
(2)一般動詞の肯定文。
「（音楽などを）聞く」＝ listen to 〜
「（スマートフォン）で」はonを使う。
(3)「どんな種類の〜」はwhat kind of 〜で表す。あとには名詞の複数形が続く。

❺ (1)「〜になりたい」は，「want to be ＋名詞（なりたい職業や人）」で表す。
(2)疑問詞で始まる一般動詞の疑問文。「疑問詞＋do＋主語＋動詞の原形 〜?」の語順。

英作文の採点ポイント

□単語のつづりが正しい。（2点）
□（　）内の語数で書かれている。（1点）
□語順が正しい。（1点）
□want to be 〜の使い方や一般動詞の疑問文を理解している。（3点）＊（　）内はそれぞれの配点

出題傾向

＊主語が3人称・単数で現在の一般動詞や過去の
be動詞・一般動詞の肯定文・疑問文・否定文の
形を問う問題が必ず出題される。

① (1)ア went　イ saw　ウ ate
　(2)to　私たちは多くの人たちと(いっしょに)
　　日本の音楽に合わせて踊りました。
　(3)② *Bon-odori*
　　③ the fireworks
　(4)1. They ate *yakisoba* [fried noodles].
　　2. No, it wasn't.

② (1)studies　(2)had　(3)them
　(4)were　(5)got　(6)hobbies

③ (1)Does / goes　(2)Were you
　(3)you / didn't

④ (1)My mother often plays tennis with
　　me(.)
　(2)We didn't go to bed early (last night.)
　(3)What does your grandma grow in (her
　　garden?)

⑤ (1)My father runs a flower shop.
　(2)Where did you go yesterday?

解き方

① (2)過去の一般動詞の肯定文。「〜に合わせて
踊る」というときの前置詞はtoを使う。
　(3)②itは前に出てきた<u>単数のもの</u>を,
③Theyは,前に出てきた<u>複数の人やもの</u>
を指す。どちらも直前の文に着目する。
　(4)1.問いの意味は「リカとミキは夏祭りで
何を食べましたか。」
本文3行目に着目。
　2.問いの意味は「ミキにとって,盆踊りは
難しかったですか。」
本文4〜5行目に着目。

全訳　8月17日　　　　　　　　　曇り
今晩,リカと私は公園の夏祭りに行った。
私たちはたくさんの屋台を見た。私たちは焼き
そばを食べた。
私たちはたくさんの人たちと日本の音楽に合わ
せて踊った。盆踊りはそんなに難しくはなかっ
た。私たちは盆踊りをとても楽しんだ。
そのあと,私たちは川岸へ歩いた。まもなく,
花火が始まった。花火はとても美しかった。私
たちはすばらしい夜を過ごした。

② (1)主語が3人称・単数で,every weekend
(毎週末に)から現在形にする。「私の姉[妹]
は毎週末にフランス語を勉強します。」
　(2)yesterday(昨日)から過去形にする。
「ケンタは昨日,昼食にカレーライスを食べ
ました。」
　(3)動詞のあとの代名詞は「〜を[に]」の形に
する。「キング先生は彼らのことをよく知っ
ていますか。」
　(4)last week(先週)から過去形にする。
主語は複数なので,wereを使う。
「私の両親は先週,大阪にいました。」
　(5)this morning(今朝)から過去形にする。
「今朝,私は早く起きました。」
　(6)hobbyの前にtwoがあるので複数形に。
hobbyの複数形は,yをiにかえてesをつけ
る。「私のおじいちゃんは,2つの趣味を
持っています。」

③ (1)A「サキは毎日,水泳をしに行きますか。」
B「いいえ,行きません。ですが,毎日ジョ
ギングには行きます。」
　(2)A「夏休みの間,あなたは東京にいました
<u>か</u>。」　B「はい,いました。」
　(3)A「<u>あなたはシンガポールへ帰りました
か</u>。」　B「いいえ,<u>帰りませんでした</u>。私は
ここにとどまりました。」

④ (1)主語が3人称・単数で現在の一般動詞の
肯定文。oftenの位置に注意する。
「主語＋often＋動詞(3単現)〜.」
　(2)過去の一般動詞の否定文。
「主語＋didn't＋動詞の原形 〜.」
「寝る」＝go to bed
　(3)疑問詞で始まる一般動詞の疑問文。
「What＋does＋主語＋動詞の原形 〜?」

⑤ (1)主語が3人称・単数で現在の一般動詞の
肯定文。「主語＋動詞(3単現)〜.」
「〜を経営する」は,動詞runを使う。
　(2)疑問詞で始まる過去の一般動詞の疑問文。
「Where＋did＋主語＋動詞の原形 〜?」

英作文の採点ポイント

□単語のつづりが正しい。(2点)
□(　)内の語数で書かれている。(1点)
□語順が正しい。(1点)
□現在や過去の一般動詞の文の構造を理解してい
　る。(2点)　　　　＊(　)内はそれぞれの配点

＊現在進行形の肯定文・疑問文・否定文の形を問う問題が必ず出題される。また，疑問詞で始まる疑問文とその答え方もおさえておこう。

❶ (1)ア reading　イ doing
　　本を読んでいる生徒たちもいれば，宿題をしている生徒たちもいます。
　(2)He is not reading a book(.)
　(3)ウ
　(4)1．She is in the library.
　　　2．He is sleeping.

❷ (1)イ　(2)エ　(3)ア　(4)ウ

❸ (1)How often
　(2)Who / did
　(3)What are

❹ (1)Some girls are practicing for their
　　chorus contest(.)
　(2)Which restaurant do you recommend(?)
　(3)No one is afraid of him(.)

❺ (1)I'm playing video games with my
　　friend.
　(2)Which season do you like?

解き方

❶ (1)現在進行形(be動詞＋動詞の-ing形)の肯定文。ア，イのどちらの動詞も-ing形にする。some ～ others ...で，「～する人もいれば，…する人もいる」の意味を表す。
　(2)現在進行形の否定文。
　「主語＋be動詞＋not＋動詞の-ing形 ～.」
　(3)直前にWhy ～?で理由をたずねているので，それに答えるBecauseを選ぶ。
　(4)1．問いの意味は「サキはどこにいますか。」 本文1行目のサキの発言に着目。
　　　2．問いの意味は「ケンタは何をしていますか。」 本文4行目のサキの発言に着目。

全訳

サキ：私は今，図書室にいるのよ。本を読んでいる生徒たちもいれば，宿題をしている生徒たちもいるわ。あれは，私の友達のケンタよ。
トム：彼は本を読んでいるのかい？
サキ：いいえ。彼は本を読んでいるのではないの。彼は眠っているのよ。
トム：どうして，彼は眠っているんだい？

サキ：彼は毎日，とても一生懸命に野球の練習をしているからなの。
トム：ああ，彼はとても疲れているんだね。

❷ (1)「トランペットを吹いているのはだれですか。」 ―イ「ハルトです。」
　(2)「あれはだれの自転車ですか。」
　　―エ「私の兄[弟]のものです。」
　(3)「あなたはどのかばんがほしいのですか。」
　　―ア「私はこの赤いかばんがほしいです。」
　(4)「あなたはなぜそんなに早く起きるのですか。」
　　―ウ「私の飼い犬を散歩させるからです。」

❸ (1)A「あなたのお姉さん[妹]は，どのくらいよく買いものに行きますか。」
　　B「1か月に3回くらいです。」
　(2)A「このサンドウィッチはだれがつくりましたか。」 B「私の母です。」
　(3)A「あなたたちは今，何をしていますか。」
　　B「私たちは昼食後，20分間の休みをとっているところです。」

❹ (1)現在進行形の肯定文。
　「主語＋be動詞＋動詞の-ing形 ～.」
　(2)「どの～」とたずねる疑問文。
　「Which＋名詞＋do you＋動詞の原形?」
　(3)「だれも～ない」はNo one ～.で表す。
　「～を恐れている」＝be afraid of ～

❺ (1)現在進行形の肯定文。
　「主語＋be動詞＋動詞の-ing形 ～.」
　7語と限定しているので，I'mを使う。
　「テレビ・ゲームをする」
　＝play video games
　(2)「どの～」とたずねる疑問文。
　「Which＋名詞＋do you＋動詞の原形?」

英作文の採点ポイント

□単語のつづりが正しい。（2点）
□（　）内の語数で書かれている。（1点）
□語順が正しい。（1点）
□現在進行形の文の構造や，「Which＋名詞」で始まる疑問文を理解している。（3点）
　　　　　　＊（　）内はそれぞれの配点

＊have to / must / may / be able toなどの使い方が必ず出題される。また，代名詞の使い方や飲食店での表現もおさえておこう。

❶ (1)We have to take off our shoes(.)
　(2)私たちは，ここで写真を撮ってはいけません。
　(3)must
　(4)1．ペンギンは標識を読むことができないから。
　　 2．ペンギンが，ときどきここを横断するから。

❷ (1)He / him　(2)It / it
　(3)They / them

❸ (1)mine　(2)Don't　(3)able

❹ (1)People don't have to learn many languages(.)
　(2)May I use a smartphone in this room(?)
　(3)My brother may be taking a bath (now.)

❺ (1)Would you like a drink?
　(2)You must not be late for school.

解き方

❶ (1)「〜する必要がある」はhave to 〜で表す。「（靴など）を脱ぐ」＝ take off 〜
　(2)must not 〜で，「〜してはいけない」と禁止を表す。take pictures＝「写真を撮る」
　(3)「〜しなければならない」を1語で表すので，mustを使う。
　(4)1．本文6〜7行目のカナとショウタのやりとりに着目。
　　 2．本文最後の2行のショウタとカナのやりとりに着目。

全訳

カナ：この標識の意味は何ですか？
ビル：ぼくたちは靴を脱ぐ必要がある。
カナ：正解です。これはどうですか？
ミュ：私たちはここで写真を撮ってはいけない。
カナ：正解！ それでは，この意味は何ですか？
ショウタ：ペンギンはここを横断する必要がある。
カナ：いいえ，ショウタ。ペンギンは標識を読むことができません。
ショウタ：ほんの冗談だよ。運転手はゆっくり行かなければならないだよね。

カナ：正解よ！　ペンギンがときどきここを横断するのよ。

❷ (1)Heは主語，himは目的語。「これは私のおじいちゃんです。彼は花屋を経営しています。私たちは彼が大好きです。」
　(2)Itは主語，itは目的語。「あの絵[写真]を見て。それはとても美しいです。私はそれがとても好きです。」
　(3)Theyは主語，themは目的語。「あの少年たちは私のクラスメートです。彼らはサッカーをしています。私は彼らが大好きです。」

❸ (1)「これは私のコンピューターです。」＝「このコンピューターは私のものです。」
　(2)must not 〜とDon't 〜.は，「〜してはいけない」という禁止の意味でほぼ同じ。「ここにペットを連れてきてはいけません。」
　(3)可能を表すcanとbe able toは，ほぼ同じ意味を表す。「母はじょうずにピアノを弾くことができます。」

❹ (1)「〜する必要はない」は，don't have to 〜で表す。toのあとには動詞の原形が続く。
　(2)「〜てもよろしいですか」は，May I 〜?で表す。
　(3)「〜かもしれない」はmayを使い，進行形は「be＋動詞の-ing形」で表す。「主語＋may＋be＋動詞の-ing形 〜.」「おふろに入る」＝take a bath

❺ (1)人にものを勧めるときは，Would you like 〜?を使う。
　(2)7語と限定しているので，「〜してはいけない」はmust not 〜を使う。「〜に遅れる」＝be late for 〜

英作文の採点ポイント

□単語のつづりが正しい。（2点）
□（　）内の語数で書かれている。（1点）
□語順が正しい。（1点）
□飲食店でものを勧める表現や，must notの使い方を理解している。（3点）
　　　　　　　＊（　）内はそれぞれの配点

出題傾向

＊予定や予想を表す表現やThere is[are] ～.の文の使い方が必ず出題される。また、「look＋形容詞」の使い方もおさえておこう。

❶ (1)going to
(2)沖縄〔おきなわ〕
(3)There are many kinds of colorful fish(.)
(4)私は色彩〔しきさい〕豊かな魚を見るのを楽しみにしています。
(5)1. She moved to Okinawa last summer.
　 2. They are going to visit Okinawa Churaumi Aquarium.

❷ (1)at　(2)to　(3)in　(4)on

❸ (1)Where are　(2)will be
(3)How many

❹ (1)Mei is going back to Singapore (tomorrow.)
(2)(He) didn't say anything for a long time(.)
(3)There were many parks near here (ten years ago.)

❺ (1)This book looks so[very] interesting.
(2)You should help old people.

解き方

❶ (1)「～するつもりだ」は、be going to ～で表す。
(2)話の流れから判断する。
(3)There are ～.の文。
「たくさんの種類の～」＝many kinds of ～
(4)themは、直前の文のmany kinds of colorful fishを指す。
I'm looking forward to ～.
＝「～を楽しみにしている。」
(5)1. 問いの意味は「エミリーはいつ沖縄へ引っ越しましたか。」
本文5行目のリカの発言に着目。
　 2. 問いの意味は「リカとエミリーは沖縄で何をするつもりですか。」
本文7行目のリカの発言に着目。

全訳

サム：君は冬休みに向けて何か計画があるのかい、リカ？

リカ：ええ、沖縄にいる友達のエミリーを訪ね〔たず〕るつもりなの。

サム：沖縄？　それはすばらしいね。

リカ：エミリーは小学校のときのクラスメートだったの。昨年の夏に沖縄へ引っ越したのよ。

サム：ああ、なるほど。君たちはそこで何をするつもりだい？

リカ：私たちは沖縄美〔ちゅ〕ら海水族館に行くつもりなの。たくさんの種類のカラフルな魚がいるのよ。私はそれらを見るのを楽しみにしているの。

❷ (1)「<u>at</u>＋時刻」
「姉[妹]は今朝6時30分に起きました。」
(2)listen <u>to</u> ～＝「～を聞く」
「私は自分の部屋〔へや〕で音楽を聞いています。」
(3)「<u>in</u>＋季節」
「私は冬に家族とスキーに行きます。」
(4)<u>on</u> the wall＝「壁〔かべ〕にかかっている」
「大きな時計が壁にかかっています。」

❸ (1)A「来月どこを訪〔おとず〕れるつもりですか。」
B「私たちは京都を訪れるつもりです。」
(2)A「今日の午後、雨が降る<u>でしょう</u>。」　B「まあ、私は傘〔かさ〕を持っていく必要がありますね。」
(3)A「この町には<u>いくつの</u>大学があります か。」　B「2つの大学があります。」

❹ (1)「～する予定だ」は未来を表す現在進行形（be動詞＋動詞の-ing形）で表す。
(2)「何も～ない」＝not ～ anything
「長い間」＝for a long time
(3)「（複数のもの）があった」は、There are ～.の過去形のThere were ～.で表す。

❺ (1)「～そうに見える」は、「look＋形容詞」で表す。
(2)「～すべきだ、～したほうがよい」と提案するときは、助動詞shouldを使う。shouldのあとの動詞は原形になるので注意する。

英作文の採点ポイント
□単語のつづりが正しい。（2点） □（　）内の語数で書かれている。（1点） □語順が正しい。（1点） □「look＋形容詞」や、助動詞shouldの使い方を理解している。（3点） 　　　　　　＊（　）内はそれぞれの配点

リスニングテスト
〈解答〉

① 小学校の復習

❶ (1)× (2)○ (3)×

ココを聞きトレ♪　疑問文の疑問詞を正しく聞き取ろう。疑問詞がwhatなら「もの」について，whereなら「場所」についてたずねていることを整理して，絵の内容と合っているかどうかを確認する。場所を表すinやonなどの前置詞にも注意。

英文
(1)**Woman :** What's your name?
　Man : My name is Takashi.
(2)**Man :** What animals do you like?
　Woman : I like rabbits.
(3)**Woman :** Where is your cap?
　Man : It's on the desk.

日本語訳
(1)女性：あなたの名前は何ですか。
　男性：私の名前はタカシです。
(2)男性：あなたは何の動物が好きですか。
　女性：私はウサギが好きです。
(3)女性：あなたのぼうしはどこですか。
　男性：それは机の上にあります。

❷ (1)ウ (2)ウ

ココを聞きトレ♪　質問文がYes / Noで答えられる疑問文か，疑問詞で始まる疑問文かに注目しよう。Is〜?はYes / Noで答えられる疑問文なので，基本的にはYes / Noの答えを選ぶ。whatはものについてそれが「何か」をたずねる疑問詞。その「何」に相当する答えを選ぼう。

英文　Nice to meet you. My name is Mai. I'm from Osaka. I go to school. I like English. I study it hard. I like cooking, too. I can make apple pie. It is delicious. I want to be a cook.
Questions : (1)Is Mai a student?
　　　　　　(2)What is Mai's favorite subject?

日本語訳　はじめまして。私の名前はマイです。私は大阪出身です。私は通学しています。私は英語が好きです。私は一生懸命それを勉強します。私は料理をすることも好きです。私はアップルパイを作ることができます。それはおいしいです。私は料理人になりたいです。

質問：(1)マイは学生ですか。
　　　(2)マイの好きな教科は何ですか。

② be 動詞

❶ (1)オ (2)イ (3)エ (4)ウ

ココを聞きトレ♪　登場人物が女性か男性か，単数か複数かに注意して聞こう。heは単数の男性を，sheは単数の女性を指す。また，isは主語が単数のときに，areは主語が複数のときに使うので，これらの単語を手がかりにしよう。be動詞のあとには，名前や職業などの情報が続く。ここでは，教科やスポーツの名前，部活動の内容を表す語を正しく聞き取ることが重要。

英文　(1)She is Aya. She is a tennis player. (2)He is Mr. Tanaka. He is a math teacher. (3)They are Yuki and Kana. They are in the music club. (4)They are Ken and Jun. They are on the soccer team.

日本語訳　(1)彼女はアヤです。彼女はテニス選手です。 (2)彼はタナカ先生です。彼は数学の教師です。 (3)彼女らはユキとカナです。彼女らは音楽部に所属しています。 (4)彼らはケンとジュンです。彼らはサッカー部に所属しています。

❷ (1)× (2)× (3)○

ココを聞きトレ♪　対話文に出てくるものの名前や持ち主，地名を正しく聞き取ろう。疑問文とYes / Noの答えから正しい情報を整理し，絵の内容と照らし合わせること。答えがNoの場合には，そのあとに正しい情報が示されるので，聞きのがさないように注意。

英文
(1)**Man :** Is this your bag, Miki?
　Woman : Yes, it is. It's my bag.
(2)**Woman :** Is that a cat?
　Man : No, it isn't. It's a dog.
(3)**Man :** Are you from Okinawa?
　Woman : No, I'm not. I'm from Hokkaido.

日本語訳
(1)男性：これはあなたのかばんですか，ミキ。
　女性：はい，そうです。それは私のかばんです。
(2)女性：あれはネコですか。
　男性：いいえ，ちがいます。それはイヌです。
(3)男性：あなたは沖縄出身ですか。
　女性：いいえ，ちがいます。私は北海道出身です。

③ 一般動詞

1 (1)ウ　(2)エ　(3)ア

ココを聞きトレ✏　絵にあるスポーツ用品や教科，動物を見て，どのような単語が使われるかをあらかじめ予測し，それらの単語に注意して対話文を聞こう。複数あるものは数にも注意。応答文のYes / No，否定文のnotに注意し，聞き取った情報を整理してから，解答を選ぼう。

英文
(1)***Woman :*** Do you play basketball?
　Man : Yes, I do. I play baseball, too.
(2)***Man :*** Does Rika like math?
　Woman : No, she doesn't. But she likes English and music.
(3)***Woman :*** Does John have any cats or dogs?
　Man : He doesn't have any cats. He has two dogs.

日本語訳
(1)女性：あなたはバスケットボールをしますか。
　男性：はい，します。私は野球もします。
(2)男性：リカは数学が好きですか。
　女性：いいえ，好きではありません。しかし，彼女は英語と音楽が好きです。
(3)女性：ジョンはネコかイヌを飼っていますか。
　男性：彼はネコを1匹も飼っていません。彼は2匹のイヌを飼っています。

2 (1)イ　(2)ウ

ココを聞きトレ✏　交通手段と兄弟姉妹の数を正しく聞き取ろう。登場人物が複数いるので，それぞれの人物について聞き取った情報を整理すること。aやtwoのような数を表す語，名詞の複数形にも注意しよう。

英文
(1)***Emi :*** Do you walk to school, Mike?
　Mike : No. I go to school by bus. Do you walk to school, Emi?
　Emi : I sometimes walk, but I usually go to school by bike.
(2)***Ryo :*** Hi, Kate. Do you have any brothers or sisters?
　Kate : Yes. I have two sisters. How about you, Ryo?
　Ryo : I have a sister and a brother.

日本語訳
(1)エミ：あなたは歩いて学校に行きますか，マイク。

マイク：いいえ。私はバスで学校に行きます。あなたは歩いて学校に行きますか，エミ。
エミ：私はときどき歩いて行きますが，たいていは自転車で学校に行きます。
(2)リョウ：やあ，ケイト。あなたには兄弟か姉妹がいますか。
ケイト：はい。私には姉妹が2人います。あなたはどうですか，リョウ。
リョウ：私には姉妹が1人，兄弟が1人います。

④ can の文

1 (1)○　(2)×　(3)○

ココを聞きトレ✏　canのあとにくる動詞が表す動作の内容を正しく聞き取ろう。登場人物が複数いるので，それぞれの人ができることとできないことを整理して，絵の内容と合っているかどうかを確認する。

英文
(1)***Man :*** Is the girl Japanese?
　Woman : No. But she can speak Japanese. She can speak English, too.
(2)***Woman :*** Kevin, you can swim well, right? Can your brother Tom swim, too?
　Man : No, he can't. But he can run fast.
(3)***Man :*** Can I use this computer on Mondays, Ms. Suzuki?
　Woman : Sorry, Mike. I use it on Mondays. You can use it on Fridays.

日本語訳
(1)男性：その女の子は日本人ですか。
　女性：いいえ。でも彼女は日本語を話せます。彼女は英語も話せます。
(2)女性：ケビン，あなたは上手に泳げますよね。あなたの弟さんのトムも泳げますか。
　男性：いいえ，泳げません。しかし，彼は速く走れます。
(3)男性：私は月曜日にこのコンピュータを使うことができますか，スズキ先生。
　女性：ごめんなさい，マイク。私は月曜日にそれを使います。あなたは金曜日にそれを使うことができます。

2 イ，カ

ココを聞きトレ✏　博物館の中でしてもよいことと，してはいけないことを正しく聞き取ろう。Don't ～.やPlease ～.の命令文で表されているものも

あるので注意。canとcan'tを聞き間違えないようにすることも重要。

英文

John : Excuse me. Can I take pictures in the museum?

Clerk : I'm sorry, you can't.

John : I see. Can I take my bag with me?

Clerk : Yes, you can. But don't take your dog with you. And you can't eat or drink in the museum. Please leave the museum before five o'clock.

John : All right.

Clerk : Enjoy the pictures in our museum!

日本語訳

ジョン：すみません。博物館の中で写真をとってもよいですか。

博物館員：申し訳ありませんが，できません。

ジョン：わかりました。私のかばんは持っていってもよいですか。

博物館員：ええ，いいです。でもあなたのイヌは連れていってはいけません。それから，博物館の中で食べたり飲んだりしてはいけません。5時前には，博物館を出てください。

ジョン：わかりました。

博物館員：博物館にある絵を楽しんでください！

⑤ 疑問詞①

❶ (1)イ　(2)エ　(3)ア

ココを聞きトレ❻　ものの数や時刻など，数字の聞き取りがポイント。ものの種類が複数あるときは，それぞれについて数を正しく聞き取ること。fiftyとfifteenのように聞き間違いやすい数字には特に注意。

英文

(1)*Man :* What do you want?

Woman : I want four pens and three erasers.

(2)*Woman :* What time do you eat breakfast?

Man : I eat breakfast at six fifty.

(3)*Man :* How many books do you have in your bag?

Woman : I have two.

日本語訳

(1)男性：あなたは何がほしいですか。

女性：私は4本のペンと3個の消しゴムがほしいです。

(2)女性：あなたは何時に朝食を食べますか。

男性：私は6時50分に朝食を食べます。

(3)男性：あなたはかばんの中に何冊の本を持っていますか。

女性：私は2冊持っています。

❷ (1)ウ　(2)エ

ココを聞きトレ❻　質問文が疑問詞で始まる疑問文の場合には，疑問詞の種類に注意。whatはものについてそれが「何」かを，whoは人についてそれが「だれ」かをたずねる疑問詞。それぞれ「何」「だれ」に相当する答えを選ぼう。登場人物が2人いるので，それぞれの人についての情報を正しく聞き取ること。

英文　Hello, everyone. I'm Takashi. I'm from Nagano. I'm a junior high school student. I'm on the soccer team at school. I practice soccer every day. I sometimes play tennis on Sundays. I have a sister. Her name is Kumi. She is seventeen years old. She plays the guitar very well. She is a basketball player. Thank you.

Questions : (1)What does Takashi practice every day?

(2)Who is Kumi?

日本語訳　こんにちは，みなさん。私はタカシです。私は長野出身です。私は中学生です。私は学校でサッカー部に所属しています。私は毎日サッカーを練習します。私はときどき日曜日にテニスをします。私には姉がいます。彼女の名前はクミです。彼女は17歳です。彼女はとても上手にギターをひきます。彼女はバスケットボール選手です。ありがとう。

質問：(1)タカシは毎日何を練習しますか。

(2)クミとはだれですか。

⑥ 疑問詞②

❶ (1)エ　(2)ア　(3)ウ

ココを聞きトレ❻　疑問詞で始まる疑問文が出てきたら，応答文を予測しながら聞こう。たとえば，whenは「時」を，whereは「場所」をたずねる疑問詞なので，応答文の中にはそれらの情報が含まれていると考えられる。時間や場所の表現にはatやin，onなどの前置詞が使われることが多いので，それぞれの意味も確認しておこう。

(1)*Man :* When is your birthday?

Woman : It's July thirtieth.

(2)*Woman :* Where is my pencil?

Man : It's on the table.

(3)*Man :* Yuki, whose cap is this?

Woman : Oh, it's mine, John.

日本語訳

(1)男性：あなたの誕生日はいつですか。

女性：7月30日です。

(2)女性：私のえんぴつはどこにありますか。

男性：テーブルの上にあります。

(3)男性：ユキ，これはだれのぼうしですか。

女性：ああ，それは私のです，ジョン。

② (1)イ (2)エ

ココを聞きトレ⑥ 疑問文の疑問詞を正しく聞き取ろう。疑問詞がwhenなら「時」，whereなら「場所」について述べている応答文を見つければよい。

英文

(1)*Woman :* Do you like soccer?

Man : Yes. I like it very much. I'm a member of the soccer team.

Woman : When do you practice soccer?

(2)*Man :* Jane lives in Japan, right?

Woman : Well, she lived in Japan before, but now she doesn't live here.

Man : Oh, where does she live now?

日本語訳

(1)女性：あなたはサッカーが好きですか。

男性：はい。私はそれがとても好きです。私はサッカー部の部員です。

女性：あなたはいつサッカーを練習しますか。

(2)男性：ジェーンは日本に住んでいますよね。

女性：ええと，彼女は以前は日本に住んでいたのですが，今はここに住んでいません。

男性：ああ，彼女は今どこに住んでいるのですか。

⑦ 現在進行形

① (1)オ (2)エ (3)カ (4)イ

ココを聞きトレ⑥ それぞれの英文が表す動作の内容を正しく聞き取ろう。特にing形になっている動詞の聞き取りに注意する。人の名前やhe，sheなどの語も，女性か男性かを区別するヒントになる。

英文 (1)Aya is reading an English book. She is using a dictionary. (2)Miki is making curry for lunch. Everyone likes curry very much. (3)Yuta is talking with Ryo. He has a book in his hand. (4)Kumi likes music very much. She is listening to music. She is not watching TV.

日本語訳 (1)アヤは英語の本を読んでいます。彼女は辞書を使っています。 (2)ミキは昼食にカレーを作っています。みんなはカレーが大好きです。 (3)ユウタはリョウと話しています。彼は手に本を持っています。 (4)クミは音楽が大好きです。彼女は音楽を聞いています。彼女はテレビを見ていません。

② イ，エ

ココを聞きトレ⑥ 対話から，だれが何をしているところかを正しく聞き取ろう。時や場所などの情報にも注意すること。whatのような疑問詞で始まる疑問文のあとでは，重要な情報が話されることが多いので注意して聞こう。

英文

Becky : Hello, this is Becky.

Shinji : Hi, Becky. This is Shinji.

Becky : What are you doing now?

Shinji : I'm eating breakfast with my brother.

Becky : Shinji, I'm studying Japanese, but I can't read some kanji.

Shinji : OK. I can help you after breakfast. Can you come to my house?

Becky : Sure. I can go to your house at ten o'clock.

Shinji : Great, Becky. See you soon.

日本語訳

ベッキー：こんにちは，ベッキーです。

シンジ：やあ，ベッキー。シンジだよ。

ベッキー：あなたは今，何をしているの？

シンジ：ぼくは弟といっしょに朝食を食べているよ。

ベッキー：シンジ，私は日本語を勉強しているんだけど，漢字がいくつか読めないの。

シンジ：わかった。朝食後にぼくが助けてあげるよ。ぼくの家に来ることができる？

ベッキー：もちろん。10時にはあなたの家に行くことができるわ。

シンジ：いいね，ベッキー。あとでね。

⑧ 一般動詞の過去形

❶ (1)イ　(2)エ　(3)ア

ココを聞きトレ⑥　時間，場所の聞き取りがポイント。過去の行動について複数の情報がある場合は，それらの出来事がどのような順序で起こったかにも注意しよう。What timeで始まる疑問文のあとでは，時刻が話題になることも意識して聞こう。

英文

(1)**Woman :** Did you play volleyball yesterday, Koji?

　Man : No, I didn't. I played baseball after lunch.

(2)**Man :** Did you go to the park last Sunday, Kana?

　Woman : Yes, I did. I went there in the morning. Then I visited the zoo in the afternoon.

(3)**Woman :** What time did you get up this morning, Tom?

　Man : I got up at eight. And I had breakfast at nine. I didn't study this morning.

日本語訳

(1)女性：あなたは昨日バレーボールをしましたか，コウジ。

　男性：いいえ，しませんでした。私は昼食後に野球をしました。

(2)男性：あなたはこの前の日曜日に公園に行きましたか，カナ。

　女性：はい，行きました。私は午前中にそこへ行きました。それから私は午後に動物園を訪れました。

(3)女性：あなたは今朝，何時に起きましたか，トム。

　男性：私は8時に起きました。そして私は9時に朝食を食べました。私は今朝，勉強しませんでした。

❷ (1)ウ　(2)イ

ココを聞きトレ⑥　質問文がYes / Noで答えられる疑問文か，疑問詞で始まる疑問文かに注目しよう。Did ～?はYes / Noで答えられる疑問文なので，基本的にはYes / Noの答えを選ぶ。疑問詞で始まる疑問文には，疑問詞に応じて具体的な答えを選ぶ。

英文　Hi, everyone. My name is Rika. Did you enjoy your summer vacation? I went to London with my family. We visited some museums there. We watched a soccer game, too. People in London like soccer very much. We enjoyed the food at some restaurants. We had a very good time. Thank you.

Questions :(1)Did Rika go to London with her family?

　　　　　(2)What did Rika do in London?

日本語訳　こんにちは，みなさん。私の名前はリカです。あなたたちは夏休みを楽しみましたか。私は家族といっしょにロンドンに行きました。私たちはそこでいくつかの美術館を訪れました。私たちはサッカーの試合も見ました。ロンドンの人々はサッカーが大好きです。私たちはいくつかのレストランで食べ物を楽しみました。私たちはとても楽しい時を過ごしました。ありがとう。

質問：(1)リカは家族といっしょにロンドンに行きましたか。

　　　(2)リカはロンドンで何をしましたか。

⑨ be 動詞の過去形／過去進行形

❶ (1)イ　(2)ア　(3)ア

ココを聞きトレ⑥　登場人物の過去のある時点の行動や状態を正しく聞き取ろう。last night, last year, yesterdayなどの過去の時を表す語句や，at seven, from six o'clockなどの時刻を表す語句に特に注意する。英文の主語がだれかにも注意して，絵に表された人物の行動や状態を表す解答を選ぼう。

英文　(1)Miki had dinner at seven last night. She was writing a letter at nine. She did her homework before dinner. (2)Ken and Mike are on the soccer team this year. But last year, Ken was on the baseball team, and Mike was on the tennis team. (3)I'm Paul. I came home at five yesterday. My sister Emma was reading a book. My brother John was listening to music. We watched TV together from six o'clock.

日本語訳　(1)ミキは昨夜7時に夕食を食べました。9時には手紙を書いていました。宿題は夕食前にしました。(2)ケンとマイクは今年サッカー部にいます。しかし昨年，ケンは野球部にいて，マイクはテニス部にいました。(3)ぼくはポールです。ぼくは昨日5時に帰宅しました。姉のエマは本を読んでいました。弟のジョンは音楽を聞いていました。ぼくたちは6時からいっしょにテレビを見

ました。

❷ (1)イ　(2)ウ

ココを聞きトレ⑥ 日時と場所に注意して，対話している人物の行動を正しく聞き取ろう。場所の情報はwhereの疑問文のあとに言われることが多いので注意。

英文

Tom : Hi, Yumi. I called you yesterday, but you were not at home. Where were you?

Yumi : Sorry, Tom. I listened to a CD at the music shop in the morning.

Tom : Really? But I called you at three in the afternoon. What were you doing then?

Yumi : Oh, I was in the park. I was playing tennis with my friends. Were you at home yesterday?

Tom : Well, I was in the library and studied math in the morning. But I was at home in the afternoon. I watched a soccer game on TV.

Questions : (1)Who was Yumi with yesterday afternoon?

(2)Where was Tom yesterday morning?

日本語訳

トム：やあ，ユミ。昨日きみに電話したけど，家にいなかったね。どこにいたの？

ユミ：ごめんなさい，トム。午前中は音楽店でCDを聞いたのよ。

トム：ほんと？　でもぼくは午後3時に電話をしたんだ。そのとき何をしていたの？

ユミ：ああ，公園にいたわ。友だちとテニスをしていたの。あなたは昨日家にいた？

トム：ええと，午前中は図書館にいて，数学を勉強したよ。でも午後は家にいたよ。テレビでサッカーの試合を見たんだ。

質問：(1)ユミは昨日の午後に，だれといっしょにいましたか。

(2)トムは昨日の午前中，どこにいましたか。

---

⑩ 1年間の総まとめ

❶ (1)エ　(2)ア　(3)ウ　(4)イ

ココを聞きトレ⑥ 質問で特定の人の情報が問われて

いる場合は，表の中からすばやくその人の情報を見つけ出そう。whereなら「場所」，whoなら「人」のように，疑問詞で始まる疑問文に対する答えは限定されるので，必要な情報にしぼって探すとよい。

英文 (1)Where is Becky from?　(2)Who is on the tennis team?　(3)When does Ken practice baseball?　(4)How many people can play the piano?

日本語訳 (1)ベッキーはどこの出身ですか。　(2)だれがテニス部に所属していますか。　(3)ケンはいつ野球を練習しますか。　(4)何人の人がピアノをひくことができますか。

❷ (1)ウ　(2)エ

ココを聞きトレ⑥ 時間と登場人物の行動の聞き取りがポイント。質問文のwhenは「時」をたずねる疑問詞なので，スピーチの中の時を表す語に特に注意しよう。登場人物が多い場合には，それぞれの人の行動を整理してから選択肢を読もう。

英文 Hello, everyone. I'm Mike. I came to this school two months ago. I made some friends here. They are Kumi and Takashi. Takashi and I are members of the basketball team. Takashi is a good player. Last Saturday, we went to Kumi's house. Her family had a birthday party for Kumi and we joined them. I can't speak Japanese well, but Kumi always helps me at school. I'm enjoying my school life with my friends. Thank you.

Questions : (1)When did Kumi's family have a party?

(2)What does Kumi do at school?

日本語訳 こんにちは，みなさん。私はマイクです。私は2か月前にこの学校に来ました。私はここで何人かの友だちができました。彼らはクミとタカシです。タカシと私はバスケットボール部の部員です。タカシは上手な選手です。この前の土曜日，私たちはクミの家に行きました。彼女の家族がクミのために誕生日パーティーを開いたので，私たちは参加したのです。私は日本語が上手に話せませんが，クミは学校でいつも私を助けてくれます。私は友だちといっしょに学校生活を楽しんでいます。ありがとう。

質問：(1)クミの家族はいつパーティーを開きましたか。

(2)クミは学校で何をしますか。

英作文にチャレンジ！
〈解答〉

❶ (1)I want two apples.
　(2)I want to make fruit salad.
　(3)How many oranges do you want?

英作力UP♪　英作文では，まず語数制限や問題文中の条件設定を押さえよう。　(1)「いらっしゃいませ。」への応答の文。絵から「リンゴが2個ほしいです。」という内容の文を書く。ほしいものを言うときは，I want 〜.を使う。　(2)したいことは，I want to 〜.を使って表す。　(3)ユカは直後に「4個ほしいです。」と返答しているので，数をたずねる文を入れる。How manyのあとの名詞(orange)は複数形にする。

❷ This is my father, Akira. He is [He's] a math teacher. He is [He's] good at singing.　He can run fast. He likes movies. We sometimes go to a movie together. I like him very much.

英作力UP♪　人を紹介するので，This is 〜.「こちらは〜です。」で文を始める。2文目以降は代名詞he「彼は[が]」を使って書く。「〜(すること)がじょうずだ」はbe good at 〜ingで表す。He is a good singer.としてもよい。「速く走ることができる」は〈can＋動詞の原形〉を使って表す。「映画に行く」はgo to a movie。

❸ (1)You can take pictures here.　(2)(You can't) eat or drink.　(3)(You) cannot [can't] touch the photos.　(4)(Please) be quiet.

英作力UP♪　(1)「写真撮影は可能です」はYou can 〜.「あなたは〜することができる。」の形で表す。(2)「飲食禁止」は「飲んだり食べたりすることができない」と考え，You can'tにeat or drinkを続ける。　(3)「写真にさわらないでください」は(2)と同様，You can'tを使って表すとよい。「写真にさわる」はtouch the photos。「写真展にある写真」を指しているので，photosには定冠詞theをつける。　(4)「大声で話さないでください」は文の最初にPleaseがあるので，quiet「静かな」を使ってPlease be quiet.とbe動詞の命令文にする。

❹ (1)A boy is playing basketball. / A boy is practicing basketball.　(2)Two women are eating ice cream. / Two women are talking.　(3)A bike [bicycle] is by the tree. / A bike [bicycle] is under the tree.

英作力UP♪　(1)「1人の少年がバスケットボールをしています。」　(2)「2人の女性がアイスクリームを食べています。」　(3)「自転車が木のそばにあります。」ということを表す文を書く。(1)(2)は現在進行形〈be動詞＋動詞のing形〉の文で表す。　(1)「バスケットボールをする」はplay basketball。「バスケットボールを練習する」practice basketballを使った文にしてもよい。　(2)「アイスクリームを食べる」はeat ice cream。絵の様子から「2人の女性が話している」という文にしてもよい。　(3)は，自転車の位置について表す文を書く。絵よりby 〜「〜のそばに」が適切。また，under 〜「〜の下に」を使ってもよい。

❺ Eighteen students have smartphones. Fourteen students don't have smartphones. One student has a mobile phone.

英作力UP♪　3つの英文なので，それぞれスマートフォンを持っている生徒，持っていない生徒，携帯電話を持っている生徒について書く。「14」はfourteen。携帯電話を持つ生徒について書くときは，主語が三人称単数のone studentなので動詞はhasとする。

❻ I went camping with my family. We made curry and rice for dinner. I got up early and watched the sunrise. It was very beautiful. I had a really good time.

英作力UP♪　まず質問への返答として「〜した」という文を動詞の過去形を使って書く。2文目以降も，行った場所やしたことついて過去形の文で表す。be動詞の過去形の文はIt was beautiful.「それは美しかったです。」やI was happy.「私はうれしかったです。」，I was tired.「私は疲れました。」など感想を述べる文で使うとよい。

教育出版版・中学英語１年

赤シート×直前対策！

ぴたトレ mini book

テストに出る！

重要文
重要単語
チェック！

教育出版版　英語1年

赤シートでかくしてチェック！

◀ 「ぴたトレ mini book」は取り外してお使いください。

be動詞

□私はミキです。 — I am Miki.

□あなたは学生ですか。 — Are you a student?

　―はい，そうです。 — — Yes, I am.

□あなたはカナダ出身ですか。 — Are you from Canada?

　―いいえ，ちがいます。 — — No, I am not.

□私はおなかがすいていません。 — I am not hungry.

□こちらはサトシです。 — This is Satoshi.

□あれは私たちの学校です。 — That is our school.

□これはあなたの自転車ですか。 — Is this your bike?

　―はい，そうです。 — — Yes, it is.

□あれは図書館ですか。 — Is that a library?

　―いいえ，ちがいます。 — — No, it is not.

□こちらは私の兄です。彼は学生です。 — This is my brother. He is a student.

□彼女は先生ではありません。 — She is not a teacher.

一般動詞

□私はカメラがほしいです。 — I want a camera.

□こちらはトムです。私は彼が好きです。 — This is Tom. I like him.

□あなたは野球をしますか。 — Do you play baseball?

　―はい，します。 — — Yes, I do.

□あなたは魚を食べますか。 — Do you eat fish?

　―いいえ，食べません。 — — No, I do not.

□私はコンピュータを持っていません。 — I do not have a computer.

□ジュンは自転車で学校に来ます。 — Jun comes to school by bike.

□私の姉は毎日英語を勉強します。 — My sister studies English every day.

□彼女は大阪に住んでいますか。	Does she live in Osaka?
―はい，住んでいます。	― Yes, she does.
□彼はネコが好きですか。	Does he like cats?
―いいえ，好きではありません。	― No, he does not.
□彼女は日本語を話しません。	She does not speak Japanese.

疑問詞

□これは何ですか。	What is this?
―それはカメラです。	― It is a camera.
□あなたはかばんの中に何を持っています	What do you have in your bag?
か。	
―私はCDを何枚か持っています。	― I have some CDs.
□あの少女はだれですか。	Who is that girl?
―彼女はユキです。	― She is Yuki.
□これはだれの鉛筆ですか。	Whose pencil is this?
―それは私のものです。	― It is mine.
□私の帽子はどこにありますか。	Where is my cap?
―それは机の上にあります。	― It is on the desk.
□あなたはいつサッカーを練習しますか。	When do you practice soccer?
―私は毎日それを練習します。	― I practice it every day.
□何時ですか。―2時です。	What time is it?　― It is two o'clock.
□あなたは本を何冊持っていますか。	How many books do you have?
―私は50冊の本を持っています。	― I have fifty books.

現在進行形

□私は今，夕食を作っています。	I am making dinner now.
□彼女は今，テニスをしています。	She is playing tennis now.
□あなたは今，テレビを見ていますか。	Are you watching TV now?
―はい，見ています。	― Yes, I am.
□ハルカは今，勉強していますか。	Is Haruka studying now?
―いいえ，勉強していません。	― No, she is not.

□彼らは今，走っていません。　　　　　They are not running now.

□ケンジは今，何をしていますか。　　　What is Kenji doing now?

　―彼は泳いでいます。　　　　　　　　— He is swimming.

canの文

□私はコンピュータを使うことができます。　I can use a computer.

□彼はギターをひくことができます。　　He can play the guitar.

□あなたはこの漢字が読めますか。　　　Can you read this kanji?

　―はい，読めます。　　　　　　　　　— Yes, I can.

□彼女はじょうずに泳げますか。　　　　Can she swim well?

　―いいえ，泳げません。　　　　　　　— No, she can't.

□メアリーは中国語を話せません。　　　Mary can't speak Chinese.

□窓を閉めてもらえますか。　　　　　　Can you close the window?

□このペンを使ってもよいですか。　　　Can I use this pen?

一般動詞の過去形

□私たちは昨日，サッカーをしました。　We played soccer yesterday.

□私は2年前，京都に住んでいました。　I lived in Kyoto two years ago.

□私は先週，沖縄に行きました。　　　　I went to Okinawa last week.

□あなたは昨日，お母さんを手伝いました　Did you help your mother yesterday?
　か。

　―はい，手伝いました。　　　　　　　— Yes, I did.

□エミは昨日，あなたの家に来ましたか。　Did Emi come to your house yesterday?

　―いいえ，来ませんでした。　　　　　— No, she did not.

□彼は今朝，朝食を食べませんでした。　He did not have breakfast this morning.

be動詞の過去形

□私はとても疲れていました。   I was very tired.

□私の両親は昨日，家にいました。   My parents were at home yesterday.

□昨日は暑くありませんでした。   It was not hot yesterday.

□その映画はおもしろかったですか。   Was the movie interesting?

  —はい，おもしろかったです。／   — Yes, it was. / No, it was not.

  いいえ，おもしろくありませんでした。

命令文

□この本を読みなさい。   Read this book.

□お年寄りに親切にしなさい。   Be kind to old people.

□部屋の中で走らないで。   Don't run in the room.

□夕食を食べましょう。   Let's eat dinner.

Lesson 1

☐ a little	少し	
☐ about	〜について	
☐ animal	動物	
☐ baseball	野球	
☐ birthday	誕生日	
☐ brother	兄弟	
☐ but	しかし，ところが	
☐ call	〜を…と呼ぶ	
☐ class	授業	
☐ cook	料理する	
☐ dear	親愛なる〜	
☐ eat	食べる	
☐ exciting	わくわくさせるような	
☐ favorite	お気に入りの，大好きな	
☐ fish	魚	
☐ friend	友達	
☐ fruit	果物	
☐ game	ゲーム	
☐ insect	昆虫	
☐ interesting	おもしろい	
☐ join	〜に参加する	
☐ like	〜を好む	
☐ love	〜が大好きである	

☐ meet	〜に会う
☐ music	音楽
☐ nice	すてきな
☐ octopus	タコ
☐ piano	ピアノ
☐ please	どうぞ，お願いします
☐ popular	人気のある
☐ question	質問
☐ read	読む
☐ really	本当に
☐ restaurant	レストラン
☐ science	科学
☐ see	〜に会う
☐ singer	歌手
☐ sometimes	ときどき
☐ student	生徒
☐ subject	教科
☐ surfing	サーフィン
☐ team	チーム
☐ writer	作家
☐ yourself	あなた自身

Lesson 2				
☐ after	～のあとに		☐ keep	～を飼う，～を保有する
☐ always	いつでも，常に		☐ kind	種類
☐ anytime	いつでも		☐ like	～のような[に]
☐ anime	アニメ		☐ listen	聞く
☐ apartment	アパート		☐ live	住む
☐ basketball	バスケットボール		☐ meter	メートル
☐ boy	少年		☐ often	しばしば
☐ bread	パン		☐ or	または，あるいは
☐ breakfast	朝食		☐ pet	ペット
☐ cereal	シリアル		☐ piece	こま
☐ chess	チェス		☐ rice	米
☐ comic book	マンガ本		☐ season	季節
☐ cooking	料理		☐ smartphone	スマートフォン
☐ day	日		☐ snowboard	スノーボード
☐ early	早く		☐ so	そんなに，とても
☐ envy	～をうらやましく思う		☐ some	いくらかの，いくつかの
☐ every	毎～		☐ story	物語，話
☐ family	家族		☐ talk	～を話す
☐ fridge	冷蔵庫		☐ they	彼らは，彼女らは
☐ frozen	冷凍した		☐ those	それらの，あれらの
☐ good	上手な		☐ usually	ふつうは
☐ home	家		☐ watch	～を見る
☐ hundred	100（の）			
☐ Internet	インターネット			

Lesson 3

☐	actor	俳優
☐	another	もう１つの
☐	bike	自転車[= bicycle]
☐	Brazil	ブラジル
☐	busy	いそがしい
☐	Chinese	中国語
☐	clarinet	クラリネット
☐	come	来る
☐	competition	競技会
☐	dance	踊る
☐	dream	夢
☐	everyone	みなさん，みんな，だれでも
☐	example	例
☐	fantastic	すばらしい
☐	flower	花
☐	garden	庭
☐	glove	グローブ
☐	grandma	祖母
☐	grandpa	祖父
☐	grandparent	祖父母
☐	grow	〜を育てる
☐	hobby	趣味
☐	hope	〜と望む
☐	know	知っている

☐	look at	〜を見る
☐	lot	[a lot of 〜で]たくさんの〜
☐	make	〜を作る
☐	math	数学
☐	member	一員
☐	morning	朝
☐	much	たいへん
☐	next	次の，となりの
☐	old	古い
☐	other	ほかの
☐	performance	パフォーマンス
☐	person	人
☐	professional	プロの
☐	rose	バラ
☐	run	〜を経営する
☐	sister	姉妹
☐	sure	確信して
☐	tall	(背が)高い
☐	tell	〜に話す
☐	their	彼らの，彼女らの，それらの
☐	want	〜が欲しい
☐	weekend	週末
☐	will	〜するつもりです
☐	win	勝つ

Lesson 4			
☐ a.m.	午前	☐ national	国立の
☐ attack	〜を襲う	☐ near	〜の近くに[で，の]
☐ back	戻って，帰って	☐ New Zealand	ニュージーランド
☐ beautiful	美しい	☐ night	夜
☐ buffalo	バッファロー	☐ out	外へ
☐ build	〜を組み立てる	☐ parent	親
☐ came	comeの過去形	☐ photo	写真
☐ cool	かっこいい	☐ p.m.	午後
☐ country	国	☐ riverbank	川岸
☐ delicious	おいしい	☐ say	言う
☐ difficult	難しい	☐ scary	恐ろしい
☐ during	〜の間に	☐ shaved ice	かき氷
☐ evening	夕方，晩	☐ shoot	噴出する
☐ festival	祭り	☐ Singapore	シンガポール
☐ firework	花火	☐ sleep	眠る
☐ fried noodle	焼きそば	☐ soon	すぐに
☐ fun	楽しさ，おもしろさ	☐ stall	屋台
☐ here	ここに，ここで	☐ stay	滞在する，泊まる
☐ instead	その代わりに	☐ summer	夏
☐ just	まさに，本当に	☐ sunny	晴れた
☐ last	この前の	☐ tent	テント
☐ look	〜を見る	☐ update	更新する
☐ lucky	幸運な	☐ vacation	休日，休み
☐ minute	分	☐ view	ながめ，景色
		☐ welcome	歓迎される

9

Reading 1

☐	act	ふるまう
☐	afraid	怖がって，恐れて
☐	all	みんな
☐	alone	ひとりで
☐	ask	〜にたのむ
☐	away	離れて
☐	believe	〜を信じる
☐	cough	ゴホン（せきの音）
☐	easy	簡単な
☐	find	〜を見つける
☐	follow	〜について来る
☐	fox	キツネ
☐	happen	起こる，生じる
☐	him	彼を[に]
☐	himself	彼自身
☐	later	あとで
☐	liar	嘘つき
☐	match	（対戦）相手
☐	only	ただひとりの
☐	quickly	すぐに
☐	several	いくつかの
☐	told	tellの過去形
☐	these	これらの
☐	trick	〜をだます

☐	us	私たちを[に]
☐	wait	待つ

Lesson 5

☐	behind	〜のうしろの[に]
☐	bench	ベンチ
☐	break	短い休み
☐	bring	〜を持ってくる
☐	chat	おしゃべりをする
☐	classmate	クラスメート，同級生
☐	compete	競争する
☐	daily	毎日の
☐	different	異なった
☐	everybody	みなさん，だれでも
☐	first	一番目の，最初の
☐	lawn	芝生
☐	period	（授業の）時間
☐	prize	賞
☐	recess	休み，休憩
☐	sit	すわる
☐	someone	だれか，あるひと
☐	thing	もの，こと
☐	wash	〜を洗う

教科書 pp.75 ~ 83

Lesson 6

☐	almond jelly	杏仁豆腐
☐	amazing	見事な
☐	because	なぜなら〜, 〜なので
☐	blog	ブログ
☐	both	両方
☐	bought	buyの過去形
☐	carrot	人参
☐	Chinatown	中華街
☐	colorful	カラフルな
☐	cucumber	きゅうり
☐	dessert	デザート
☐	dish	皿, 料理
☐	dragon	ドラゴン
☐	dumpling	ぎょうざ
☐	everything	何もかも
☐	full	いっぱいの, 満腹の
☐	gate	門
☐	hungry	空腹な
☐	its	それの
☐	mango	マンゴー
☐	made	makeの過去形
☐	mine	私のもの
☐	now	さあ, さて
☐	ok	わかりました

☐	order	〜を注文する
☐	phone	電話
☐	pudding	プリン
☐	recommend	〜をすすめる
☐	say	〜と書いてある
☐	sign	看板, 標識
☐	spring roll	春巻
☐	then	それでは, それじゃあ
☐	took	takeの過去形
☐	upload	アップロードする
☐	which	どちらの
☐	whose	だれの
☐	yours	あなたのもの

Lesson 7

☐	answer	〜に答える
☐	area	区域，地域
☐	be able to 〜	〜できる
☐	create	創作する
☐	cross	横断する
☐	driver	運転手
☐	easily	簡単に
☐	emergency exit	非常口
☐	first-aid	救急の
☐	global	世界的な
☐	got	getの過去形
☐	hot	暑い，熱い
☐	idea	考え
☐	important	重要な，大切な
☐	kid	冗談を言う
☐	language	言語，言葉
☐	let	〜させる
☐	mean	〜を意味する
☐	must	〜しなければならない
☐	neighbor	隣人
☐	off	〜から(離れて)
☐	Olympic	オリンピック
☐	Paralympic	パラリンピック
☐	ready	準備ができた
☐	relax	くつろぐ
☐	rest	休む
☐	safety	安全
☐	slowly	ゆっくり
☐	society	社会
☐	souvenir	みやげ
☐	symbol	記号，象徴
☐	visitor	旅行者

Reading 2

☐	anything	[否定文で]何も〜ない
☐	bite	〜をかむ
☐	even	〜さえ
☐	feet	足
☐	glass	グラス，コップ
☐	inside	〜の内側に
☐	into	〜の中へ
☐	jump	跳ぶ
☐	lonely	ひとりぼっちの，さみしい
☐	quiet	静かな
☐	reach	(手を)差し出す
☐	reply	答える
☐	scream	叫ぶ
☐	tame	人に慣れた
☐	thought	thinkの過去形
☐	thirsty	のどが渇いた
☐	woman	女性

Lesson 8				
☐	appear	現れる，見えてくる	☐ of course	もちろん
☐	arrive	到着する	☐ plan	計画
☐	article	記事	☐ scene	場面，場所
☐	at last	ついに，とうとう	☐ should	～すべきである
☐	behavior	ふるまい	☐ situation	事態，状況
☐	between	～の間に	☐ sketch	下絵
☐	bird	鳥	☐ snow	雪
☐	by the way	ところで	☐ sorry	すみません
☐	cage	囲い，かご	☐ spot	場所，名所
☐	camera	カメラ	☐ sunrise	日の出
☐	change	～をかえる，かわる	☐ tomorrow	明日
☐	difference	違い	☐ true	真実の，本当の
☐	display	展示	☐ village	村
☐	draw	（絵を）描く	☐ visit	～を訪れる
☐	elementary school	小学校	☐ yet	[疑問文で]もう，[否定文で]まだ
☐	environment	環境	☐ zoo	動物園
☐	facility	施設	☐ zookeeper	動物園の飼育係
☐	few	わずかしかない		
☐	fly	飛ぶ		
☐	huge	巨大な		
☐	ice	氷		
☐	jewelry	宝石		
☐	natural	自然の		
☐	move	引っ越す，移動する		

13

教科書 pp.111 〜 119

Lesson 9

☐	agree	賛成する
☐	also	さらに
☐	amount	総計
☐	at least	少なくとも
☐	burn	〜を燃やす
☐	choose	〜を選ぶ
☐	classroom	教室
☐	clean	きれいな，清潔な
☐	climate	気候
☐	daily	毎日の
☐	degree	(温度などの)度
☐	disappear	消える，見えなくなる
☐	earth	地球
☐	energy	エネルギー
☐	environmental	環境の
☐	everywhere	どこでも
☐	finish	〜を終える
☐	future	未来，将来
☐	global warming	地球温暖化
☐	graph	グラフ
☐	hand	手
☐	hang	つるす
☐	homework	宿題
☐	humidity	湿度
☐	island	島
☐	landfill	ごみ埋め立て地
☐	late	(時間的に)遅く
☐	many	たくさんの
☐	melt	溶ける
☐	percent	パーセント
☐	planet	惑星
☐	problem	問題
☐	produce	生み出す
☐	recycle	〜を再利用する
☐	reduce	減少させる
☐	rise	上がる
☐	save	節約する
☐	sea level	海水面
☐	serious	重大な，深刻な
☐	set	設定する
☐	show	〜を示す，見せる
☐	street	通り，街路
☐	table	表
☐	temperature	気温
☐	today	現代
☐	towel	タオル
☐	trash	ゴミ
☐	trashcan	ゴミ箱
☐	wet	湿った

Reading 3

☐	ago	前に
☐	anyway	いずれにせよ
☐	anywhere	どこにも
☐	asleep	眠っている
☐	become	～になる
☐	better	よりよい
☐	die	死ぬ
☐	drought	日照り
☐	enough	十分な
☐	excited	興奮した
☐	finally	とうとう
☐	give	与える
☐	golden	金の
☐	grass	草
☐	offer	～を差し出す
☐	pitiful	かわいそうな
☐	pour	注ぐ
☐	same	同じ
☐	severe	ひどい
☐	sick	病気の
☐	silver	銀(の)
☐	stranger	見知らぬ人
☐	suddenly	突然
☐	surprised	驚いた
☐	swallow	飲み込む
☐	thirst	(のどの)渇き
☐	wake	目を覚ます
☐	well	井戸

Further Reading

☐	along	～にそって
☐	come along	やって来る
☐	empty	空の
☐	envelope	封筒
☐	ever	これまでに
☐	get to	～になる，到着する
☐	glad	うれしい
☐	hurry	急ぐ
☐	mail	郵便物
☐	mailbox	郵便受け
☐	matter	問題
☐	onto	～の上へ
☐	paper	紙
☐	piece	一片
☐	right away	すぐに
☐	snail	カタツムリ
☐	something	何か
☐	still	まだ
☐	together	一緒に
☐	window	窓

教育出版版・中学英語 1 年